New York

W0060036

E-Book *inklusive*

Das E-Book herunterladen – so einfach geht's:

1. Besuchen Sie www.vistapoint.de/ebook
2. Klicken Sie dort auf den Button »E-Books der Reiseführer-Reihe *weltweit*«.
3. Geben Sie Ihre E-Mail-Adresse und den folgenden Download-Code ein.

   Code: BOR-XA4I-EMAE-14

4. Klicken Sie auf »Herunterladen«.
5. Das E-Book wird als E-PDF gespeichert und kann auf Tablet, Smartphone und ausgewählten E-Readern gelesen werden.

Ausführliche Hinweise zum Download-Vorgang finden Sie hier:
www.vistapoint.de/ebook

 Eine Übersichtskarte von New York mit den eingezeichneten Stadtvierteln finden Sie in der vorderen Umschlagklappe und in der hinteren einen Subway-Plan.

Barbara Schaefer

New York

New York City

Wo die vereinten Nationen zu Hause sind

»I'm in a New York State of Mind«

Billy Joel

Ein Wochenende, eine Woche, ein Monat – nie reicht die Zeit, um genügend New York aufzusaugen, obwohl man doch in dieser Stadt in ein paar Stunden mehr aufnimmt, als an anderen Orten in Tagen. Ob man sich nun in ein Straßencafé setzt und den Trubel an sich vorbeitreiben lässt, mit dem Taxi die Avenuen entlangfährt oder dieses ziellose Schauen durch gezieltes Sightseeing ersetzt. Manhattans Museen sind spektakulär; einige sind dermaßen reich bestückt, dass schon der Besuch einzelner Flügel einen ganzen Tag beansprucht. Man hastet weiter. Aufs Empire State Building und zur Brooklyn Bridge, in die historischen Viertel von SoHo und Harlem, zu Kaufhäusern und Flohmärkten, Galerien und Shops, zu *Diners*, *Delis* und nach *downtown* – wäre der Kopf eine Computerfestplatte käme bald die Meldung: Speicherkapazität erschöpft.

Manhattan Skyline am 11. September 2013

Es gibt zwei Arten, das auszuhalten und durchzustehen. Man schottet sich dagegen ab. Sucht sich ein heimeliges Nest, ein schönes Hotelzimmer oder eine kuschelige Schlafcouch bei Freunden, und immer, wenn sich der Kopf anfühlt wie der durchgeknallte Lukas-Hammer auf dem Jahrmarkt, zieht man sich zurück, holt tief Luft und entspannt. Die andere Möglichkeit: Man wirft sich hinein und setzt sich dem aus. Nimmt mit allen Sinnen und allen Poren Rhythmus, Tempo und Lautstärke auf. Läuft mehr. Schläft weniger. Liest Zeitung, auch wenn im Coffeeshop Musik morgens schon lauter dröhnt als der Straßenlärm, klappt die Ohren zu, wenn die U-Bahn kreischend einfährt, geht auf die Straße, wenn man zu Hause ins Bett schlüpfen würde.

Rainer Werner Fassbinders Satz »Schlafen kann ich, wenn ich tot bin« passt allzu gut zu diesem *New York State of Mind*, der Besucher befallen kann. Man wird durch die Stadt gepeitscht von dem Gefühl, etwas zu verpassen. Man sollte meinen, dass für New Yorker, also für Leute, die sich in diesem Gewirr und Gewusel täglich bewegen, diese Art zu leben entweder ganz anders oder völlig unmöglich ist.

Natürlich ist New York kein Paradies auf Erden (manche neigen ohnehin dazu, es eher mit der Hölle zu assoziieren). Seit 9/11, dem 11. September 2001, hat New York sein Grundvertrauen eingebüßt. Und die Schattenseiten der Stadt sind offensichtlich. Darwin hätte nicht bis auf die Galapagos-Inseln fahren müssen, um seine Theorien bestätigt zu

Architektur-Ikonen in New York City: Chrysler Building und Empire State Building; letzteres war bereits zwei Jahre nach seiner Einweihung (1931) Schauplatz für die Dreharbeiten zu »King Kong und die weiße Frau«

Ein Strom von Lichtern rund ums Flatiron Building: das bügeleisenförmige Gebäude schrieb 1902 Geschichte als erster Wolkenkratzer Manhattans

Die Kupferne: »Lady Liberty«

finden: *Survival of the fittest* gilt auch in New York. »If I can make it there, I'll make it everywhere« tönt es im bekanntesten New-York-Song. Doch die Kehrseite dieser Euphorie heißt: Wer es hier nicht schafft, ist ganz unten. Zwischen Chrom und Glas in Midtown sitzen Bettler, am U-Bahn-Eingang reckt sich hastenden Menschen ein Pappbecher entgegen und im pittoresken Chinatown leben Familien noch unter so beengten Bedingungen wie Einwanderer zu Beginn des letzten Jahrhunderts in der Lower East Side; nur wenig durch den Umstand gemildert, dass in den düsteren Wohnküchen heute Fernseher und DVD-Player immer zu finden sind.

Um in New York zugrunde zu gehen, gibt es aber auch subtilere Möglichkeiten. Wie vielleicht nirgendwo sonst auf der Welt kann der Mensch des 21. Jahrhunderts in New York seine Individualität ausleben. Was er auch tut, wie er lebt, es interessiert keine Menschenseele. Damit einher geht eine in anderen Gesellschaftsformen undenkbare Vereinsamung.

Wo jeder der Mittelpunkt seines privaten Universums ist, sind alle anderen Lichtjahre entfernt. Die Straßen der Stadt sind eine einzige Bühne, aber: »Jeder spielt Theater, und niemand schaut zu« lautet eine gängige Weisheit. Der typische Bewohner Manhattans ist Single. Und es sieht nicht so aus, als könnte er, auch wenn er wollte, daran etwas ändern.

Die 50 Millionen Besucher, die jährlich nach New York reisen, bekommen davon nichts mit. Für die Stadt sind sie einer der wichtigsten Wirtschaftsfaktoren, denn sie lassen 30 Milliarden Dollar am Hudson. »Jeder New Yorker Haushalt«, hat das Fremdenverkehrsamt NYC & Company errechnet, »profitiert im Schnitt mit fast 1000 Dollar am Tourismus.«

Das Jahr 2008 beendete die als »Post-9/11« etikettierte Phase abrupt: Die Finanzkrise, die im Frühsommer 2007 mit der US-Immobilienkrise begann, vernichtete an der Wall Street innerhalb kürzester Zeit über 500 Milliarden Dollar und über 150 000 Jobs. Und im Oktober 2012 traf die Stadt mit Hurrican Sandy eine der größten Naturkatastrophen der amerikanischen Geschichte. 375 000 Bewohner Manhattans und Brooklyns wurden evakuiert, die Südspitze Manhattans stand tagelang unter Wasser, Subway-Tunnel wurden geflutet und der Strom fiel aus. Das legendäre River Café unter der Brooklyn Bridge wurde komplett zerstört. Auch in Coney Island kann man die Folgen von Sandy bis heute sehen.

Als Besucher kann man sich in New York sofort wohlfühlen, denn freundlicherweise ist die Stadt übersichtlich. Auf dem Stadtplan Manhattans findet man sich einfacher zurecht, als in den Speisekarten der Stadt. Hat man sich an dem einen Abend von einer geduldigen Kellnerin den Unterschied zwischen Tacos, Enchilladas und Burritos erklären lassen, und das so halbwegs verdaut, steht man am nächsten Abend vor dem Problem, die amerikanische Variante des Italieners um die Ecke

2012 reisten 569 000 Deutsche nach NYC, nach Besuchern aus Großbritannien, Kanada und Frankreich bilden sie die viertgrößte ausländische Touristengruppe.

Wolkenkratzersilhouette des südlichen Manhattan mit den Firmensitzen von Merrill Lynch & American Express Company

United Colours of New York: Guardian Angels in der New Yorker U-Bahn

Manhattan:
In der Sprache der Munsee-Indianer kommt das entweder von menatay, das heißt schlicht Insel und ist nicht besonders spektakulär. Es gibt aber eine zweite Definition, der sich die Autorin liebend gerne anschließt. Vielleicht, so vermuten manche, stammt es von dem Munsee-Wort manahactanienk ab, und das bedeutet: der Ort des allgemeinen Rauschzustandes.

auseinanderdröseln zu wollen. Caesar's wird man dort immer finden, einen Salat, den in Italien keiner kennt. Auch wird man neue Schreibweisen altvertrauter Getränke kennenlernen. Cappuccino etwa eignet sich offensichtlich besonders gut für alle möglichen Experimente. Von den gastronomischen ganz abgesehen: Es gibt *wet cappuccino* und *dry cappuccino* – mit viel Milch oder eben wenig Milch. In Harlem kann es passieren, dass man etwas Unbekanntes bestellt – und sich vor einem Teller dampfender Kutteln wiederfindet. Und das ganze Lokal schaut zu … Aber war das noch eine der leichteren Übungen, so kann man tags darauf nur hoffen, dass es in dem kleinen, neonhell erleuchteten Chinesen-Restaurant – das man eben deshalb ausgesucht hat, weil dort ausschließlich Chinesen sitzen – eine englischsprachige Speisekarte gibt. Hat man sich durch Chop Sueys und Dim Sums durchgefragt, darf man glücklich seine Wahl treffen. Wenn schon asiatisch, dann am nächsten Abend die hohe Schule: Sushi, Sashimi oder Tempura gefällig?

Wie gesagt, der Stadtplan ist dagegen übersichtlich: Rauf und runter führen die Avenuen, hin und her die Streets. Eine Ausnahme bildet der Broadway, aber der ist sowieso eine Ausnahme. Allein über diese Straße könnte man ein Buch schreiben – und natürlich gibt es dieses Buch schon: Nik Cohn, »Das Herz der Welt«. Literatur und Reiseführer über New York füllen Regale, die Leser halten hiermit ein weiteres in der Hand. Es ist ein roter Faden durch die Stadt. Doch wer mit der Nase im Buch die vorbeschriebenen Wege nachgeht, wird das Beste verpassen. Kopf hoch – ganz hoch! Auch wenn New Yorker das nicht tun, man muss einfach den Kopf in den Nacken legen und immer mal wieder diese Wände hinaufschauen. Die gläsernen Canyons mit den Augen betasten; wie im Gebirge ragen Gipfel hinter anderen Gipfeln empor. Ein abgeschrägtes Dach wird überragt von einer metallenen Spitze, daneben eine vergoldete Kuppel, dahinter ein Flachdach wie von einem Bungalow. Seit der Jahrtausendwende wurden spektakuläre neue Hochhäuser gebaut.

Hat man das ausgiebig genossen, pendelt sich der Blick auf Augenhöhe ein. Denn auch wenn New Yorks Architektur fantastisch ist, die

Menschen dieser Stadt sind es noch mehr. New York ist nicht nur Sitz der UN – die Vereinten Nationen flanieren durch die Straßen der Stadt. Die Vielfalt an Hautfarben ist betörend, vornehm bleiche Iren-Gesichter umrahmt von lockigen roten Mähnen, Asiatinnen mit edel glatter Haut und glattem Haar, Hispanics mit vermutetem Latin-Lover-Blick hinter der verspiegelten Sonnenbrille, skandinavienblonde Wesen, kaffeefarbene Frauen und Männer, von espressoschwarz über cappuccinobraun bis milchkaffeebeige, die Haare zu unglaublichen Kreationen geflochten, gestriegelt und gezwirbelt. Manchmal wird man den Kopf heben müssen, so viele hochgewachsene wunderschöne Models wandeln hier, und manchmal muss man den Blick senken, um einem Bettler in die Augen schauen zu können, der neben der Tür zu einem Nobelshop zusammengekauert eine Hand bittend emporhält.

Streckt man sich spätnachmittags zwischen Stadtspaziergang und Nachtausflug erschöpft auf dem Hotelbett aus, schaltet den Fernseher ein und zappt sich durch die Programme, stellt sich mitunter ein eigenartiges Gefühl ein. Irgendwann bleibt man bei einem Werbespot, einer Soap-Opera, einer Krimi-Episode oder einem Kinofilm hängen. Man wird Bilder sehen und wiedererkennen, die man eben noch auf der Straße gesehen hat und man weiß: Man muss nur mit dem Lift hinunterfahren, am Portier vorbeigehen – »Have a nice evening«, wird er freundlich sagen – und durch die Schwingtür hinaus in die Nacht gehen. Dann steht man mitten im Film und im vollen Leben. Das ist New York. 🔆

Rushhour in Manhattan

Chronik
Daten zur Stadtgeschichte

1524
Der florentinische Handelsfahrer Giovanni da Verrazano segelt als erster Weißer in die Bucht von »Mannahatta«. Auf der Insel siedeln zu jener Zeit Algonquin-Indianer, die von Fischfang und Gemüseanbau leben.

1609
Auf der Suche nach der legendären Nordwest-Passage stößt Henry Hudson auf den Fluss, der später nach ihm benannt wird. Der Brite erhebt im Namen seines Arbeitgebers, der Holländischen Ostindien-Gesellschaft, Anspruch auf die Gegend.

1624
Aus Holland kommen die ersten weißen Siedler, die Pelzhandel mit den Indianern treiben. Sie nennen ihre neue Heimat *Nieuw Amsterdam*.

1625
Schwarze Sklaven werden eingeschleppt, um die Stadt aufzubauen. Später wird ihnen Land im Gebiet des heutigen Greenwich Village zugewiesen.

1626
Peter Minuit, der (deutsche) Direktor der holländischen Handelsgesellschaft, kauft den Indianern die Insel für Glasperlen im Wert von 60 Gulden, umgerechnet 24 Dollar, ab.

1524 segelt Giovanni da Verrazano als erster Weißer in die Bucht von »Mannahatta« (oben), Henry Hudson stößt 1609 auf die Bucht vor New York City

Der kolorierte Kupferstich von Peter Schenk d.Ä. zeigt »Nieuw Amsterdam« im Jahr 1673

1653
Peter Stuyvesant, der neue Gouverneur, hat mit feindlichen Indianern zu kämpfen. Er sichert die Siedlung, indem er an der Nordgrenze eine Mauer *(wall)* bauen lässt – auf ihrer Linie verläuft heute die Wall Street.

1656
Über 1000 Holländer leben in Manhattan, das mittlerweile aus 17 Straßen besteht, darunter Broadway, Bowery und Canal Street.

1664
Im englisch-holländischen Seekrieg übergibt Stuyvesant die niederländischen Besitzungen kampflos an britische Soldaten und dankt ab. Nieuw Amsterdam wird nach dem Bruder des Königs, James Duke of York, in New York umbenannt.

1711
Im heutigen Financial District wird ein Sklavenmarkt eingerichtet.

1725
Die Stadt bekommt ihre erste eigene Zeitung – *The Gazette*.

1743
2000 Schwarze leben in New York. Sklavenaufstände führen zu Massenhinrichtungen.

1754
Am Park Place Ecke Church Street wird das King's College, die heutige Columbia University, eröffnet.

1765
Handwerker und Kaufleute setzen aus Protest gegen zu hohe Steuern den britischen Gouverneurspalast in Brand.

1776
George Washington macht das Haus Nr. 1 am Broadway für kurze Zeit zum Hauptquartier der US-Revolutionäre.

Unterzeichnung der Unabhängigkeitserklärung am 4. Juli 1776 (Lithographie von 1875/76)

George Washington (Gemälde von Rembrandt Peale, um 1846)

Während des Unabhängigkeitskriegs (1775–83) bleibt New York aber die meiste Zeit in britischer Hand. Erst 1785 wird es für fünf Jahre Hauptstadt der Konföderation.

1789
Vor der Federal Hall in der Wall Street hält George Washington seine Antrittsrede als erster Präsident der Vereinigten Staaten von Amerika.

1790
In Manhattan leben mehr als 30 000 Menschen.

1799
Der Sklavenmarkt wird geschlossen.

1807
Robert Fultons erstes Dampfschiff fährt über den Hudson.

1811
Städteplaner teilen Manhattan oberhalb der Houston Street in ein Block-raster auf und beschließen, den Straßen nur noch Nummern zu geben.

1820
Die Stadt hat mittlerweile 100 000 Einwohner.

1827
Die Sklaverei wird in New York gesetzlich verboten.

1831
Die erste Eisenbahn verbindet Harlem mit Downtown.

1847
Auf der Hamburg-Amerika-Linie verkehren regelmäßig Schiffe zwischen Deutschland und New York.

1851
Die erste Ausgabe der *New York Times* erscheint.

»The Grand Drive« im Central Park (Druck von Currier & Ives, um 1870)

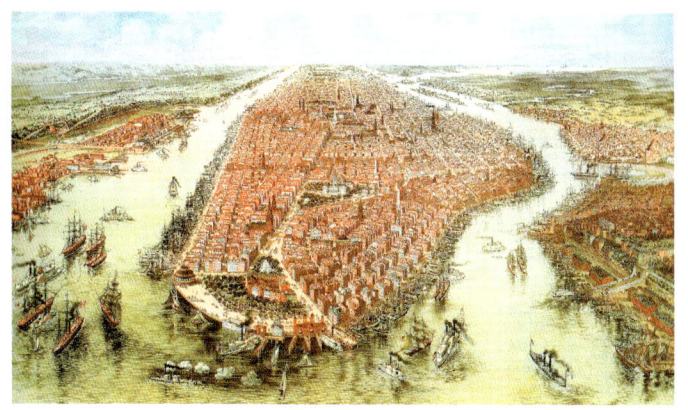

*Ansicht von New York City
aus der Vogelperspektive
(John Bachmann, um
1865)*

1858
Im Norden entsteht nach Plänen von Calvert Vaux und Frederick Olmstedt der Central Park.

1859
Der erste Lift macht im »Fifth Avenue Hotel« das Treppensteigen überflüssig.

1880
Über eine Million Menschen leben in New York. Das Metropolitan Museum zieht in den Central Park um.

1883
Der erste Verkehr rollt über die Brooklyn Bridge.

1886
Im Hafen wird ein französisches Geschenk enthüllt – die Freiheitsstatue.

*Die Freiheitsstatue auf
einer alten Postkarte*

1892
Ellis Island wird Auffanglager zur Massenabfertigung von Einwanderern.

*Neuankömmlinge auf
Ellis Island, 1907*

Chronik
Daten zur Stadtgeschichte

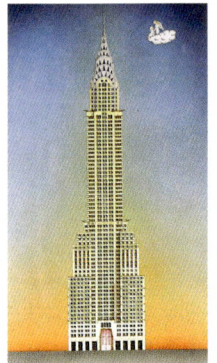

1928 wird das Chrysler Building eröffnet, der schönste Wolkenkratzer der Stadt

New York Stock Exchange kurz nach dem Börsenkrach 1929

1898
Die fünf Stadtteile Manhattan, Queens, Staten Island, Bronx und Brooklyn (dessen Bürger vergeblich ein Veto einlegen) werden zu Greater New York zusammengefasst. Mit 3,5 Millionen Einwohnern ist New York nun neben London die größte Stadt der Welt.

1904
Zwischen City Hall und 145th Street wird der erste Abschnitt des U-Bahn-Systems eingeweiht, das heute mit 400 Gleis-Kilometern das größte der Welt ist.

1913
Die neue Stahlbauweise lässt die Häuser immer höher in den Himmel wachsen. Mit 241 Metern löst das Woolworth Building das Flatiron Building (errichtet 1902) als höchstes Gebäude ab.

1925
Harold Ross gibt als Chefredakteur die erste Ausgabe des legendären Magazins *The New Yorker* heraus.

1928
Das Chrysler Building wird eröffnet.

1929
»Schwarzer Freitag« auf der Wall Street: Banken schließen, Aktien verfallen – die Goldenen Zwanziger sind zu Ende. Der Börsensturz löst die Weltwirtschaftskrise aus.

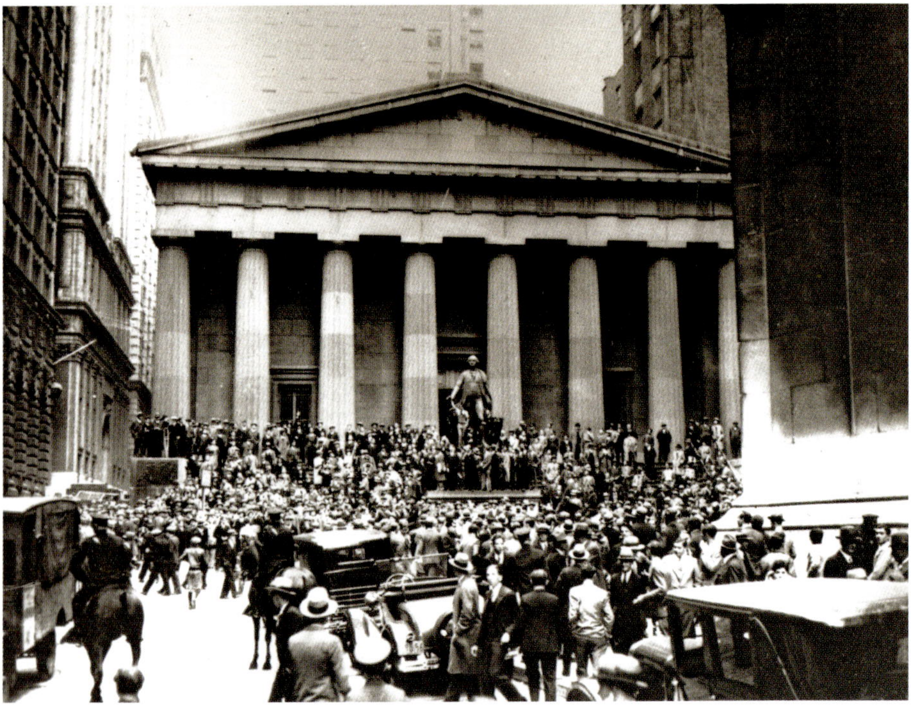

1931
Das Empire State Building (381 Meter), das Waldorf Astoria und die
Washington Bridge werden eingeweiht.

Manhattan 1942

1932
Fiorello La Guardia wird Bürgermeister. Die Große Depression lastet auf
New York: Ein Viertel der Bevölkerung ist arbeitslos.

1933
Seit Hitler in Deutschland das Dritte Reich ausgerufen hat, emigrieren
Intellektuelle, Künstler und Wissenschaftler aus Europa nach New York.
Während des Zweiten Weltkriegs lockern die USA die 1921 verschärften
Einwanderungsbestimmungen, um Juden die Flucht vor den Nazis zu
erleichtern.

1936
George Gershwin und Cole Porter schreiben ihre Melodien für die Musi-
calhäuser am Broadway; im »Cotton Club« in Harlem jazzen Duke Ellington und Count Basie.

1949
Der Grundstein für das erste UN-Gebäude wird gelegt.

1950
New York City hat fast acht Millionen Einwohner, davon leben zwei
Millionen in Manhattan.

Vielbesucht: die John-Lennon-Gedenkstätte im Central Park West

1965
Der schwarze Bürgerrechtler Malcolm X wird erschossen, in den folgenden Jahren kommt es zu Rassenunruhen in Harlem und Brooklyn.

1966
Das Lincoln Center for the Performing Arts wird eingeweiht. Es beherbergt u.a. die Metropolitan Opera.

1974
Der erste der beiden 420 Meter hohen Türme des World Trade Centers ist fertig.

1975
New York verschuldet sich mit 13 Milliarden Dollar, weil immer mehr Einwanderer die Sozialkasse belasten. Gleichzeitig fliehen wegen steigender Kriminalitätsraten immer mehr Mittelklasse-New-Yorker in die Vororte und entziehen so noch zusätzlich Steuergelder. Nur durch ein Bundesdarlehen aus Washington entgeht die Stadt dem Bankrott.

1978
Edward Koch wird Bürgermeister für die nächsten elf Jahre.

1980
John Lennon wird am Central Park West erschossen.

1989
David Dinkins wird erster schwarzer Bürgermeister New Yorks.

1993
Der Republikaner Rudolph Giuliani übernimmt die Führung der Millionenstadt. Das World Trade Center wird erstmals Ziel eines Anschlags.

1997
Giulianis Politik der *Zero-Tolerance* beschert ihm eine triumphale Wiederwahl.

2001
Am 11. September fliegen Terroristen mit zwei Flugzeugen in die Türme

Seit dem 11. September 2001 aus der Skyline Manhattans verschwunden: die »Twin Towers« des World Trade Center

des World Trade Center. Fast 3000 Menschen sterben. Michael Bloomberg wird 108. Bürgermeister von NYC.

2005
Christo und Jeanne-Claude verzaubern im Februar den Central Park mit »The Gates«. Top of the Rock, die neue Aussichtsplattform im Rockefeller Center, wird eröffnet.

2006
Beginn der Bauarbeiten zum Freedom Tower an Ground Zero.

2007
Der 348 Meter hohe New York Times Tower ist fertig. Im Dezember eröffnet das New Museum of Contemporary Art.

Sinkende Kurse: die Wall Street 2008/2009

2008
Die Finanzkrise führt in New York zur größten Entlassungswelle seit der Weltwirtschaftskrise in den 1930er-Jahren. Banken wie Lehman Brothers existieren nicht mehr, andere wie Fannie Mae und Freddie Mac werden verstaatlicht. Die Stadt rechnet mit einem Steuerloch von mehr als zwei Milliarden Dollar bis 2010. Um der Krise effektiver entgegen wirken zu können, soll Michael Bloomberg länger Bürgermeister bleiben. Dafür hebt der Stadtrat die Beschränkung auf zwei Amtszeiten auf.

2009
Barack Obama wird am 20. Januar 2009 ins Präsidentenamt eingeführt. Der 47-Jährige ist der erste Afroamerikaner, der ins Weiße Haus einzieht.
US-Airways Flug 1549 gerät in einen Vogelschwarm und landet in einer spektakulären Notwasserung auf dem Hudson River.
Der High Line Park wird eröffnet, eine grüne Oase auf der Trasse einer stillgelegten Bahnlinie aus den 1930er-Jahren im Meatpacking District.
Am 4. Juli wird das Innere der Freiheitsstatue wieder für Besucher geöffnet. Im November wird der parteilose Bürgermeister Michael Bloomberg wiedergewählt. Es ist seine dritte Amtszeit.

2011
Zehn Jahre nach den Anschlägen wird am 11. September am Ground Zero die Gedenkstätte »National September 11 Memorial and Museum« teilweise eröffnet.
Nach ihrem 125. Geburtstag am 18. Oktober wird Lady Liberty wegen Renovierung geschlossen. Seit dem 4. Juli 2013 ist sie wieder begehbar.

2012
Im Juli wird ein öffentliches Fahrrad-Verleihsystem installiert. An zunächst 420 Stationen können nun insgesamt 10 000 Räder jederzeit ausgeliehen werden.
Am 29. Oktober trifft Hurrikan »Sandy« auf die Ostküste der USA. In New York werden 375 000 Menschen evakuiert, Subway- und Straßentunnel überflutet. In Queens brennen über 100 Wohnhäuser, noch Tage nach dem Sturm sind Tausende Menschen ohne Strom.

2013
Grand Central Terminal, New Yorks schönster Bahnhof, feiert am 1. Februar 100-jähriges Bestehen.
Der Demokrat Bill de Blasio wird zum Bürgermeister gewählt. ❂

New York in der Literatur

Paul Auster: »Stadt aus Glas«

»Was er aber am liebsten tat, war Gehen. Beinahe jeden Tag, ob Sonne oder Regen, heiß oder kalt, verließ er seine Wohnung, um durch die Stadt zu gehen – er ging nie wirklich irgendwohin, sondern ging einfach, wohin ihn seine Beine zufällig trugen. New York war ein unerschöpflicher Raum, ein Labyrinth von endlosen Schritten, und so weit er auch ging, so gut er seine Straßen und Viertel auch kennenlernte, es hinterließ in ihm immer das Gefühl, verloren zu sein. Verloren nicht nur in der Stadt, sondern auch in sich selbst. Jedesmal, wenn er ging, hatte er das Gefühl, als ließe er sich selbst zurück, und indem er sich der Bewegung der Straßen überließ, sich auf ein sehendes Auge reduzierte, war er imstande, der Verpflichtung zu denken zu entgehen, und das brachte ihm mehr als irgend etwas sonst ein Maß von Frieden, eine heilsame Leere in seinem Inneren. Die Welt war außerhalb seiner selbst, um ihn herum, vor ihm, und die Schnelligkeit, mit der sie ständig wechselte, machte es ihm unmöglich, bei irgendeiner Einzelheit lange zu verweilen. Die Bewegung war entscheidend, die Tätigkeit, einen Fuß vor den anderen zu setzen und sich einfach von seinem eigenen Körper treiben zu lassen. Durch das ziellose Wandern wurden alle Orte gleich, und es war nicht mehr wichtig, wo er sich befand. Auf seinen besten Gängen vermochte er zu fühlen, daß er nirgends war. Und das war letzten Endes alles, was er je verlangte: nirgends zu sein. New York war das Nirgendwo, das er um sich her aufgebaut hatte, und es war ihm bewußt, daß er nicht die Absicht hatte, es jemals wieder zu verlassen.«

(Aus: Paul Auster, Stadt aus Glas, © 1985 by Paul Auster, für die deutschsprachige Ausgabe © 1987 by Hoffman und Campe Verlag, Hamburg)

Djuna Barnes: »Es gibt kein Chinatown«

Brooklyn Daily Eagle, 30, November 1913 (Auszug)

Djuna Barnes (Foto von Berenice Abbott, um 1930)

»Zu dritt machten wir uns kürzlich abends auf, um Chinatown zu entdecken. Wir waren tapfer und unerschrocken, wir waren mutig und hegten keinen Zweifel am Mut des anderen, doch die Angst saß uns auf den Fersen und kitzelte uns mit der Vorahnung von Gefahr und schrecklich bösen Dingen, die wir zwar sehen mußten, an denen wir jedoch nicht teilhaben durften – wir erwarteten die krumme Gasse, die von blutroten Laternen erleuchtet war; Balkons, auf denen China vor sich hindöste; hohe, schmale Schilder, die mit Teepäckchen-Buchstaben beschrieben waren; einen Schuß, abgefeuert im Schutz der Nacht; schmale Gäßchen, die ins finsterste China führten; Hinterausgänge und Zimmer hinter schweren Vorhängen, in denen halbtote Bündelchen, nur noch gelbe Haut und Knochen, an der Pfeife sogen; Tanzlokale und Teegesellschaften, die seltsame, von Drähten hervorgebrachte Musik oder ein Tomtom wie eine Teakholzmuschel und die fellbespannte Trommel. Mädchen, die innerhalb eines Jahres alt wurden, und Männer, die dem Tod ins Gesicht lachten. Wir drei erwarteten, daß wir im glimpflichsten Falle Chop Suey essen und das Ganze sich zu einem Tong-Krieg zuspitzen würde.

Von Park Row kommend hielten wir auf die Mott Street zu – kam da vielleicht zischend ein Feuerball herausgeschossen? Nein! Fuhren uns vielleicht urgewaltige bezopfte Chinesen mit sechs Zoll langen manikürten Fingernägeln an die Gurgel? Machte die chinesische Schrift sich plötzlich selbständig und rückte unserer Beherztheit mit einer in scharlachrote Tinte getauchten Sandelholztuschbürste zuleibe? Es gibt kein Chinatown.«

(Aus: Djuna Barnes: New York. Geschichten und Reportagen aus einer Metropole, © Verlag Klaus Wagenbach 1987)

Lily Brett: »Chuzpe«

»Ruth ging die Broome Street entlang. Sie ging gerne zu Fuß. Sie ging so oft sie konnte zu Fuß. Das Gehen gab ihr Zeit zu denken. Es gab ihr Ruhe. »Einen schönen Tag, du Arschloch«, rief eine Frau an der Ecke der Mercer Street einem Mann nach, der sie in der Eile, ein Taxi zu erwischen, angerempelt hatte. »Diese Stadt ist irre, krank, kaputt«, rief die Frau an niemand Besonderen gerichtet.

Ruth empfand ein Glücksgefühl. Es war noch immer eine Erleichterung, wieder zu hören, daß Leute sich über New York beschwerten. Jedermann beschwerte sich. Ruth eingeschlossen. Sie beschwerte sich über den Lärm, den Verkehr, die Preise, das Gedränge, den Streß. Die Beschwerden über die Stadt waren am 11. September 2001 verstummt. Die Beschwerden hatten sich verflüchtigt. An den Tagen nach dem 11. September sahen die Leute auf den Straßen aus, als wäre ihnen das Herz gebrochen. Man konnte sehen, was die Leute empfanden. Man konnte sehen, wer sie unter den Masken waren, mit denen sie sich voreinander versteckten. Es war nachgerade schockierend, zu sehen, was jeder empfand. Die Anonymität und Unsichtbarkeit der Leute um einen herum war verschwunden. Man sah durch den Lippenstift, den Straßenanzug, die Aktentasche, die Jeans oder den Chanel-Mantel hindurch. Man sah die Todesangst auf den Gesichtern der Leute. Man sah Zärtlichkeit. Man sah Verletzlichkeit. Man sah Liebe. Man sah, wer die Leute wirklich waren.

(…) Es war nicht von Bestand. Nach drei, vier Monaten kehrte alles in den gewohnten Trott zurück. Drei Jahre nach dem 11. September schienen alte Vorurteile tiefer zu sitzen als je zuvor. Alte Animositäten hatten sich verfestigt und gesteigert. Und Vertrautheit zwischen den Leuten schien so abwegig und unmöglich zu sein wie bisher.«

(Aus: Lily Brett, Chuzpe. Roman. Aus dem Englischen von Melanie Walz, © 2005 Lily Brett, © der deutschen Ausgabe Suhrkamp Verlag Frankfurt am Main 2006)

Bill Bryson: »Straßen der Erinnerung«

»Der Times Square ist unglaublich. So viele Lichter und ein solches Gedränge sieht man nicht alle Tage. Ganze Häuserseiten hat man in Werbeflächen umfunktioniert. Alles blinkt und wogt, wie bei einem Sturm auf dem elektronischen Meer. Von diesen großflächigen Aufrufen zum Kommerz gab es vielleicht vierzig, und bis auf zwei stammten alle von japanischen Firmen: Mita Copiers, Canon, Panasonic, Sony. Mein mächtiges Heimatland war nur durch Kodak und Pepsi Cola vertreten. Der Krieg ist vorbei, alter Yankee, ermahnte ich mich.

… Ich ging in den Trump Tower, ein neuer Wolkenkratzer an der Fifth Avenue. Allmählich macht sich der Immobilienspekulant Donald Trump in ganz New York breit. Über die ganze Stadt verteilt baut er Wolkenkratzer, die seinen Namen tragen. Ich ging also in den Trump Tower und sah mich um. Eine so geschmacklose Eingangshalle habe ich noch nie gesehen. Alles war aus Messing und Chrom und aus rotweiß gescheckten Marmor, der wie das Zeug aussah, um das man einen großen Bogen macht, wenn man es auf dem Gehsteig liegen sieht. Hier war alles voll davon – der Boden, die Wände, die Decke. Mir war, als befände ich mich im Magen von jemandem, der gerade eine Pizza verspeist hat.«

(Aus: Bill Bryson, Straßen der Erinnerung, Reisen durch das vergessene Amerika, © 2006 Wilhelm Goldmann Verlag, München in der Verlagsgruppe Random House, Übersetzung Claudia Holzförster)

Max Frisch: »Montauk«

»Ein Schild, das Aussicht über die Insel verspricht: Overlook. Es ist sein Vorschlag gewesen, hier zu stoppen. Ein Parkplatz für mindestens hundert Wagen, zur Zeit leer; ihr Wagen steht als einziger in dem Raster, das auf den Asphalt gemalt ist. Es ist Vormittag. Sonnig. Büsche und Gestrüpp um den leeren Parkplatz; keine Aussicht also, aber es gibt einen Pfad, der durch das Gestrüpp führt, und sie haben nicht lang beraten: Der Pfad wird sie zur großen Aussicht führen. Dann ist sie nochmals zum Wagen zurückgegangen. Es ist ihr eingefallen, daß sie, um den Atlantik zu sehen, eigentlich ihre Handtasche nicht braucht. Es kommt ihm alles etwas unwahrscheinlich vor, aber nach einer Weile sieht er es als einfache Wirklichkeit: Rascheln in den Büschen, dann ihre Hosen (das verwaschene Hellblau natürlich) und ihre Füße auf dem Pfad, hinter viel Zweigen und Ästen ihr ziemlich rotes Haar. Und dann geht sie wieder voran, sie duckt sich da und dort unter den wirren Ästen, und er duckt sich unter denselben Ästen, wenn sie schon wieder aufrecht geht noch immer durch Dickicht. Es ist eine Art von Pfad, nicht immer deutlich, ein verwilderter Pfad. Zuerst ist er vorangegangen: als Mann, der sich hier so wenig auskennt wie sie. Einmal ein sumpfiger Graben, wo er ihr hat helfen müssen, und seither geht sie voran. Das ist ihm auch lieber. Es macht ihr Freude, das zeigt ihr leichter und flinker Gang. Der Atlantik kann nicht fern sein. Hochoben eine vereinzelte Möwe. Stellenweise riecht es nach Blüten; keine Ahnung, was da blüht; es sind fremde Gewächse.

CENTRAL PARK

… ein Gewährsmann hat mich belehrt, daß die berühmten Eichhörnchen gar keine Eichhörnchen sind, sondern Baumratten. Früher gab es hier noch Eichhörnchen. Die Baumratten sind nicht rötlich wie die Eichhörnchen, doch nicht minder zierlich. Man kann ihnen Minuten lang aus der Nähe zuschauen, so zutraulich sind die Baumratten. Der Unterschied zu den Eichhörnchen besteht vor allem darin, daß sie die Eichhörnchen vernichten.«

(Aus: Max Frisch, Montauk. Eine Erzählung, © Suhrkamp Verlag, Frankfurt am Main 2006).

Georg Grosz (1938)
»Ankunft in New York – gar nicht zu beschreiben, wie eine Vision.«

Billy Joel: »New York State of Mind«

Some folks like to get away
Take a holiday from the neighborhood

Hop a flight to Miami Beach
Or to Hollywood
But I'm taking a Greyhound
On the Hudson River Line
I'm in a New York state of mind

I've seen all the movie stars
In their fancy cars and their limousines
Been high in the Rockies under the evergreens
But I know what I'm needing
And I don't want to waste no more time
I'm in a New York state of mind

It was so easy living day by day
Out of touch with the rhythm and blues
But now I need a little give and take
The New York Times, The Daily News

It comes down to reality
And it's fine with me 'cause I've let it slide
Don't care if it's Chinatown or on Riverside
I don't have any reasons
I've left them all behind
I'm in a New York state of mind

I'm just taking a Greyhound on the
Hudson River line
'cause I'm in a New York state of mind

Adrian Kreye: »Grand Central«

»Jedes Geräusch konnte er zu einem Rhythmus oder Akkord umschreiben. Einmal fuhren wir zusammen mit der U-Bahn zu ihm, und er arrangierte die Fahrt für mich als Big-Band-Stück. Jeden anderen hätte ich als Spinner abgeschrieben, aber Hank konnte das mit einer Lässigkeit, die keinen Moment Zweifel aufkommen ließ. Das Kreischen des einfahrenden Zuges – Einsatz der Blechbläser. Die einsteigenden Passagiere bereiteten den Grundrhythmus vor, die schließenden Türen als Break auf der Standtrommel, Pause, dann der Takt der Räder über die Gleise. »Auf dem Ride-Becken, jede Weiche ein Schlag auf die Snare. Unregelmäßig, gegen den Beat.« Er lachte, schlug mit dem Daumen gegen meine Schulter. »Jetzt kommen die Soli. Siehst du all die Menschen hier im Waggon? Keiner redet. Aber jeder denkt. Dort die Frau mit dem Kitschroman. Die ist in einer vollkommen anderen Welt als der alte Chinese mit seiner Zeitung. Das Mädchen, das mit mürrischem Blick vor sich hinstarrt, denkt wahrscheinlich um ein vielfaches langsamer als der Junge mit dem Walkman, und der wiederum denkt viel breiter als der Typ, der seine Akten studiert. Weißt Du, was das für ein Lärm hier wäre, wenn wir in ihre Köpfe hineinhören könnten? Großartig. Ein riesiges, wahnsinniges, vollkommen dissonantes Orchester, das nur von einem zusammengehalten wird. Vom Rhythmus der Räder auf den Schienen.«
(© Adrian Kreye)

Hermann Melville

Hermann Melville: »Moby Dick«

»Da liegt eure Inselstadt Manhattan, mit Docks umgürtet wie eine Südseeinsel mit Korallenriffen – Handel brandet rings um ihr Gestade. Rechts und links führen die Straßen wasserwärts. Das äußerste Ende der Stadt ist die Battery, wo diese stolze Mole von Wellen bespült und von Lüften gefächelt wird, die sich ein paar Stunden zuvor noch weit draußen auf dem offenen Meer tummelten. Seht euch die Scharen von Menschen an, die dort aufs Wasser hinausstarren.

Wandert an einem müßigen Sonntagnachmittag um die Stadt. Geht von Corlear's Hook nach Coenties Slip, und von da durch Whithall nordwärts. Was seht ihr? Wie schweigende Schildwachen stehen da Tausende und Abertausende aus Adams Geschlecht, in Meeresträumereien versunken. Manche lehnen an den dicken Pfählen auf dem Hafendamm, andere sitzen auf den Molenköpfen; sie schauen über die Reling der Chinafahrer, sie hängen oben im Takelwerk, um noch besseren Ausblick auf die See zu gewinnen.«
(Aus: Hermann Melville, Moby Dick, übertragen von Alice und Hans Seiffert, Insel Verlag 1977)

Georges Perec: »Geschichten von Ellis Island«

»Von 1892 bis 1924 sind annähernd sechzehn Millionen Menschen durch Ellis Island geschleust worden, das heißt, fünf- bis zehntausend pro Tag. Die meisten blieben nur einige Stunden dort, lediglich zwei bis drei Prozent wurden zurückgeschickt. Im Grunde war Ellis Island nichts anderes als eine Fabrik zur Herstellung von Amerikanern, eine Fabrik, um Auswanderer in Einwanderer zu verwandeln, eine Fabrik der amerikanischen Art, ebenso schnell und effizient wie ein Schlachthof in Chicago: auf das eine Ende des Fließbandes stellt man einen Iren, einen ukrainischen Juden oder einen Italiener aus Apulien, und am anderen Ende kommt – nach Untersuchung der Augen, Untersuchung der Tränensäcke, Impfung und Desinfektion – ein Amerikaner heraus.«
(Aus: Georges Perec, Geschichten von Ellis Island, © Verlag Klaus Wagenbach, Berlin 1997)

Walt Whitman: »Gesang von mir selbst«

»Walt Whitman, ein Kosmos, von Manhattan der Sohn,
Ungestüm, fleischlich, sinnlich, essend, trinkend und zeugend,
Kein Empfindsamer, keiner, der sich über Männer und
Weiber oder abseits von ihnen stellt,
Nicht bescheiden, noch unbescheiden.

Schraubt die Schlösser der Türen los!
Schraubt die Türen selbst von den Pfosten los!
Wer einen andern erniedrigt, erniedrigt mich,
Und jedes Wort oder Tun trifft mich am Ende.
Ich spreche die urernste Losung, ich gebe das Zeichen der Demokratie,
Bei Gott! Ich will nichts haben, woran nicht alle zu gleichen Bedingungen
teilhaben können /...)
Manhattan-Massen mit wildem, wie Orgel brausendem Chor,
Manhattan-Gesichter und -Augen immerdar für mich.«
(Aus: Walt Whitman, Grashalme, © 1985 Diogenes Verlag AG Zürich)

Walt Whitman (Foto von George C. Cox, 1887)

Stadttour

Ein Rundgang durch Manhattan

Manhattan

Vormittag: Mit dem Taxi nach Brooklyn – zu Fuß über die Brooklyn Bridge – City Hall – Woolworth Building – Wall Street – South Street Seaport – Battery Park – Castle Clinton – Ground Zero.

Nachmittag: Canal Street – Cast Iron District – Flatiron Building – Grand Central – MetLife Building – Fifth Avenue – Central Park – Empire State Building – Rockefeller Center – Greenwich Village – East Village.

Allein in Manhattan gibt es mehr als 80 Museen und über 600 Kunstgalerien. Die wichtigsten Adressen konzentrieren sich jeweils in bestimmten Bezirken. Die obere Fifth Avenue ist Manhattans Museumsmeile. Museen sind in der Regel montags geschlossen. Der Erwerb des City Pass (www.citypass.com) berechtigt zur kostengünstigeren Besichtigung von einigen Sehenswürdigkeiten und Museen.

»Early Bird Special«, das kann man allenthalben lesen in der Stadt. Meistens gilt das für die in Manhattan raren Parkplätze und bedeutet: Wer frühmorgens kommt, bezahlt weniger. Der frühe Vogel fängt den Wurm, das gilt natürlich auch für den Stadtrundgang. Sogar wer zu Hause Langschläfer ist, wird in den ersten Tagen in New York gern früh aufstehen, dem Jetlag sei's gedankt. Und so kommt man in den Genuss, bereits vormittags einen schönen Teil des Rundgangs absolvieren zu können. Ein wichtiger Tipp: Der Rundgang ist wirklich ein Gang – Manhattan lernt man am besten zu Fuß kennen. Also lieber bequeme Schuhe anziehen. Ohnehin sind die sogenannten Sneakers durchaus stadtfein, man muss sich also nicht schämen, in Turnschuhen herumzulaufen.

Die gestrichelte rote Linie im Stadtplan auf S. 24 weist auf eine Taxi- oder Subwayfahrt hin.

Traumhaft schön geschwungene Brücke über den East River: die Brooklyn Bridge

Stadttour

Zentrales Tourismus-
büro:
NYC & Company
810 Seventh Ave.,
zwischen 52nd & 53rd
Sts.
© *1 (212) 484-1222*
Fax 1 (212) 245-5943
www.nycgo.com
Mo–Fr 8.30–18, Sa/So
9–17 Uhr
Hier bekommt man
alle Infos, gratis Stadt-
pläne, Veranstaltungs-
kalender, die Metro
Card, Gray Line- und
Sightseeing-Tickets.

Wer bei schönem Wetter erleben möchte, wie die Wolkenkratzer von Lower Downtown allmählich von der Sonne beleckt werden, wie sie von oben nach unten erst rötlich dann immer golden-gelber erstrahlen, der wird morgens als Erstes in ein Taxi steigen – eine der leichtesten Übungen: Man stellt sich an den Straßenrand, hält den Arm nach oben, und binnen Sekunden hält ein Yellow Cab an. »Brooklyn Heights over Brooklyn Bridge« instruiert man den Fahrer, und auch wenn dieser weniger Englisch spricht als der frühe Gast, was durchaus im Bereich des Möglichen liegt, wird er das verstehen. Am Ende der ❶ **Brooklyn Bridge** steigt man aus – und überquert sie zu Fuß, immer mit Blick auf Manhattan.

1883 wurde diese traumhaft schön geschwungene Brücke über den East River fertiggestellt, sie war die längste und höchste Brücke des 19. Jahrhunderts. Ihre 500 Meter lange Fahrbahn hängt 45 Meter über dem Wasser. Beim Morgenspaziergang kann man sich schon orientieren, lernt, die Hochhäuser von Lower Manhattan von denen von Midtown zu unterscheiden. Ganz im Süden dienen die Bürotürme der Wall Street als Orientierungshilfe, in Midtown bleibt das Auge am Empire State Building und seiner kleinen Art-déco-Cousine, dem eleganten Chrysler Building, hängen.

Zwischen diesen beiden Gebirgszügen von Hochhäusern dehnt sich das *Valley* aus, so nennen die New Yorker Chelsea, East und West Village, SoHo, TriBeCa, Little Italy und Chinatown. Hier stehen fast keine Hochhäuser, jedenfalls für New Yorker Verhältnisse. Dabei überragt noch deren Skyline bei Weitem die Häuser der meisten deutschen Großstädte.

Nahe der Subway-Station City Hall betritt man dann den Boden von **Manhattan**, des kleinsten, aber bekanntesten Stadtteils von New York. Die anderen vier sind die Bronx, Queens, Brooklyn und Staten Island. Die ❷ **City Hall** ist der Sitz des New Yorker Bürgermeisters und das älteste Rathaus der Vereinigten Staaten, das noch in dieser Funktion genutzt wird. Es liegt übrigens am beginnenden Broadway, Ecke Park Row Street im City Hall Park. Das Rathaus wurde von 1803 bis 1812 für ganze 350 000 Dollar gebaut, die Fassade ist der französischen Renaissance nachempfunden. 1960 wurde der mächtige Bau zum National Historic Landmark erklärt und gehört heute zu den historischen Wahrzeichen der USA. Der Rathauspark ist nur drei Häuserblocks vom früheren Standort der Doppeltürme des World Trade Centers und dem heutigen Freedom Tower bzw. One World Trade Center entfernt.

Unschlagbar: der Blick von der Manhattan Bridge auf die Brooklyn Bridge und Downtown Manhattan

Vor der größten Wert-papierbörse der Welt, der New York Stock Exchange, weht die Stars and Stripes-Flagge

Nach wenigen Schritten kommt man zu einem der älteren, aber gerade deshalb wunderschönen Wolkenkratzer, dem ❸ **Woolworth Building**. Der Kaufmann Frank Woolworth beauftragte den berühmten Architekten Cass Gilbert mit dem Bau, der eher einer gotischen Kathedrale als einem Bürogebäude ähnelt. Die Lobby im reinsten Art-déco-Stil ist ein Geheimtipp unter den Sehenswürdigkeiten. Von diesem historischen Wolkenkratzer gelangt man nach einigen Blocks zu der wohl berühmtesten Straße New Yorks, der ❹ **Wall Street**. 1792 wurde hier die Börse eröffnet, die New York Stock Exchange. Das Gebäude mit seinen sechs Säulen erinnert an Tempel des antiken Griechenlands; das ist kein Zufall, sondern durchaus gewollt. Man huldigt damit der Demokratie, deren Wiege bekanntlich die griechische Antike war. Doch heute wird in dem geschäftigen Viertel – trotz Finanzkrise – einem ganz anderen Götzen gedient: der Gottheit Mammon.

Von hier ist es nicht weit zur South Street, die am East River entlangführt. Sie ist allerdings alles andere als eine beschauliche Uferstraße; über den Köpfen der Fußgänger donnert der Verkehr auf dem Elevated Highway. Besser nimmt man sich also für die kurze Strecke ein Taxi und lässt sich zum ❺ **South Street Seaport** bringen. Der nämlich ist dann wieder ganz gemütlich. Etwas touristisch aufgemotzt, aber durchaus adrett, gruppieren sich ein paar alte New Yorker Häuser um eine Fußgängerzone; es gibt kleine Souvenirläden und auch den einen oder anderen Imbissstand – den man mittlerweile dringend braucht – Stadtspaziergänge machen hungrig. Am besten packt man Hamburger und Cola ein, oder Bagel und Mineralwasser, oder Knishe und Orangensaft, oder oder oder... und geht nach nebenan, zum Pier 17. In diesen einstigen Hafenpier wurde eine Shopping-Mall eingebaut – nicht jedermanns Geschmack, aber auf der großen Terrasse (die mit gratis Liegestühlen möbliert ist) sitzt man sehr schön, mit Blick auf den East River, Brooklyn und die Brooklyn Bridge.

Da der Seaport etwas ungünstig liegt, man unbedingt aber wenigstens einen Blick auf die Freiheitsstatue werfen sollte, winkt man noch einmal ein Taxi herbei und fährt damit bis zum ❻ **Battery Park** an der Südspitze Manhattans mit dem **Castle Clinton**. Das heißt seit 1815 so, zu Ehren eines langjährigen Bürgermeisters von New York. Ursprünglich stand es auf einer künstlichen Insel und war eine vorgelagerte Befestigungsanlage. Zu Beginn des 19. Jahrhunderts diente es dann eine Zeit lang als Konzertsaal. Nach dem Bankrott wurde es Hauptdurchgangslager für Emi-

Die Wall Street – Synonym für Reichtum und Macht

granten. Eine Rolle, die ab 1892 Ellis Island übernahm. Nach dem Zweiten Weltkrieg sollte das Fort abgerissen werden, wurde aber unter Denkmalschutz gestellt. Heute befindet sich darin der Kartenkiosk für die Fahrten zur **Freiheitsstatue** und nach ❼ **Ellis Island**. Der Ausflug dorthin füllt allein ein Tagesprogramm, deshalb muss man sich bei einem eintägigen Rundgang mit einem Blick auf beide Inseln begnügen. An der Südspitze des Parks stehen dankenswerterweise einige Bänke; von diesen kann man die grüne Freiheitsstatue gut sehen, rechts daneben liegt Ellis Island, das Nadelöhr, durch das die Immigrantenströme hindurch mussten.

❽ **Ground Zero** eine Sehenswürdigkeit zu nennen wäre wohl mehr als zynisch. Das Loch, das die Attentate vom 11. September 2001 in den Boden Manhattans rissen, bleibt für immer eine Narbe auf der Seele der Stadt. Noch für einige Jahre wird hier nun gebaut, seit 2006 am **One World Trade Center**, das bis vor Kurzem als **Freedom Tower** bekannt war. Grundlage war ein Entwurf Daniel Libeskinds, der auch das Jüdische Museum in Berlin entwarf. Der Turm ist 1776 Fuß (541,32 m) hoch, eine Referenz an die amerikanische Unabhängigkeitserklärung aus dem Jahr 1776.

Nun steht eine U-Bahn-Fahrt auf dem Programm, aber keine Angst: Erstens sind die Zeiten, als dort tagtäglich Leute überfallen wurden, vorbei, und zweitens ist das unterirdische Metrosystem erfreulich übersichtlich gestaltet. Man findet sich mit den verschiedenfarbigen Linien dort so leicht zurecht wie über der Erde im Schachbrettmuster der Straßen. Um nach SoHo zu gelangen, der nächsten Etappe, nimmt man die blaue Linie und fährt bis zur ❾ **Canal Street**, einer Shopping-Meile der anderen Art. Hier liegt das Paradies der Billigheimer, man kann exakt erkennen, welche Marken derzeit der neueste Schrei sind: Es sind diejenigen, die gefälscht angeboten werden. Hier findet man eine Rolex für zehn Dollar, ein Nike-Shirt für fünf oder besser noch gleich drei Stück für zehn Dollar

Zugang zum PATH-Train-Bahnhof beim Ground Zero

und ein Handtäschchen von der aberwitzig teuren italienischen Modeschöpferin Prada – für 20 *bucks* (Dollar).

Nach dem kurzen Konsumrausch geht es nun weiter in einen historischen Dlstrikt, eben ⑩ **SoHo**. *Time is money*, Zeit ist Geld, und deshalb spricht der New Yorker in Abkürzungen: SoHo bedeutet *South of Houston* und benennt das Straßengeviert zwischen Houston und Canal Street sowie zwischen Sixth Avenue und Broadway. Hier befindet sich der **Cast Iron District**. Für Brücken wurde *cast iron*, also Gusseisen, bereits verwendet. Als Baumaterial für Häuser eröffnete es jedoch neue Horizonte. Neue Vertikalen, genauer gesagt, denn damit war es möglich, das zu bauen, was heute charakteristisch für New York ist: Wolkenkratzer. Vom Gusseisen war es dann nur noch ein kleiner Schritt zur Stahlskelettbauweise, dem Stoff, aus dem Skylines sind. Die gusseisernen Vorläufer in SoHo finden sich vor allem entlang des Broadway zwischen Canal und Houston Street, den man schön hinaufschlendern kann. Berühmtestes Beispiel ist das ⑪ **Haughwout Building** aus dem Jahr 1857 an der Kreuzung Broadway/Broome Street.

Prince St./Broadway steigt man in die gelbe U-Bahn-Linie und fährt zwei Stationen *uptown* bis zur 23rd Street. Dort steht just das erste Stahlskelett-Gebäude der Stadt, das aber hauptsächlich durch seinen kuriosen, spitzwinkligen Grundriss berühmt wurde: Das ⑫ **Flatiron Building**, so genannt, weil es an ein Bügeleisen erinnert, wie es heißt.

Nun ist es nur noch ein kleiner Schritt, architekturgeschichtlich gesehen, bis zu den himmelsstürmenden Gebäuden von Midtown. Rein in die U-Bahn (auf der 23rd Street einen Block nach Osten bis zur Park Avenue, dort uptown mit der grünen Linie), aussteigen an der 42nd Street. Frisch renoviert strahlt hier – innen - ⑬ **Grand Central**, der schönste Bahnhof New Yorks. Von außen

Innenansicht des Grand Central Terminal an der Ecke 42nd Street und Park Avenue und...

Das *Flatiron Building* ist eines der elegantesten Hochhäuser New Yorks, zudem eines der ersten: 1902 ließ der Architekt David C. Burnham das 91 m hohe Haus bauen. Das war der Beweis dafür, dass die Stahlbauweise höhere Häuser ermöglichte, als man es sich bis dahin vorzustellen wagte.

... die Götter Herkules, Minerva und Merkur auf der Grand-Central-Fassade

Squirrel im Central Park

wirkt er immer noch etwas seltsam, seit 1964 auf das neoklassizistische Gebäude das ⑭ **MetLife Building** (ehemals PanAm Building) aufgestockt wurde. Dabei ist es für sich genommen eine Schönheit, ein Hochhaus mit klaren Linien auf sechseckigem Grundriss. Hier befindet man sich nun bereits mitten im Großstadtdschungel, Straßenschluchten führen an den Hochhäusern entlang. Bis zur **Fifth Avenue** sind es nur wenige Meter, hier wendet man sich nordwärts. Auf zum Shopping! Oder, für den kleineren Geldbeutel, zum Window-Shopping. Edle Geschäfte aller großen Modemacher, nicht zu vergessen so klassische Nobelkaufhäuser wie Saks Fifth Avenue und Bergdorf Goodman.

Hat man bis hier durchgehalten, hat man eine Erholungspause verdient: Der Stadtspaziergänger steht nun vor den Toren des ⑮ **Central Park**. Eine Oase, die grüne Lunge der Stadt, weitsichtig bereits 1840 angelegt, als die Stadt New York noch nicht einmal bis hierher reichte. Zum Entspannen am Nachmittag bietet sich ein kleiner Spaziergang auf den südlichen Wegen des Parks an. Man kann sich treiben lassen, die Drehungen und Sprünge der Inlineskater bewundern, Joggern nachsehen, über spielende Kinder lächeln, Eichhörnchen in den Baumwipfeln suchen oder einfach die Ruhe genießen.

Für das Programm bei Tageslicht sollte das genügen, der Abend ist ja noch lang! Für den Sonnenuntergang gibt es zwei Varianten: Bei warmen Temperaturen fährt man aufs ⑯ **Empire State Building** und sieht von der Freilufterrasse zu, wie das zierliche Chrysler Building errötet unter den Strahlen der verschwindenden Sonne. Bei klarem, kalten Wetter bietet sich der **Top of the Rock** des ⑰ **Rockefeller Center** an: Von hier kann man beobachten, wie die Stadt beim Untergehen der Sonne in allen Rottönen des Regenbogens erleuchtet.

Hat man sich im Hotel einigermaßen ausgeruht, geht's auf zum Dinner. Die größte Auswahl hat man im *Village*. Für dieses »Dorf« muss man die Stadt natürlich nicht verlassen, gemeint ist ⑱ **Greenwich Village**, die

Der Central Park – die grüne Oase Manhattans

*New Yorks Wahrzeichen
seit 1931: das Empire
State Building*

kleinstädtische Variante der Metropole, der Stadtteil zwischen 14th Street und West Houston Street. Was immer man zum Abendessen haben möchte, welche Nationalität auch immer der Koch haben soll, hier wird man fündig werden.

Immer noch nicht müde? Dann kann man wie die Figuren auf Edward Hoppers berühmten Gemälde »Nighthawks« noch einige Stunden an einem Tresen im **⑲ East Village** hängen. Oder versuchen, in einen der angesagten Clubs im **Meatpacking District** in Chelsea eingelassen zu werden. Oder sich in ein Jazzkonzert stürzen, um stimmungsvoll den Abend so zu beenden, wie der Tag begann: An die Stelle des *early bird* tritt so eine Reminiszenz an *Bird*, den Großen. Als Charlie Parker, genannt *Bird*, 1955 in New York starb, kritzelten die Fans des Saxophonisten »Bird lives« an die Wände der Stadt. Und so lebt auch der Jazz weiter, die ureigene Musik der USA, in allen Straßen der Stadt. ✽

*Restaurant-Empfeh-
lungen für Greenwich
Village finden Sie auf
S. 169.*

Die Stadtviertel New Yorks

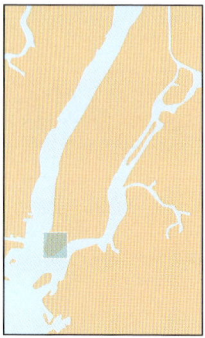

ⓘ Tourismusbüro in Lower Manhattan:
NYC Heritage Tourism Center
Broadway, südl. vom City Hall Park
Mo–Fr 9–18, Sa/So 10–17 Uhr

◁ *Blick vom Empire State Building auf Downtown, den Financial District – also Manhattans Südspitze – mit der Freiheitsstatue im Hintergrund*

Die gestrichelte rote Linie *im Stadtplan weist auf eine Taxi- oder Subwayfahrt hin.*

»In Memory of Families and Friends«: Street Art zum 11. September 2001

Wolkenkratzer und Wall Street

Lower Manhattan

Der Ort, an dem alles begann: In Lower Manhattan bauten holländische Siedler die ersten Häuser ihrer Ortschaft *Nieuw Amsterdam.* Bis heute sind hier die Straßen nicht rechtwinklig, sie tragen keine Nummern, sondern Namen. Der Bezirk Lower Manhattan mit den Wolkenkratzern des Financial District zieht sich von der Chambers Street bis zur Südspitze von Manhattan. Am Wochenende ist dieser Teil der Stadt praktisch ausgestorben. Um ein Gefühl dafür zu bekommen, dass hier das Herz der Finanzwelt schlägt, sollte man an einem Wochentag durch die Hochhausschluchten schlendern.

Der Südzipfel Manhattans ist die Keimzelle der heutigen Stadt, dabei war die Insel zur Zeit der Gründerväter sogar noch etwas kleiner. Aber schließlich waren die ersten Siedler Holländer, und die kannten sich aus mit Landgewinnung. Allen Bauschutt, der im Laufe der Jahrhunderte ausgegraben wurde, schüttete man in den Hudson River und schaffte so noch mehr von dem teuren Grund und Boden.

Seit *September Eleven,* wie die Terroranschläge des Jahres 2001 (vgl. S. 36) im amerikanischen Sprachgebrauch genannt werden, ist an der Südspitze Manhattans nichts mehr wie vorher. Das **World Trade Center** war ein Komplex aus sieben Gebäuden, der in den 1970er-Jahren gebaut wurde, um internationale Handelsgesellschaften an die Südspitze Manhattans zu locken. **Ground Zero** wird die riesige Wunde seit 2001 genannt. Dort war am 26. April

Lower Manhattan

»Newcomer« in der New Yorker Skyline: der One World Trade Tower (links)

40 Jahre lang war das Empire State Building das höchste Gebäude der Welt, dann kamen in den 1970er-Jahren die glatten Zwillingstürme des World Trade Center, von denen Spötter sagten, sie sähen aus »wie die Schachteln, in denen das Empire State Building geliefert wurde«. Am 11. September 2001 stürzten die beiden 411 Meter hohen Türme ein, nachdem Terroristen mit zwei Passagierflugzeugen hineingerast waren. 50 000 Menschen arbeiteten im WTC, fast 3000 fanden bei den Anschlägen den Tod.

Der neue Komplex auf dem Gelände von Ground Zero besteht aus der Gedenkstätte für die Opfer und vier neuen Wolkenkratzern. Kernstück ist das neue One World Trade Center, auch Freedom Tower genannt, dessen Höhe von 1776 Fuß (541 m) an das Jahr der amerikanischen Unabhängigkeitserklärung erinnert. Etliche Stockwerke im neuen One World Trade Center sind schon vermietet. So logiert der Medienriese Condé Nast mit Zeitschriften wie *The New Yorker*, *Vanity Fair* und *Vogue* mit fünftausend Angestellten in den Stockwerken 20 bis 41. 70 der insgesamt 105 oberirdischen Stockwerke sollen für Büroräume zur Verfügung stehen, in den obersten Geschossen werden Aussichtsetagen eingerichtet, für den 102. Stock ist ein Restaurant geplant.

Die Gedenkstätte »National September 11 Memorial and Museum« besteht aus zwei großen Wasserbecken auf dem Grundriss der Zwillingstürme, die wie Fußabdrücke der einstigen Türme den Himmel reflektieren. In die Brüstungsmauer um die Wasserbecken sind die Namen der Toten in Bronze eingraviert. Das Wasser fällt neun Meter tief in zwei Gedenkräume. Die Gedenkstätte trägt den Titel »Reflecting Absence« und wurde zum zehnten Jahrestag der Anschläge am 11. September 2011 eröffnet. Details dazu: www.911memorial.org.

Details zum neuen One World Trade Center unter www.nyc-tower.com und unter www.wtc.com.

New York aus 380 Höhenmetern: 2015 soll die Aussichtsplattform des neuen One World Trade Center für Besucher öffnen. Das One World Observatory wird sich vom 100. bis zum 102. Stock erstrecken.

2006 die Grundsteinlegung für das ❶ **One World Trade Center**. Dieses ist 1776 Fuß (541 Meter) hoch – die Zahl steht symbolisch für das Gründungsjahr der USA. Den internationalen Architektenwettbewerb zur Bebauung konnte Daniel Libeskind für sich entscheiden, doch sein ursprüngliches Konzept wurde stark abgeändert. Der finale Entwurf stammt von David Childs. Der Turm wurde auf einem 60 Meter tiefen Fundament errichtet, dessen Stahl-Titan-Gemisch für Sicherheit sorgen soll. Die Wände bestehen aus 60 Zentimeter dickem Beton und einem Stahlkorsett. Die Angst vor erneuten Terroranschlägen an diesem so belasteten Ort stellt auch die Wirtschaftlichkeit des Hochhauses in Frage. Bislang stehen Investoren und Mieter noch nicht Schlange, um dort einzuziehen.

Das ❷ **World Financial Center** war ebenfalls stark beschädigt worden, ist aber nun wieder aufgebaut. Den größten Überraschungseffekt dort erzielt der 60 Meter lange und 36 Meter hohe Glaspalast des wieder erstandenen **Winter Garden**: eine in Marmor gefasste Plaza, geschmückt mit Palmen aus der Mojave-Wüste in Kalifornien. Der Architekt Cooper Ecksut entwarf den gigantischen, 45 Hektar großen Gebäudekomplex, der 1979 fertiggestellt wurde. Das World Financial Center ist Mittelpunkt der

Manager-Menü im Financial District: keine Zeit für viele Gänge

❸ Battery Park City, einem Stadtteil am westlichen Ufer des Hudson, zwischen Battery Park im Süden und Chambers Street im Norden. Hier liegt auch der Jachthafen von **North Cove**. An der Seepromenade nördlich davon gibt es einen Kinderspielplatz und eine Liegewiese, selten genug in Lower Manhattan. Der Freizeitpark ist beliebter Tummelplatz von Skatern und Joggern.

Zurück und erneut an Ground Zero vorbei kommt man ins Zentrum der Südspitze. Hier steht die **❹ Trinity Church**, erbaut 1846. Das zarte, möchtegern-gotische Kirchlein war mit 86 Metern fast ein halbes Jahrhundert lang New Yorks höchstes Gebäude. Die Pfarrei war die erste, die offiziell der anglikanischen Kirche angehörte. Die heutige Kirche ist der dritte Bau desselben Namens am selben Platz. Die 1698 erbaute brannte 1776 nieder, und die zweite wurde 1839 abgerissen, weil sie einzustürzen drohte.

Die Trinity Church hat ihren Standort an einer der berühmtesten Straßen der Welt: der **❺ Wall Street**, wo ursprünglich tatsächlich mal eine Mauer *(wall)* die Nordgrenze von Nieuw Amsterdam markierte. Weltbekannt ist sie aber nicht deshalb, sondern weil 1792 hier die Börse eröffnet wurde, die **New York Stock Exchange (NYSE)**. Damals stand hier eine Platane, unter der 24 amerikanische *broker* beschlossen, einige Regeln für den Finanzmarkt aufzustellen, und das *Buttonwood Agreement* unterzeichneten. 1903 wurde das tempelförmige Gebäude errichtet, das bis

Für die bronzene *Baumskulptur vor der* *Trinity Chruch nutzte Künstler Steve Tobin die Wurzeln einer Platane, die bis zum 11. September 2001 im Hof der St. Paul's Chapel stand und durch herunterfallende Gebäudeteile entwurzelt wurde, als Basis.*

»Cabs« im nächtlichen Downtown Manhattan

Die <u>Wall Street</u> ist das Herz der Finanzwelt, Sitz der Börse, der New York Stock Exchange: www.nyse.com

Woolworth Building: Die gotischen Details an der Fassade erinnern mehr an eine Kathedrale als an ein Bürohochhaus

heute die Börse beherbergt. Die Fassade ist leicht zu erkennen: Ihr wuchtiges Giebelrelief ruht auf sechs Säulen.

Die Finanzkrise 2007/08 hat die Wall Street und damit Lower Manhattan besonders hart getroffen. Der allmorgendliche Run auf die Bürotürme fiel einige Monate verhaltener aus. Zahlreiche Manager, Jung-Manager und Möchtegern-Manager stürmten zwar noch immer mit fliegenden Krawatten an ihre Schreibtische, aber Tausende mussten denselbigen innerhalb kürzester Zeit räumen. Die Arbeitslosenzahl stieg in der zweiten Hälfte 2008 proportional zum Sinkflug der Kurse an der Börse. Etwa 500 Milliarden Dollar und über 150 000 Jobs sind vernichtet worden. Die genauen Zahlen sind kaum zu beziffern. Und diesmal traf es nicht nur die üblichen Verdächtigen der Luxusindustrie wie Banker, Anwälte, Immobilienmakler, Schönheitschirurgen, Restaurantbesitzer oder Galeristen. Die Wall Street stellte etwa elf Prozent der Arbeitsplätze in New York. Und an jedem der gut bezahlten Jobs hängen und hingen weitere des »kleinen Mannes« – Imbissbudenbesitzer, Kellner, Kuriere, Schuhputzer…

Der aus der Krise resultierende, unfreiwillige Konsumverzicht machte sich überall in der Stadt bemerkbar: Shops boten noch mehr Sales oder schlossen – auch auf der Fifth Avenue – aufgrund mangelnder Kundschaft, die (Broadway-)Theater verkauften weniger Tickets, Reservierungen in noblen Restaurants waren bis Anfang 2009 auch kurzfristig drin. Kleine Läden, wie der Bäcker von nebenan, verschwanden plötzlich, aber auch Institutionen wie das »Tavern on the Green«, das »Café des Artists« oder der »Rainbow Room« sind vorerst Geschichte. Die ausbleibenden Steuereinnahmen zwangen Bürgermeister Michael Bloomberg 3000 städtische Angestellte zu entlassen. Er selbst stellte sich ein drittes Mal der Wahl zum Bürgermeister, um der Rezession entgegenzuwirken. Der Stadtrat hatte dafür im Vorfeld den Weg geebnet, indem er die Beschränkung auf zwei Amtszeiten aufhob. Besondere Zeiten erfordern eben besondere Maßnahmen.

Die Stadt hat sich im Vergleich zum Rest des Landes relativ schnell wieder erholt, besonders die Wall Street. Man kann sich des Eindrucks nicht erwehren, dass es den Finanzjongleuren sogar besser geht als vor der Krise: Profite steigen und unerhört hohe Boni werden wieder ausgezahlt. Aber war das nicht auch ein Grund für die Krise?

Eine weitere Säulenparade neben der der NYSE findet man als Blickfang gleich schräg gegenüber der Börse; das U.S. Custom House von 1842 zieren acht dorische, zehn Meter hohe Säulen. Auf der großen Freitreppe kann man die müden Füße etwas rasten lassen, mit Blick auf die Statue von George Washington direkt davor. Das Gebäude ist heute das ❻ **Federal Hall National Memorial**.

Frisch ausgeruht geht man nun auf die Suche nach berühmten Wolkenkratzern. Naturgemäß ballen sie sich hier, man kann sich auf einige besonders schöne beschränken. Das ❼ **Bankers Trust Building** (14–16 Wall Street), 1912 erbaut und von einer auffälligen Pyramide gekrönt. Das ❽ **Equitable Building** (120 Broadway, 1913 erbaut) war in gewisser Weise seiner Zeit voraus: Zwar ist die Fassade noch mit Ornamenten und Verzierungen überzogen, doch der Prototyp des geraden Kubus' stand damit erstmals im New Yorker Stadtbild. Aber die Bürger protestierten. Würden alle Häuser so gebaut, befürchteten sie zu Recht, wäre es in den Straßenschluchten stockfinster wie in einem Canyon. Daraufhin wurde 1916 ein Gesetz verabschiedet, die *Zoning Resolution*, das unter anderem besagte, dass ab einer gewissen Höhe, jeweils abhängig von der Breite der Straße, die Stockwerke nach hinten versetzt werden müssen, um Licht nach unten durchzulassen. Dieser gestuften Bauweise folgte das Stadtbild in den nächsten Jahrzehnten.

In den 1950er-Jahren setzte sich der sogenannte Internationale Stil durch – schnörkellos, modern, klar. Die bekanntesten Vertreter dieser Gattung finden sich allerdings in Midtown. Für Gebäude dieser Art wurden größere Grundflächen verwendet, auf denen es jeweils eine weitläufige Plaza gibt. Somit stehen die Türme isoliert, statt dicht an dicht, ein Gefühl von Enge kann nicht mehr aufkommen.

An der Ecke Broadway & Fulton Street stößt man auf New Yorks älteste Kirche, der ❾ **St. Paul's Chapel** von 1766. Nach den Anschlägen von 2001 wurde sie zum seelischen Stützpunkt der Trauernden sowie der Arbeiter und Helfer. Monatelang betreute und versorgte man sie in der Kirche aus rotem Sandstein.

»Ich wollte, dass das Gebäude für meine Läden wirbt«, sagte Frank Woolworth 1911 über sein ❿ **Woolworth Building**. Das tut es bis heute. *American Gothic at its best!* Der Architekt Cass Gilbert orientierte sich stilistisch am Victoria Tower der britischen Houses of Parliaments, das Ergebnis ähnelt eher einer gotischen Kathedrale als einem Bürogebäude. Wundervoll ist die reich verzierte Lobby, irritierend sind die Eingänge zu den Fahrstühlen: Sie sehen aus wie Beichtstühle.

Den Broadway hoch ist man in wenigen Schritten wieder bei der ⓫ **City Hall**, dem Sitz des Bürgermeisters. Hier kämpfte Michael Bloomberg 12 Jahre lang für ein umweltfreundliches und finanziell solides New York. Seinem Vorgänger, dem Republikaner Rudolph W. Giuliani, Bürgermeister von 1993 bis 2001, verdankte New York den Rückgang der Verbrechensrate, doch seine Gegner sagen, er wollte ein klinisch sauberes Disneyland schaffen. Giuliani hatte diesbezüglich einen berühmten Vorgänger: Peter Stuyvesant, im 17. Jahrhundert Gouverneur von Neu-Holland, war auch schon so ein Saubermann. Er ordnete an, dass die Bars abends um neun schließen mussten. Sonntagvormittags mussten sie ganz geschlossen bleiben. Er versuchte außerdem, der Kolonie eine einheitliche Religion zu verpassen und den Zuzug von Juden zu verhindern.

Kurz bevor man auf die Brooklyn Bridge kommt, gibt es noch einen Meilenstein unter New Yorks Hochhäusern zu sehen, das ⓬ **Municipal Building**, erbaut 1907 bis 1910. Der riesige Block wurde als Verwaltungsbau gebraucht, als 1898 Bronx, Queens, Brooklyn und Staten Island

Nach der Golden Gate Bridge die bekannteste Brücke der Welt: die Brooklyn Bridge über den East River

Die Brooklyn Bridge, 1883 fertiggestellt, war mit zwei mächtigen Granitpfeilern und einer 500 Meter langen, metallenen Fahrbahn, die 45 Meter über der Wasseroberfläche hängt, die längste und höchste Brücke des 19. Jahrhunderts.

Mit der Staten Island Ferry kann man ab dem Whitehall Terminal, ganz im Süden Lower Manhattans, kostenlos nach Staten Island fahren. Dabei ist der Weg das Ziel, denn von der Fähre hat man eine tolle Sicht auf die Skyline von Manhattan (vgl. S. 47).

an Manhattan angeschlossen wurden. Als Fußgänger nimmt man hauptsächlich die neoklassizistischen Kolonnaden wahr, darüber ragen 14 Stockwerke auf, gekrönt von mehreren Kuppeln und schließlich einer Statue. Das Gebäude überspannt die Chambers Street, auf der früher Autos auf dem Weg zur Brooklyn Bridge durchfahren konnten.

Schließlich folgt die **⓭ Brooklyn Bridge**, eines der außergewöhnlichsten Architekturereignisse der Stadt. Bis zur Mitte des 19. Jahrhunderts überquerten jährlich Millionen von Menschen den East River auf überladenen Fähren. 1867 wurde mit dem Bau der eleganten Brücke nach Plänen des ausgewanderten Deutschen John Roebling begonnen. Roebling hatte eine neue Art von Stahltrossen entwickelt, um Unfälle zu vermeiden, die passierten, wenn Hanfseile beim Anlanden von Schiffen rissen. Zwei Jahre später starb er nach einem Unfall auf seiner Brücke, sein Sohn übernahm die Leitung, erkrankte aber ebenfalls schwer, woraufhin seine Frau Emily die Fertigstellung der Brücke überwachte.

Woran erkennt man einen New Yorker? Am Hund. Zwar hat nicht wirklich jeder Bewohner der Stadt einen Hund, aber jeder, der hier einen Hund spazieren führt, lebt in New York. Um den einzigartigen Zauber der Brooklyn Bridge mit allen Sinnen zu erleben, muss man die Brücke zu Fuß überqueren, auf dem hölzernen Walkway hoch über den tosenden Fahrbahnen, und am besten Richtung Manhattan, immer mit der Skyline im XXXL-Format im Blick. Diese 530 Meter über den East River sind der schönste Spaziergang, den New York City zu bieten hat. Für dieses Erlebnis fährt man entweder jetzt mit der Subway hinüber nach Brooklyn, um von dort über die Brücke zurück nach Manhattan zu spazieren, oder man bummelt auf dem Walkway den halben Kilometer hinüber nach Brooklyn und wieder zurück – ein romantisches Erlebnis zwischen Himmel und East River, das sich für immer einprägt. Den größten Anteil am dynamischen und ständig wechselnden optischen Genuss haben dabei die 22 Kilometer stählernen Seile, die die 1883 eröffnete und als Weltwunder gefeierte Hängebrücke mit ihren neugotischen Pfeilern halten. Diese Stahltrossen werfen ein immer neues Gitternetz über die wechselnde Silhouette der Stadt. Der Wind, der an manchen Tagen wie ein Derwisch durch die gespannten Seile fegt, bringt die Stahlharfe zum Klingen, und mit jedem Schritt zerlegt das Gitternetz die Skyline in ein neues Bilder-Stakkato.

Am Ende der Brückenrampe, wenn man wieder ins Hochhausgewirr des südlichen Manhattan eintaucht, führt unser Weg nach rechts zum **⓮ South Street Seaport**, etwas südlich der Brooklyn Bridge am East River gelegen. Hier beginnt ein kurzes Stück Fußgängerzone, die **Fulton Street**. Auch wenn manche die Nase rümpfen über diese geputzte kleinstädtische Ecke, hat sie doch ihren Charme. Das schätzt auch die Bürogemeinschaft von Lower Manhattan: Nach 17 Uhr treffen sich an der Ecke die *Wallstreeters*.

In der Fußgängerzone findet man in den letzten sehr alten Häusern Manhattans kleine Läden, nebenan lockt **Pier 17**, ein Einkaufszentrum mit Restaurants. Davor gibt es eine schöne Freitreppe, auf der man sitzen und aufs Wasser schauen kann. Pier 15 und Pier 16 beherbergen ein schwimmendes Museum, alte Segelschiffe können betrachtet werden, es gibt sogar die Möglichkeit, auf alten Booten Hafenrundfahrten zu machen.

Zum Schluss geht's zur Südspitze, dem **⓯ Battery Park**. Hier gönnt man sich etwas Grün fürs Auge, nach all den Häuserfronten und Hochhausschluchten. Hier kann der Blick schweifen, auch wenn all das Wasser noch nicht das Meer ist, sondern nur ein Fluss, der Hudson River, der von seiner Quelle in den Adirondacks rund 500 Kilometer bis zu seiner Mündung bei New York zurücklegt.

Im restaurierten Hafen South Street Seaport liegen sechs historische Schiffe – von hier starten auch einige Schiffsrundfahrten

Im Battery Park warten einige Sehenswürdigkeiten, darunter das ⑯ **Museum of Jewish Heritage**. Im Erdgeschoss zeigen alltägliche und religiöse Gegenstände, wie Juden vor hundert Jahren traditionell gelebt haben. Die Ausstellung im zweiten Stock widmet sich dem Holocaust. Deutsche Besucher werden sich gegen seltsame Gefühle nicht wehren können, wenn sie die Informationstafeln auf Englisch lesen, die Tondokumente aus dem Dritten Reich aber ohne Untertitel verstehen. Wie die der Vernichtung Entkommenen nicht nur in Israel, sondern überall in der Welt den Neuanfang geschafft haben, erzählt die dritte Etage. Wenn man von hier ins Treppenhaus tritt und der Blick durch das Panoramafenster auf die **Freiheitsstatue** fällt, begreift man von Neuem die symbolische Bedeutung dieser Skulptur.

Diese Dame im griechischen Gewand ist nicht nur Symbol der Freiheit, sondern auch Wahrzeichen New Yorks. Klar, dass Touristen in Scharen dorthin pilgern – fünf Millionen sind es pro Jahr. Das Warten in der Schlan-

41

ge am Anleger der Fähre nach **17** **Liberty Island** wird einem zwar durch Straßenartisten verkürzt, dennoch ist es ratsam, sich möglichst früh auf die Socken zu machen.

Die Frau aus Stahl wurde von Alexandre-Gustave Eiffel (dem Erbauer des Eiffelturms) in Paris konstruiert, nachdem der französische Intellektuelle Laboulaye und der Künstler Frédéric-Auguste Bartholdi 1865 bei einer Dinner-Party die Idee zu »Liberty Enlightening the World« geboren hatten. Das Kunstwerk sollte ein Geschenk der Französischen Republik an die Neue Welt sein. Doch beinahe wäre das Projekt gescheitert: Die 225 Tonnen schwere, mit Kupfer überzogene Skulptur wartete in ihre Einzelteile zerlegt bereits auf die Verschiffung nach Amerika, als im Frühjahr 1885 das Geld für den Sockel ausging. Nach aufwendigem Fundraising auf beiden Seiten des Atlantiks wurde die Freiheitsstatue schließlich am 28. Oktober 1886 im Hafen von New York feierlich enthüllt.

Dieselbe Fähre, die zur Freiheitsstatue fährt, steuert auch **18** **Ellis Island** an. Wenn man auf dieser Insel an Land geht, muss man sich klar machen, dass zwölf Millionen Einwanderer an derselben Stelle die Neue

Vom Durchgangslager zum Museum: die Main Hall des Ellis Island Immigration Museum

Lady Liberty: Dieses Symbol für Freiheit und Unabhängigkeit wurde 1886 als ◁ Geschenk Frankreichs an die Vereinigten Staaten von Amerika in New York errichtet

43

Ellis Island

Die große Einwanderungswelle begann 1892. Auf ihrem Höhepunkt wurden täglich 5000 bis 10000 Menschen auf der Insel abgefertigt. Die Unglücklichen, die zu den zwei Prozent gehörten, die abgewiesen wurden, durften das Festland nie betreten, sondern wurden direkt in ihre Heimatländer zurückgeschickt. Andere mussten zunächst Krankheiten auskurieren oder sich verschiedenen Tests unterziehen. Doch für die Mehrheit dauerte der Aufenthalt nur drei bis fünf Stunden.

Auf der Suche nach einem besseren Auskommen hatten sich zum größten Teil Männer auf den Weg gemacht, die meisten von ihnen europäischer, vor allem italienischer

Ein Museum der etwas anderen Art: Ellis Island Immigration Museum

und russischer Abstammung. Ihre Nachfahren bilden heute fast 40 Prozent der US-amerikanischen Bevölkerung.

Durch Einwanderungsquoten ließ der Immigrantenstrom ab 1924 enorm nach. Ellis Island wurde als Massenauffanglager nicht mehr benötigt und zu einer Deportationszentrale für unerwünschte Ausländer umfunktioniert. Während der beiden Weltkriege diente es außerdem als Lazarett und als Ausbildungsstätte für die Küstenwache. Am 29. November 1954 wurden die Gebäude geschlossen und dem Verfall überlassen, bis 1965 Präsident Johnson die Einrichtung dem Nationalen Parkdienst unterstellte.

Ellis Island, die kleine Insel im Schatten der Freiheitsstatue

Welt betraten – all jene, die nicht wie die Erste-Klasse-Passagiere auf See abgefertigt wurden, sondern sich zunächst der Kontrolle der amerikanischen Einwanderungsbehörde unterziehen mussten. Eine seltsame Stimmung wird das in der Registrierungshalle gewesen sein: ein babylonisches Sprachengewirr, Menschen, die gerade ihre Heimat verlassen hatten und sich zum ersten Mal mit der Verschiedenartigkeit der Kulturen dieser Welt konfrontiert sahen. Und mit den amerikanischen Beamten, deren Beurteilung sie noch von dem trennte, was sie aus dem Fenster bereits sehen konnten: die Stadt des Neuanfangs, Manhattan.

Eine gute Möglichkeit, das historische Gebäude und die beeindruckenden Zeitdokumente in Ruhe auf sich wirken zu lassen, ist eine Audio-Tour. Am Informationsschalter starten aber auch mehrmals täglich Gruppenführungen in deutscher Sprache. Alle 45 Minuten kann man zudem auf einer Leinwand die Anhörung eines Emigranten mitverfolgen.

Service & Tipps:

 Anfahrt mit der roten **Subway** (1, 2, 3) oder der blauen (A, C, E) zur Chambers Street, mit der gelben Subway (N, Q, R) bis City Hall, mit der grünen Subway (6) bis Brooklyn Bridge.

 13 Ellis Island Immigration Museum
NY 10004 (Financial District)
✆ 1 (212) 344-0996
www.ellisisland.org
 Fährtickets $ 24/12
Eintritt ist frei
Zwischen 1892 und 1954 wurden 12 Millionen Einwanderer durch Ellis Island geschleust; 40 Prozent aller Amerikaner – über 100 Millionen – können ihre Wurzeln zurückverfolgen bis zu einem Einwanderer, der über Ellis Island kam. 1990 wurde das Museum für 170 Millionen Dollar restauriert.

Die Fähren nach Ellis Island legen etwa jede halbe Stunde am Battery Park ab. Sie halten auf dem Hin- und Rückweg auch an der Freiheitsstatue und verkehren täglich 9–17 Uhr (im Sommer länger). Tickets gibt es im Castle Clinton (Battery Park, ✆ 1-877-523-9849, www.statuecruises.com). Vgl. auch Infos in der rechten Randspalte.

16 Museum of Jewish Heritage
36 Battery Pl. & 1st Pl.
NY 10280 (Financial District)
✆ 1 (646) 437-4200
www.mjhnyc.org
So-Di, Do 10–17.45, Mi 10–20, Fr und Tage vor jüd. Fei 10–15 Uhr; Sa, jüd. Fei und Thanksgiving geschl.
Eintritt $ 12/Kinder unter 12 Jahren frei, Mi 16–20 Uhr frei

Der Rundgang durch das spiralförmig angelegte Jüdische Museum beginnt mit einer Multimedia-Collage und führt über drei Ebenen durch die jüngere jüdische Geschichte.

Im Erdgeschoss zeigen alltägliche und religiöse Gegenstände, wie Juden vor hundert Jahren traditionell gelebt haben. Die Ausstellung im zweiten Stock widmet sich dem Holocaust. Wie die der Vernichtung Entkommenen überall in der Welt den Neuanfang geschafft haben, erzählt die dritte Etage.

 19 National Museum of the American Indian
 One Bowling Green
Nähe Battery Park
NY 10004 (Financial District)
✆ 1 (212) 514-3700
www.nmai.si.edu
Tägl. 10–17, Do bis 20 Uhr, Eintritt frei
Im ehemaligen U. S. Costum House an der Südspitze Manhattans sind Teile der immensen Sammlung des New Yorker Bankiers George Gustav Heye ausgestellt. Wechselausstellungen zur Geschichte und Gegenwart der First Nations.

 20 Skyscraper Museum
39 Battery Pl. & 1st Pl.
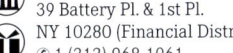 NY 10280 (Financial District)
✆ 1 (212) 968-1961
www.skyscraper.org
Mi–So 12–18 Uhr, Eintritt $ 5/2.50
Das erste Wolkenkratzer-Museum der Welt steht an der Südspitze Manhattans. Es widmet sich umfassend der Architektur der Hochhäuser, beleuchtet Geschichte, Design und Technik. Sehr gut sortierte Architektur-Buchhandlung im Haus.

1 Lower Manhattan

Zwischen 1892 und 1954 wanderten zwölf Millionen Menschen über Ellis Island in die Vereinigten Staaten von Amerika ein

 New York City Police Museum
100 Old Slip
Vgl. unter »Mit Kindern in New York« S. 184.

Wer nach 14 Uhr mit den Fähren zur Freiheitsstatue oder nach Ellis Island aufbricht, kann nur eine der beiden Sehenswürdigkeiten besuchen. Achtung: Rucksäcke, Buggys, Regenschirme, Speisen und Getränke sind in der Freiheitsstatue nicht erlaubt. Schließfächer gibt es nicht. Infos zu weiteren Sicherheitsvorschriften unter: www.statuecruises.com (unter Buy Tickets und dann Security)

1 Lower Manhattan

Charles Clydes Ebbets' berühmte Fotografie von 1932: Bauarbeiter während ihrer Mittagspause im 69. Stock des Rockefeller Center (»Lunchtime Atop a Skyscraper«)

⓭ Brooklyn Bridge

Der vermutlich schönste Spaziergang: Bei Sonnenauf oder -untergang von den Brooklyn Heights zu Fuß über die Brücke, immer mit Blick auf die Skyline von Manhattan. Eine Etage über der Fahrbahn führt ein hölzerner Fußweg über den East River.

⓱ Freiheitsstatue/ Statue of Liberty

✆ 1 (212) 363-3200
www.nps.gov/stli
Anfahrt vgl. unter Ellis Island S. 45
Die Dame im griechischen Gewand ist nicht nur Symbol der Freiheit, sondern auch Wahrzeichen New Yorks. Touristen pilgern in Scharen dorthin – fünf Millionen pro Jahr.

Seit dem 18. Oktober 2011, dem 125. Geburtstag der Freiheitsstatue wurden 27 Mio. Dollar investiert, um sie auf den neuesten Stand der Technik zu bringen und die Sicherheitsmaßnahmen zu verbessern. Nach Hurricane Sandy wurde die Statue erneut geschlossen, seit dem 4. Juli 2013 ist sie wieder begehbar.

Banner der World Trade Center Memorial Foundation am Ground Zero

❶ Ground Zero

Bis 9/11 standen in Lower Manhattan die Zwillingstürme des World Trade Center. Der Komplex, bestehend aus sieben Gebäuden, wurde in den 1970er-Jahren gebaut. Nach den Anschlägen wurde das Trümmerfeld Ground Zero genannt, ursprünglich der Militärbegriff für einen Ort, auf dem eine nukleare Explosion stattgefunden hat. Inzwischen entsteht hier nach und nach das neue World Trade Center (www.wtc.com). Die Gedenkstätte »National September 11 Memorial« (www.memorial.org) wurde zum zehnten Jahrestag der Anschläge am 21.11. 2011 eröffnet. Der 1776 Fuß hohe Wolkenkratzer One World Trade Center soll Ende 2013 fertiggestellt sein (vgl. S. 36).

㉑ Tribute World Trade Center 9/11 Visitor Center

120 Liberty St.
NY 10006 (Financial District)
✆ 1 (212) 393-9160, 1-866-737-1184
www.tributewtc.org
Galleries Mo–Sa 10–18, So 10–17, Walking Tours tägl. 11, 12, 13, 14 und 15, Sa zusätzlich 16 Uhr, Eintritt in die Ausstellung $ 17/5, geführte Tour $ 12/5, Ausstellung plus Tour $ 22/7, Kinder unter 6 Jahren frei
Große Ausstellung mit Nachbau, Fotos, Filmen und Berichten von Überlebenden und Betroffenen des Terroranschlags auf das World Trade Center. Auf den geführten Touren berichten Betroffene von den Ereignissen und den Folgen.

14 South Street Seaport
NY 10038 (Financial District)

www.southstreetseaport.com

Im wieder belebten Relikt des historischen New Yorker Hafens entstand eine attraktive Mischung aus Kneipen, Galerien, Museen und Shops. Der ganze Bereich ist Fußgängerzone und mit Kopfsteinpflaster und Straßencafés ein nostalgisches Flanierrevier.

 9 St. Paul's Chapel
Fulton St. & Broadway
NY 10007 (Financial District)
New Yorks älteste Kirche und das älteste öffentliche Gebäude, das noch genutzt wird. 1766 in der Nähe des Hafens gebaut, spendete sie vor allem jenen Trost, die sich fern ihrer »Mutterkirche« aufhielten. Eine Ausstellung zeigt die Funktion und Arbeit der Kirche nach dem 11. September 2001.

 22 St. Peter's Church
22 Barclay St. & Church St.
NY 10007 (Financial District)
Das Gotteshaus ist die älteste römisch-katholische Kirche der Stadt, sie wurde 1838 gebaut. Die Gemeinde existiert aber bereits seit 1785, ihre ersten Mitglieder waren zumeist Iren. Die erste amerikanische Heilige, Elizabeth Bayley Seton, wurde hier getauft, als sie nach dem Tod ihres Mannes 1803 zum Katholizismus konvertierte. Sie gründete später den ersten katholischen Orden auf amerikanischem Boden, die American Sisters of Charity.

 23 Staten Island Ferry
Abfahrt: Whitehall Terminal, sie verkehrt halbstündlich, zur Rushhour viertelstündlich

www.siferry.com

Den schönsten Blick vom Wasser aus bietet der kurze Trip mit den gelben Fähren der Staten Island Ferry, die zwischen der Südspitze Manhattans und Staten Island pendeln. Die Überfahrt ist kostenlos, dauert 25 Minuten je Strecke und bietet nicht nur einen unschlagbaren Blick auf Süd-Manhattan, sondern auch New Yorker Alltagsleben an Bord, denn die meisten der täglich 60000 Passagiere sind Einheimische. Optimal zum Sonnenauf oder -untergang.

 5 Wall Street
NY 10005 (Financial District)
In der Wall Street wurde 1792 die **New York Stock Exchange**, die Börse, eröffnet. Die Straße entwickelte sich rasch zum Zentrum des Finanzdistrikts und steht heute auch als Synonym für die gesamte US-amerikanische Finanzindustrie. Das tempelartige Gebäude der Börse ist leicht zu erkennen. Leider dürfen Besucher dem hektischen Treiben aus Sicherheitsgründen seit einigen Jahren nicht mehr beiwohnen.

Den bronzenen Wall-Street-Bullen im Bowling Green Park an der Kreuzung Wall Street/Broadway verstehen viele als pekuniären Glücksbringer und streichen ihm liebevoll über die Nase

Die Auflösung der bei den Restaurants angegebenen $-Preiskategorien finden Sie auf S. 215.

🔟 Woolworth Building
233 Broadway & Park Pl.
NY 10007 (Financial District)
Der renommierte Architekt Cass Gilbert baute 1913 das Hochhaus im gotischen Stil des Victoria Tower der britischen Houses of Parliaments. Die Lobby erinnert an eine Kathedrale.

Century 21
22 Cortlandt St., zwischen Church St. & Broadway, NY 10007 (Financial District), ✆ 1 (212) 227-9092
www.century21deptstores.com
Hier gibt's die teuersten Markenklamotten zu einem Bruchteil des ursprünglichen Preises. Ware der letzten Saison. Viele Einzelstücke. Vgl. auch S. 190.

South Street Marketplace
Für New York ungewöhnlich: eine Fußgängerzone mit kleinen Geschäften, diversen Kuriositätenläden und gleich nebenan **Pier 17**, eine klimatisierte Shoppingmall mit gutem Fast Food und Blick auf die Brooklyn Bridge.

Cafe Bravo
11 Hanover St.
NY 10005 (Financial District)
✆ 1 (212) 785-8383
www.cafebravony.com
Zwischen all den Ketten-Coffeeshops, in denen der Banker mittags schnell etwas isst, ein kleiner, selbstständiger Laden. Ordentliche Pizza, bezahlbar. $

Lower Manhattan ist eine teure Adresse, schließlich trifft man sich hier hauptsächlich zum Geschäftsessen – und das zahlt die Firma… Günstig sind dagegen die unzähligen **Fast-Food-Läden**, in denen mittags kurz eine Mahlzeit verschlungen wird.

Soupman
110 Pearl St. & Hanover Sq.
NY 10005 (Financial District)
✆ 1 (212) 232-0003
www.originalsoupman.com
Fantastische Auswahl an Suppen für den kleinen Hunger zwischendurch. $

Weitere Serviceadressen finden Sie im Kapitel Enjoy & Relax ab Seite 158.

Im Herzen von Lower Manhattan: der Brunnen im City Hall Park, dahinter das Woolworth Building ▷

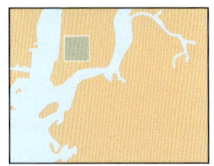

Im Zentrum der westlichen chinesischen Welt

Chinatown und Little Italy

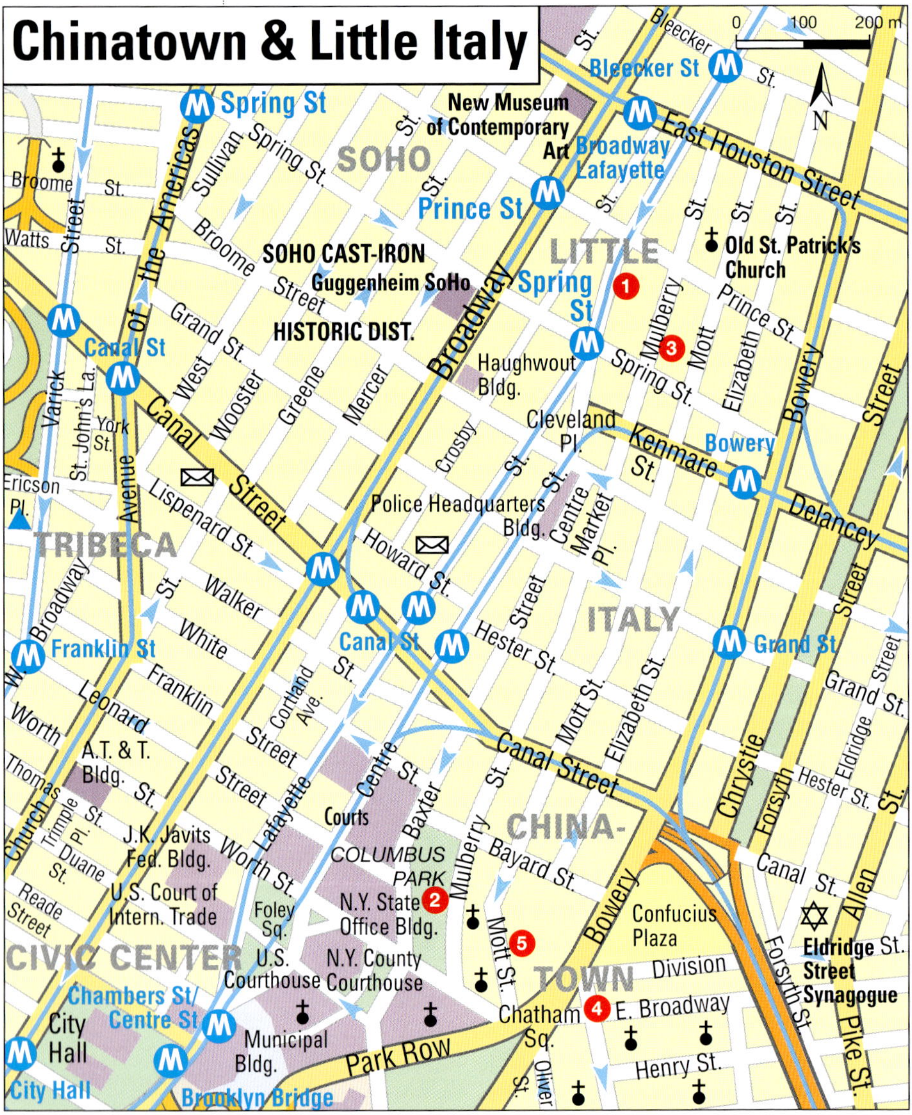

Chinatown & Little Italy

Map labels:

0 100 200 m

N

Bleecker St.

Bleecker St. Ⓜ St.

Spring St Ⓜ

SOHO

New Museum of Contemporary Art

Broadway Lafayette Ⓜ

East Houston Street

Spring St.

Sullivan St.

Prince St Ⓜ

LITTLE

Old St. Patrick's Church

SOHO CAST-IRON

Guggenheim SoHo

HISTORIC DIST.

Broome Street

Broadway

Spring St ❶

Mulberry St.

Prince St.

Broome St.

Grand St.

West St.

Wooster St.

Greene St.

Mercer St.

Crosby St.

Haughwout Bldg.

Spring St.

Mott St.

❸

Elizabeth St.

Bowery

Street

Broome St.

Watts St.

Street of the Americas

Canal St Ⓜ

Varick St.

St. John's La.

York St.

Canal Street

Cleveland Pl.

Kenmare St.

Bowery Ⓜ

Delancey

Ericson Pl.

Lispenard St.

Police Headquarters Bldg.

Centre St.

Market Pl.

TRIBECA

Howard St.

ITALY

Walker St.

White St.

Franklin St.

Franklin Street

Canal St Ⓜ

Hester St.

Grand St Ⓜ

Grand St.

Eldridge Street

Broadway

Franklin St Ⓜ

Leonard St.

Worth St.

A.T. & T. Bldg.

Leonard Street

Cortland Alley

Centre St.

Baxter St.

Canal Street

Mott St.

Elizabeth St.

Hester St.

Chrystie St.

Forsyth St.

Thomas St.

Trimble Pl.

Duane St.

J.K. Javits Fed. Bldg.

Worth St.

Courts

COLUMBUS PARK

Mulberry St.

Bayard St.

CHINA-

Canal St.

Allen St.

Church St.

Reade Street

Duane St.

U.S. Court of Intern. Trade

Foley Sq.

N.Y. State Office Bldg. ❷

Mott St.

❺

Bowery

Confucius Plaza

Eldridge St.

Street Synagogue

CIVIC CENTER

U.S. Courthouse

N.Y. County Courthouse

TOWN

Division

Chambers St/Centre St Ⓜ

City Hall

Municipal Bldg.

Park Row

Chatham Sq.

❹ E. Broadway

Forsyth St.

Pike St.

City Hall Ⓜ

Brooklyn Bridge

Oliver St.

Henry St.

»Es gibt kein Chinatown.« Das behauptete Djuna Barnes in den 1920er-Jahren. Das war natürlich ironisch überspitzt formuliert, aber heute hätte die berühmte Autorin dennoch Schwierigkeiten, das zu schreiben. Wer einen Spaziergang durch Chinatown macht, hat praktisch ❶ **Little Italy** auch schon abgedeckt. Chinatown wächst und wächst; von der Kolonie der Italiener ist nicht mehr viel übrig geblieben. Das einstige Herzstück des italienischen Bezirks ist heute mit chinesischen Schriftzeichen zugekleistert.

Im Süden des Viertels liegt ❷ **Columbus Park**, der eine ungewöhnliche Geschichte hat. Er wurde nicht, wie andere Plätze New Yorks, einfach freigelassen von Bebauung; für diese kleine Grünfläche wurde ein ganzes Viertel abgerissen. Ursprünglich befand sich hier **Five Points**, ein stark italienisches Wohngebiet. Es wurde niedergewalzt, darauf entstand 1892 der Columbus Park. Five Points war seit ihrem Bestehen die berüchtigtste Ecke der Stadt . Brutal in Szene gesetzt hat Scorsese diese Anfänge der modernen Stadt in seinem Film »Gangs of New York«. Regisseur Scorsese wuchs in Little Italy auf, in der Elizabeth Street. Und sein Vater konnte ihm noch Geschichten aus der Zeit von Five Points erzählen.

Little Italy: Hydrant in den Nationalfarben Italiens

Little Italy besteht fast nur noch aus Restaurants und Geschäften

Die Italiener lebten dort unter unglaublichen Bedingungen, ganze Großfamilien in einem Zimmer. Kein Wunder, dass hier die Kriminalität gedieh: Die berühmte Five Point Gang etwa war keine Straßenbande à la »West Side Story«, sondern organisiertes Verbrechen, italienische Mafia auf amerikanischem Boden. Gegründet vom ehemaligen Preisboxer Paul Kelly (eigentlich Paolo Antonini Vaccarelli), versammelte sie in ihren Rei-

hen Personen von so zweifelhaftem Ruhm wie Al Capone, Lucky Luciano und Frankie Yale. Zu Zeiten der Prohibition, in den 1920er-Jahren also, wuchs das Aufgabengebiet der *families*, wie sich die Organisationen nannten: Nun galt es, neben Bordellen auch noch Bars und Ausschank-betriebe zu kontrollieren.

Wenn man heute am Columbus Park vorbeischlendert, lässt sich diese Vergangenheit nicht mal mehr erahnen. Kinder turnen auf den Spiel-geräten, alte Chinesinnen üben frühmorgens Tai-Chi, höchstens ein paar Jugendliche, die in einer Ecke herumlungern, lassen mit viel Fantasie Konspiratives vermuten.

1790 gab es in Manhattan erst 20 Familien mit italienischem Nach-namen, diese Zahl stieg auch in den kommenden Jahren kaum an. Aller-dings war darunter ein berühmter Name, Lorenzo da Ponte. Der Libret-tist der berühmten Mozart-Opern »Don Giovanni« und »Così fan tutte« leb-te von 1805 bis zu seinem Tod 1838 in New York, er war Professor für Ita-lienisch an der Columbia University.

Mitte des 19. Jahrhunderts sah New York einen weiteren berühmten Italiener: Giuseppe Garibaldi kam für ein Jahr als politischer Flüchtling nach Staten Island, bevor er schließlich Italien einte. Dieses, die Einigung Italiens von Sizilien bis zu den Alpen, hatte unter anderem eine riesige Auswanderungswelle zur Folge. Bis dahin war Süditalienern die Emigra-tion verboten gewesen, nun durften sie reisen. Ab 1860 überschwemm-ten sie New York geradezu.

1860 lebten etwa 1500 Italiener in New York, von Professoren und Operndivas wie Adelina Patti bis zu ungelernten Arbeitern. Letztere bewohnten die billigsten Häuser der Stadt, eben das Viertel um Five

New Yorks Chinatown feiert kunterbunt das Chinesische Neujahrsfest

Points, das auf einem schlecht entwässerten Marschland gebaut war. Zuerst hatten sich hier wohlhabende Familien niedergelassen, aber als die Häuser feucht wurden, zogen die Reichen aus und die Armen – anfangs Deutsche, dann Iren, dann Italiener – ein. 1880 lebten bereits über 50 000 Italiener in New York, in den letzten Jahren des Jahrhunderts kamen über 300 000, und bis kurz vor dem Ersten Weltkrieg waren über drei Millionen eingewanderte Italiener registriert worden. Auch wenn man beachtet, dass gerade Italiener auch heimreisten, ihre Familien besuchten und anschließend wiederkamen, somit doppelt gezählt wurden, ist das doch eine enorme Zahl.

Unter den ersten italienischen Auswanderern waren – ungewöhnlich genug – viele Kinder. Sie wurden ins Ausland geschickt, um als Wandermusiker Geld zu verdienen, das sie anschließend nach Hause schicken mussten. Auch kamen verhältnismäßig viele alleinreisende Männer. Sie wollten nicht immigrieren, sondern lediglich ein paar Jahre lang Geld verdienen und dann zurückkehren.

Ankömmlinge zogen meist in die Straßen, in denen bereits Landsleute wohnten, das war nichts Neues. Doch die Italiener perfektionierten diese Wohnart: Sie zogen in Straßen, manchmal sogar in Blocks oder *tenements*, also Mietshäuser, in denen Menschen aus ihrer Region, besser noch, aus ihrem Dorf wohnten. So lebten in der ❸ **Mulberry Street** hauptsächlich Neapolitaner, in der Mott Street sah man Calabresen, in der Elizabeth Street ließen sich Sizilianer nieder.

Reste von Little Italy findet man praktisch nur noch in der Mulberry Street, und hier beschränkt sich das Italienische auf meist recht teure Ristoranti. Nicht immer ist dort Italienisches drin, wo Italienisches draufsteht; besonders drollig hört es sich an, wenn die eindeutig chinesischen Kellner auf der Straße Gäste in die Trattorias, Ristorantes, Caffès oder Pizzerias locken wollen, indem sie ein mühevolles *Buon giorno* versuchen – ohne »r«, versteht sich. Die Lokale sind so dicht gedrängt wie in Siena an der Piazza. Alles ist recht kommerziell, auf Essen, Trinken und Leute-Schauen reduziert.

Über ihren Besuch in ❹ **China-town** schrieb Djuna Barnes: »Wir drei erwarteten, dass wir im glimpflichsten Falle Chop Suey essen und das Ganze sich zu einem Tong-Krieg zuspitzen würde. Von Park Row kommend, hielten wir auf die Mott Street zu – kam da vielleicht zischend ein Feuerball herausgeschossen? Nein! Fuhren uns vielleicht urgewaltige bezopfte Chinesen mit sechs Zoll langen manikürten Fingernägeln an die Gurgel? Machte die chinesische Schrift sich plötzlich selbstständig

2 Chinatown und Little Italy

ⓘ **Official Visitor Information**
Kiosk for Chinatown Ecke Canal, Walker & Baxter Sts.
Tägl. 10–18 Uhr
Hier erhält man Stadtpläne, Fahrpläne für Bus und Subway, Tickets für Museen und andere Attraktionen sowie den »Official NY Guide«.

Auf dem Fish Market in Chinatown

53

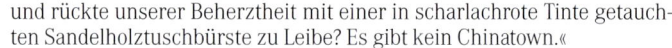

2 Chinatown und Little Italy

Erst nach Streitereien zwischen verschiedenen politischen Gruppierungen wurde die Konfuziusstatue an der Confuzius Plaza aufgestellt.

Viele Restaurants – das bietet Chinatown zwischen Mott, Mulberry und Canal Street

und rückte unserer Beherztheit mit einer in scharlachrote Tinte getauchten Sandelholztuschbürste zu Leibe? Es gibt kein Chinatown.«

So düster geht es wahrlich nicht zu, auch heute nicht. Nur eng ist es praktisch überall in Chinatown, die Gehsteige können die Menge von Menschen, die sich durchquetschen, nie fassen. Die Läden wabern mit ihrem Angebot an Gemüse, Fisch, Pantöffelchen und Krimskrams bis auf die Straße; dazwischen stehen unzählige Kleinhändler. Eine alte Frau am Straßenrand ruft »Wanndala, wanndala«. Vor sich hat sie einen Quadratmeter Angebot ausgebreitet, Haarspangen, Kämme, bunte Bänder. »Two for wanndala«, sagt sie, und da wird es klar: Zwei für einen Dollar. Eine Straße weiter verkauft ein Chinese *flying birds* aus Papier, die zieht er auf, sie steigen in die Luft und fallen plump herunter, er hastet zwischen den Autos umher, um sie wieder einzusammeln. Keiner kauft etwas nach der wenig überzeugenden Vorstellung.

Die ersten Chinesen in New York waren Eisenbahnarbeiter, die in den 1870er-Jahren Schienenstränge durch Nordamerika verlegten und nach getaner Arbeit an die Ostküste kamen. Es blieb jedoch eine kleine Gemeinde, fast hundert Jahre lang. In den 1940er-Jahren betrug die zugelassene Quote für chinesische Einwanderer 105 Personen pro Jahr. 1965 lockerte der amerikanische Kongress die nach Nationalitäten sortierte Quote. Seither strömen Menschen aus der östlichen Welt hierher. Zwischen 90 000 und 100 000 Personen mit asiatischen Wurzeln sollen in Manhattans Chinatown leben. In dem Straßengeviert soll es noch billigen Wohnraum geben – aber erstens müsste man chinesischer Abstammung sein, um davon zu erfahren, da jeder Quadratmeter hier von Generation zu Generation weitergegeben wird, und zweitens müsste man Gefallen daran finden, sich mit zehn bis zwanzig Menschen ein Apartment zu teilen …

Nach außen wirkt Chinatown wie eine geschlossene Einheit. Von den Spannungen, die dort zwischen den unterschiedlichen Gruppen herrschen, bekommt Manhattan normalerweise nicht viel mit. Einmal drang es aber doch durch, als eine **Konfuziusstatue** am gleichnamigen Platz aufgestellt werden sollte. Traditionalisten aus Taiwan unterstützten das Vorhaben, doch Einwanderer aus der Volksrepublik China waren strikt dagegen. Für sie ist Konfuzius der typische Vertreter eines reaktionären, alten Chinas. Die Statue wurde aufgestellt, was eine Ahnung von den Mehrheitsverhältnissen in Chinatown vermittelt.

Am lebhaftesten geht es in Chinatown am Samstagvormittag zu, dann findet der dicht gedrängte Markt in der ❺ **Mott Street** statt. Dazwischen trifft man auf ein paar Touristen und New Yorker aus anderen Stadtvierteln, die hierher kommen, weil sie es entweder exotisch finden oder weil hier frisches Obst und Meerestiere billiger sind, als irgendwo sonst in der Stadt.

Chinatown in Lower Manhattan ist die größte chinesische Gemeinde der westlichen Hemisphäre, ungefähr 150 000 Immigranten aus ganz Asien leben hier, aus China, Vietnam, Burma, Singapur, Malaysia und Taiwan. Dazu kommen weitere 150 000 chinesische Amerikaner, die in Queens und Brooklyn leben. Chinatown umfasst die Straßen zwischen Grand und Worth Street, Bowery, Confucius Plaza, Chatham Square und Centre Street.

2 Chinatown und Little Italy

Chinesischer Glücksdrache

Im Criminal Court Building in der Centre Street werden jede Nacht Kleinkriminelle im Eilverfahren abgeurteilt. Dem sogenannten Night Court kann man kostenlos beiwohnen, muss sich nur von der Security am Eingang durchleuchten lassen (100 Centre St., NY 10013).

Das Lunar New Year, das Chinesische Neujahrsfest, gilt als wichtigstes Event der chinesischen Gemeinde

Service & Tipps:

(U) Anfahrt mit der grünen (4, 5, 6), der gelben (N, R) oder der braunen (J, M, Z) **Subway** bis Canal Street.

(X) **Bo Ky**
80 Bayard St., zwischen Mott & Mulberry Sts., vgl. S. 167.

(X) **Golden Bridge Restaurant**
50 Bowery, zwischen Bayard & Canal Sts., vgl. S. 167.

(X) **Nyonya Cuisine Penang**
194 Grand St., zwischen Mott & Mulberry Sts., vgl. S. 167.

(ii) **Yunhong Chopsticks**
50 Mott & Bayard Sts., NY 10013
www.happychopsticks.com
Tägl. 10.30–20.30 Uhr
Chinesische Essstäbchen en masse – vom billigen Plastik- bis zum 600-Dollar-Paar.

Weitere Serviceadressen finden Sie im Kapitel Enjoy & Relax ab S. 158.

Junge Szene im alten Viertel

East Village und Lower East Side

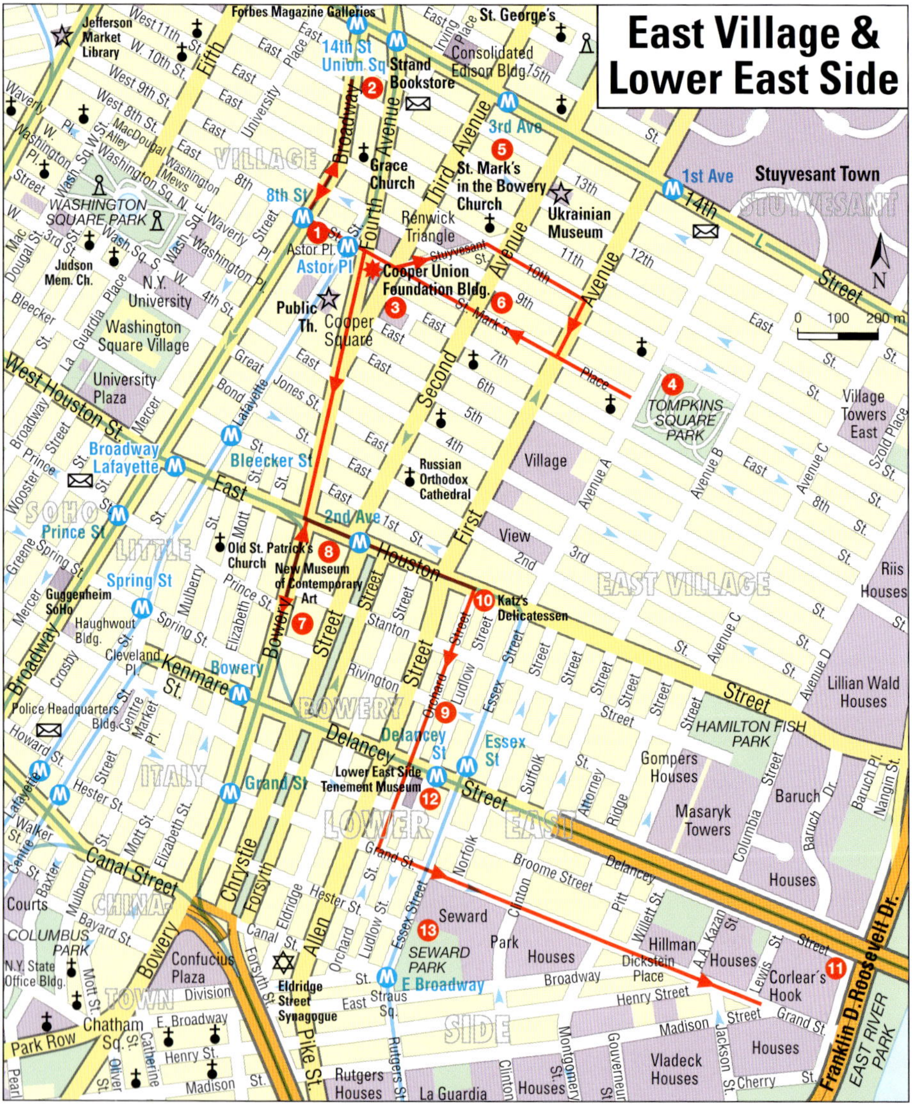

East Village & Lower East Side

(Map labels:)

Jefferson Market Library · Forbes Magazine Galleries · St. George's · Consolidated Edison Bldg · Strand Bookstore · Union Sq · 14th St · 3rd Ave · 1st Ave · Stuyvesant Town · STUYVESANT · Grace Church · St. Mark's in the Bowery Church · Ukrainian Museum · Renwick Triangle · Cooper Union Foundation Bldg · Astor Pl · Public Th. · Cooper Square · WASHINGTON SQUARE PARK · Judson Mem. Ch. · N.Y. University · Washington Square Village · University Plaza · West Houston St · Broadway-Lafayette · Bleecker St · Russian Orthodox Cathedral · TOMPKINS SQUARE PARK · Village Towers East · Riis Houses · SOHO · Prince St · LITTLE · Spring St · Guggenheim SoHo · Haughwout Bldg. · Cleveland Pl · Old St. Patrick's Church · New Museum of Contemporary Art · Bowery · Kenmare St. · Police Headquarters Bldg. · Delancey St · Lower East Side Tenement Museum · Essex St · Katz's Delicatessen · Gompers Houses · Masaryk Towers · HAMILTON FISH PARK · Lillian Wald Houses · EAST VILLAGE · Grand St · ITALY · Canal Street · CHINA TOWN · COLUMBUS PARK · N.Y. State Office Bldg · Confucius Plaza · Eldridge Street Synagogue · Seward Park · SEWARD PARK · E Broadway · Hillman Houses · Dickstein Plaza · Corlear's Hook · EAST RIVER PARK · Franklin D. Roosevelt Dr. · Vladeck Houses · Rutgers Houses · Chatham Sq · Park Row · LOWER EAST SIDE · Baruch Houses · Columbia St · Lillian Wald Houses

0 100 200 m

Im Gegensatz zu vielen anderen Vierteln Manhattans ist die Bevölkerung der **Lower East Side** bis heute gemischt, wenngleich auch hier billige Quartiere rar geworden sind. Zu alten Einwandererfamilien kommen Künstler, die hier noch billigere Wohnungen finden, sowie Neuankömmlinge aus der Dominikanischen Republik, Japan und den Philippinen. Das Quartier wird begrenzt von der 14. Straße im Norden, der 4. Avenue und ihrer Verlängerung, der Bowery, im Westen, Canal Street im Süden und dem East River.

Es ist eine der geschichtsträchtigsten Gegenden Manhattans. In jeder Straße kann man Spuren verschiedener Einwanderungswellen finden. Wie andere New Yorker Stadtviertel auch, hat sich das East Village im Laufe der Jahrhunderte immer wieder grundsätzlich gewandelt, von der Umgebung der Farm des holländischen Gouverneurs Peter Stuyvesant bis zur heute hippen Ecke Manhattans. Eine Immigrantenwelle nach der anderen besetzte die Häuser, von frühen Iren und Deutschen bis zur heutigen Mischung aus Juden, Schwarzen, Lateinamerikanern, Japanern, Indern, Ukrainern und Italienern. Die besondere Note des East Village aber sind die Bohemiens des letzten Jahrhunderts. Nach dem Zweiten Weltkrieg entdeckten Künstler diese Gegend, da Greenwich Village zum Treffpunkt der Reichen und Schönen wurde. Eine neue Boheme erblickte das Licht der Welt, sie taufte ihre Wiege, den nördlichen Teil der Lower East Side, um in **East Village**.

Zunehmend eroberten Filialen US-amerikanischer Modemarken mit großen Schaufenstern eine Ecke nach der anderen im East Village. Doch bis heute sind die Läden am St. Mark's Place und an der Avenue A ramschig und vollgestopft, chaotisch, aber eine Fundgrube. Wie eben das ganze Viertel.

Gentrification lautet ein typisches New-York-Wort. Es bezeichnet den ständigen Wandel, dem die Viertel der Stadt unterliegen, speziell den Wandel vom Arme-Leute-Quartier über Künstlerviertel zur schicken Gegend. Wenn man durch das East Village geht, sieht man all die bunten Gestalten noch, aber auch Menschen, die ihren Lebensunterhalt eindeutig mit anderem als Gitarrespielen oder Wahrsagen verdienen.

Zu den ersten deutschen Einwanderern, die richtig Furore machten, gehörte Johann Astor aus Walldorf, der 1784 in der Neuen Welt ankam. Der Sohn eines Metzgers begann als Lehrling in einer Pelzverarbeitungsfabrik, 20 Jahre später gehörte ihm eines der größten Pelzimperien, richtig Geld machte er allerdings mit Immobilien. Die Tour durch das East Village beginnt an der **Astor Place Subway Station**, sie ist eine der weni-

3 East Village und Lower East Side

Das East Village ist der Ort für Nachtschwärmer. Viele Clubs finden sich hier, fast wöchentlich öffnen neue Läden. Adressen vgl. S. 174 ff.

Mehr als 18 Meilen gebrauchte und vergriffene Bücher hat »Strand« im Sortiment (East Village)

gen alten, erhaltenen U-Bahn-Stationen mit Terrakotta-Elementen und weißen Kacheln. Direkt daneben steht »The Alamo« von Bernard Rosenthal. Der Kubus aus schwarzem Stahl von 1966 war eine der ersten abstrakten Skulpturen im Stadtgebiet; errichtet zum Gedenken an den *Astor Place Riot* vom 10. Mai 1849. Eine Fehde zwischen einem englischen und einem amerikanischen Schauspieler löste Krawalle aus, bei denen 25 Menschen getötet und über 100 verletzt wurden.

❶ Astor Place trägt den Namen des Gründers der ersten Public Library, sie wurde aufgebaut auf die Privatbibliothek des reichen Ex-Deutschen John Jacob Astor. Die **Lafayette Street** war einmal eine der nobelsten Wohngegenden, hier residierten die Astors und die Vanderbilts, das sieht man der Geschäftsstraße allerdings heute nicht mehr an.

Um bei Büchern zu bleiben: Nördlich davon, ganz am Rand des East Village, am Broadway, Ecke 12th Street, befindet sich der **❷ Strand Bookstore**, nicht nur eine Buchhandlung, sondern eine Institution. In der 4th Avenue, um die Ecke, standen früher viele kleine Buchhandlungen dicht an dicht. Davon sind wenige geblieben. Strand, gegründet 1929, bietet acht Millionen gebrauchte Bücher, zum Teil unglaublich günstig. Man findet eine schier unendliche Auswahl, auch Fotobände. Interessant sind die *reviewer copies*, aktuelle Bücher, die an Rezensenten verschickt worden waren und hier zum halben Preis manchmal sogar früher im Regal stehen als beim großen Marktführer Barnes & Noble. Für Büchernarren gibt es bei Strand Raritäten, erlesene antiquarische Bücher, die dann auch mal Tausende von Dollars kosten. Der Laden bietet das perfekte Programm für Regentage, man muss sich nur zurechtfinden in den Regal-Meilen auf drei Stockwerken.

Zurück am Astor Place, den das mächtige **❸ Cooper Union Foundation Building** dominiert, gelangt man zur schrägen **Stuyvesant Street**, der einstigen Auffahrt zum Bauernhof – *bouwerie* – des holländischen Gouverneurs Peter Stuyvesant (1592–1672). Von hier bis an den East River dehnte sich sein Besitz aus. 1811 beschloss die Stadtversammlung, über Manhattan das heute so typisch anmutende Schachbrettmuster der Straßen anzulegen. Einige wohlhabende Familien wehrten sich dagegen, so kam es zu dieser kleinen, schrägen Stadtplan-Anarchie mitten im East Village. Elegante Wohnhäuser säumen die Straße.

Verschiedene Einwanderungswellen schwappten über den Ostteil der Stadt, etwa zeitgleich mit den Deutschen kamen Iren. Weniger aus politischen Gründen, sondern wegen der Kartoffelpest, die in Irland für eine desaströse Hungersnot sorgte. Über 50 000 Iren landeten allein im Sommer 1847 in New York. Mitte des 19. Jahrhunderts war dieser Teil der Stadt jedoch fast eine deutsche Kolonie. Die erste große Auswanderungswelle wurde durch die Revolution von 1848 ausgelöst, manche kamen heimlich, andere mit offizieller Erlaubnis ihrer Regierung. Als dann in der Mitte des Jahrhunderts in deutschen Landen vornehmlich der Hunger regierte, ließ man die Leute gerne ziehen. Die neue deutsche Minderheit war so groß, dass Straßenzüge um die 10th Street **Kleindeutschland** genannt wurden. Ein zweites Kleindeutschland gab es hundert Jahre später am anderen Ende der Stadt: Ab 1930 besiedelten Flüchtlinge aus Hitlerdeutschland die Washington Heights. Diese Gegend bekam allerdings einen anderen Namen: das Vierte Reich.

Schon in den Anfängen Manhattans gab es einen äußerst berühmten Deutschen, den allerdings die meisten für einen Holländer hielten, da er Generaldirektor der holländischen West-Indischen Gesellschaft war: Peter Minuit. Er war derjenige, der diese große Insel im Golf des Hudson River den Manhattan-Indianern für 24 Dollar abkaufte.

*»Kleindeutschland«
Aufgrund des hohen Anteils an deutschen Immigranten, die hier wohnten, wurden die Straßenzüge um die 10th Street so genannt.*

Der holländische Gouverneur Peter Stuyvesant

Im **4 Tompkins Square Park** steht, beim Eingang an der 9th Street, ein Denkmal, das an das schlimmste **Schiffsunglück** in der Geschichte New Yorks – und Kleindeutschlands – erinnert. Am 15. Juni 1904 charterte die St. Mark's German Lutheran Church den Schaufelraddampfer »General Slocum« für eine Ausflugsfahrt nach Long Island. Noch auf der Fahrt im East River brach ein Feuer aus, und bereits nach einer Viertelstunde war das Holzschiff ein Raub der Flammen. Wie sich später herausstellte, waren weder die Rettungswesten noch die Löschschläuche je überprüft worden; sie waren verrottet. 1021 Menschen starben, großteils Frauen und Kinder aus der Lower East Side. Kleindeutschland erholte sich von diesem Schicksalsschlag nicht mehr, die meisten Deutschen zogen weiter, nach Yorkville und in das Viertel Astoria in Queens.

Die Atmosphäre in Kleindeutschland dürfte auf eine gewisse Art so ähnlich gewesen sein, wie heute in Chinatown: Friseure, Läden, Theater, Musik, Restaurants, Salons, Biergärten und nicht zu vergessen die Vereine – die Deutschen brachten ihre Kultur und ihren Lebensstil mit und dachten nicht daran, davon zu lassen und sich zu assimilieren. Das deutsche Ehepaar Oswald und Anna Ottendorfer gründete die Freie Bibliothek und eine Lesehalle in der Second Avenue, Ecke St. Mark's Place, um ihren ärmsten Landsleuten zu helfen. Die Klinik des Viertels hieß ursprünglich German Dispensary, doch im Laufe der anti-deutschen Stimmung während des Ersten Weltkriegs wurde sie in Stuyvesant Polyclinic Hospital umbenannt.

Wer nach Amerika ging, um eine Farm zu gründen, kam meist mit seiner Familie, aber wer nach New York reiste, kam allein – musste es aber nicht lange bleiben. Junge deutsche Frauen waren als Hausmädchen gesucht, die Männer arbeiteten hauptsächlich als Klavierbauer, Schreiner und Verkäufer. Wie auch bei den Italienern blieben die Deutschen unter sich, und zwar nach Regionen getrennt. Hochzeiten zwischen Preußen und Bayern waren hier so selten wie in Deutschland auch.

Zentrum der »deutschen Kolonie« war der **4 Tompkins Square Park** am Ende von St. Mark's Place. Die Deutschen tauften ihn Weißer Garten. Hier trafen sie sich zum Sonntagsspaziergang – und zum Aufstand. Der größte fand am 31. Januar 1874 statt. Die Demonstranten forderten wegen der hohen Arbeitslosigkeit und des grassierenden Hungers unter den armen Immigrantenfamilien ein Arbeitsprogramm vom Staat. Es kam zu einem blutigen Zusammentreffen zwischen Polizei und Demonstranten, 46 Personen wurden verhaftet, darunter 26 Deutsche. In einer »Orgie von Brutalität«, so der Gewerkschaftsführer Samuel Gompers, habe die Polizei auf Demonstranten eingeschlagen, unter ihnen Frauen und Kinder.

Hinter dem Tompkins Square, Richtung East River und auch südlich davon, gibt es noch Reste der einst berüchtigten **Alphabet City**, des Stadtteils also, wo die Avenues nicht nummeriert, sondern nach dem Alphabet benannt sind.

Am nördlichen Ende der Stuyvesant Street steht **5 St.-Mark's-in-the-Bowery**; die Kirche von 1799 ist die Nachfolgerin einer Kapelle, die Teil des Stuyvesant-Besitzes war. Auf dem angrenzenden Friedhof liegt der ehemalige Gouverneur begraben. Die Indianerfiguren neben dem schmiedeeisernen Eingang der Kirche stammen von Solon Borglum. Dessen Bruder Gutzon verbrachte sein halbes Leben mit einer ungleich größeren, bildhauerischen Arbeit: Er meißelte die Präsidentenköpfe in den Mount Rushmore. Die Kirche ist zugleich ein bekannter Ort für kulturelle Veranstaltungen. Hier tanzten schon Isadora Duncan, Martha Graham und Merce Cunningham; Sam Shepard und die Compagnie La Mama führten Stücke auf.

Geht man die Second Avenue hinunter, stößt man auf den lebhaftesten Abschnitt von **6 St. Mark's Place**. Diese Verlängerung der 8th Street wurde zum Zentrum des East Village, die bunte Ansammlung an Shops

Beat Generation war eine Gruppe US-amerikanischer Künstler nach dem Zweiten Weltkrieg. Die Mitglieder nannte man Beatniks.

erinnert noch ein bisschen an wildere Jahre, ebenso wie die Öffnungszeiten: Vormittags bleiben die Rollläden fast überall unten. Schon in den 1930er-Jahren wohnte hier ein bunt gemischtes Volk verschiedener Einwanderergruppen. Das war eher ungewöhnlich, weil normalerweise die Nationalitäten unter sich blieben. Diese gemischte Bevölkerung bereitete den Boden für eine größere Toleranz, und so zogen Autoren und Musiker hierher, die billige Wohnungen, billiges Essen und die Akzeptanz ihres Lebensstils suchten und fanden.

1944 formte sich hier, was bald *Beat Generation* genannt wurde. Die Schriftstellergruppe um Jack Kerouac, Allen Ginsberg und William Burroughs hatte ihre Anfänge noch im West Village. Kerouac (1922–69) wohnte in einem Apartment in der West 20th Street, als er 1950 in nur drei Wochen sein Meisterstück schrieb: »On the Road« (dt. »Unterwegs«). 1953 zog er aber in den Osten der Stadt, zusammen mit einer jungen Frau, die er in Allen Ginsbergs Wohnung in der East 7th Street kennengelernt hatte. Sie wurde zu Mardou Fox in seiner zweiten Novelle »The Subterraneans«. Das Gefühl der Beat Generation hat im East Village seine Wurzeln – so es denn überhaupt Wurzeln hatte.

Außer Schriftstellern waren hier auch Künstler wie Andy Warhol und Jazz-Musiker zuhause. Thelonious Monk etwa, der ab 1957 im Five Spot Cafe (damals am Cooper Square, der Kreuzung von Bowery und Third Avenue) auftrat und so einem größeren Publikum bekannt wurde. In diesem hatte auch Billie Holiday einen ihrer letzten großen Auftritte. Der Dichter Frank O'Hara schrieb über den Abend in seinem Gedicht »The Day Lady Died«: »She whispered a song along the keyboard/to Mal Waldron and everyone and I stopped breathing.« Ab 1963 öffnete der Jazzclub seine Pforten neu an der Ecke Third Avenue und St. Mark's Place. In den Siebzigern wurde andere Musik gehört und der Club musste schließen.

Als es das Wort »Gammler« noch gab – in diesen Straßen traf man sie. Jedenfalls aus der Sicht des Bürgertums, das ängstlich wie eh an seinen

Noch nicht glattrenoviert: die Häuser am St. Mark's Place im East Village

Besitzständen festhielt. Vor allem gerade die, deren Familien einmal im East Village gewohnt hatten. Denn was diese armen Schlucker, die nun in die Mietshäuser einzogen, von ihren Vorfahren unterschied: Sie genossen das Leben hier, sie waren freiwillig genau in dieses Viertel gezogen. Sie waren nicht auf dem Sprung nach oben, in die *middle class*. Viele kamen im Gegenteil von dort, entflohen dem engen Leben, um einen unkonventionelleren Weg zu gehen. Im Gegensatz zu den Einwanderern, die ihre Heimat verließen, weil sie vertrieben wurden, weil ihr Besitz nach Generationen von Erbteilung so klein geworden war, dass es nicht mehr zur Ernährung reichte, weil politische Umstände ein Bleiben unmöglich machten oder weil sie schlicht um ihr nacktes Überleben fürchteten, trifft das auf die heutigen Bewohner – gerade des East Village – nicht mehr zu. Wer hierher zog, sei es aus Berlin, einem Dorf in Frankreich, oder einem Haus aus der Upper West Side, der wollte das spezielle East-Village-Lebensgefühl haben.

In den 1960er-Jahren kam das Viertel auf den Hund, wurde gezeichnet durch leerstehende Häuser, Drogen und Kriminalität. Das beruhigte sich etwas; in den späten 60ern und in den 70ern war St. Mark's Place das Zentrum der Hippiewelt, Allen Ginsberg lebte immer noch hier, Fans und Verehrer, die Jupitermonden gleich um Andy Warhol kreisten, mischten sich mit indischen Gurus, Hexen neueren Zuschnitts, Kartenlesern und Wahrsagerinnen, Blumenkindern und Anarchisten. Für 40 Dollar im Monat konnte man eine Wohnung mieten. Hippies sieht man heute kaum noch, Punker mit wild gefärbten Haaren sind auch schon wieder weitergezogen. Tattoos, Glatze und Rastalocken sind dagegen noch zu sehen. Allerdings kosten heute manche der ehemals billigsten Wohnungen, kaum frisch gestrichen, 1000 Dollar Miete. Während das East Village früher vormittags eine Geisterstadt war, schlüpfen nun morgens vereinzelte Krawattenträger und Kostümladys aus den Türen und streben den nahe gelegenen Büros in Lower Manhattan zu.

So wie der Broadway Midtown und den Norden Manhattans schräg durchmisst, so gebärdet sich die Bowery südlich des Astor Place bis nach Chinatown. Die ❼ **Bowery**, eigentlich »die Straße, die zu Peter Stuyvesants *bouweri* (also Bauernhof) führt«, war einmal das, was der Times Square heute gerne wäre: das Amüsierviertel der Stadt. Die Deutschen unterhielten dort riesige Bierhallen in herrlichen, schmiedeeisernen Gebäuden sowie Theater, Cafés, Restaurants und vornehme Läden. In der Nummer 209 etwa das Geschäft »Hammacher«, der Vorläufer des heutigen Kuriositätenladens Hammacher Schlemmer im Rockefeller Center. Das auffälligste Gebäude aber ist neueren Datums: 2007 öffnete das ❽ **New Museum of Contemporary Art**, ein Turm aus weißen Schachteln, überzogen von einer Metallhaut, die den Bau leicht schimmern lässt. Wahrhaft ein UFO, umgeben von Geschäften mit Restaurantbedarf und Werkzeugläden.

Ende des 19. Jahrhunderts wurde die Lower East Side Hauptquartier ostjüdischer Einwanderer; es gab 500 Synagogen und unzählige koschere Restaurants. Um 1920 umfasste die jüdische Gemeinde ca. 400000 Menschen. Vor allem für osteuropäische Juden erschien Amerika das Gelobte Land. 16 Jahre Militärdienst unter dem Zaren war nicht nur hart, es war unmöglich, während dieser Zeit den jüdischen Regeln des Lebens (und Essens) zu folgen. Juden waren nie Bauern, weil sie kein Land besitzen durften. Pogrome verfolgten und vertrieben sie schließlich. 1880 kamen 50000, bis 1890 weitere 170000, und schließlich eineinhalb Millionen zwischen 1900 und 1917. Im Gegensatz etwa zu den Italienern, die oft wieder nach Hause fuhren, sogar über Jahre pendelten, kehrten die allerwenigsten Juden je zurück. Wohin auch? Sie kamen, um zu bleiben.

3 East Village und Lower East Side

Das New Museum of Contemporary Art wurde 1977 gegründet und residierte lange Zeit im Astor Building am Broadway. Dort hatte etwa Jeff Koons seine erste Einzelausstellung. Für den Neubau in der Bowery Street zeichneten die japanischen Architekten Kazuyo Sejima und Ryue Nishizawa verantwortlich.

3 East Village und Lower East Side

Kreisrundes Hefegebäck mit einem Loch in der Mitte: ein Bagel.

Ein Bagel-Klassiker ist Lox Bagel: Bagel mit Frischkäse (cream cheese), geräuchertem Lachs und roten Zwiebeln

Mit den Juden, die in so großer Zahl einströmten, wurde die Lower East Side zum am dichtesten besiedelten Platz der westlichen Welt. Nicht zu vergleichen mit den mittelalterlich kleinen Schtetls, aus denen sie geflohen waren. Die ❾ **Orchard Street** war ihre belebteste Geschäftsstraße, wobei viele Geschäfte lediglich aus einem Handkarren bestanden, auf dem sie ihre Waren anboten. Billige Kleidung war das oftmals. Daran hat sich so viel nicht geändert. Die Orchard Street ist auch heute eine Ramschmeile erster Güte. Was in der Canal Street an *fakes* angeboten wird – hier bekommt man es unter Umständen noch billiger. Dabei sind bedeutend weniger Touristen, dafür mehr Einheimische, unterwegs.

Ein anderes Geschäft, das Juden betrieben, waren kleine Restaurants oder Imbisse, in denen es koscheres Essen gab. Bagel, Pastrami, Knish – all das ist das Erbe der jüdischen Einwanderer und heute fester Bestandteil des New Yorker Lebens. Das berühmteste jüdische Schnellrestaurant der Welt dürfte ❿ **Katz's Delicatessen** sein, und nicht nur deshalb, weil hier jene pikante Szene aus dem Film »Harry und Sally« gedreht wurde, in der Sally eine Frau am Nebentisch zu dem Satz bringt, sie wolle »genau das, was die da eben gegessen hat«. Berühmter ist aber noch der Katzeigene Werbespruch aus der Zeit des Zweiten Weltkriegs, der immer noch in dem Delikatessenladen hängt: *Send a Salami to your boy in the Army.* Über 60 »Delicatessen« eröffneten zur Jahrhundertwende in der Lower East Side. Als später auch viele Schwarze und Hispanics hierher zogen, bekam das Viertel den Spitznamen *Loisida*, eine spanische Verballhornung von Lower East Side.

Am Ende der Tour gelangt man zum Anfang der Besiedelung: Zu den frühesten Siedlern des Sumpfes auf der Insel Manhattan gehörten befreite Sklaven. Zuerst gab es kleine Ansiedlungen, dann wenige große im 17. Jahrhundert. Der Großteil der Fläche wurde von James de Lancey's Farm bedeckt, diese wurde konfisziert und nach dem Unabhängigkeitskrieg verkauft. Das erste Mietshaus wurde 1833 nahe ⓫ **Corlear's Hook** gebaut, am östlichsten Ende der Grand Street. Diese Ecke war bald ein typischer Großstadt-Slum, 1901 wurden Gesetze erlassen, die die Wohnsituation etwas verbesserten: *Tenements*, also Mietshäuser, mussten mit sanitären Anlagen versehen werden. Tausende von ersten Immigrantenfamilien lebten hier – trotz Cholera, Tbc und Armut. Die zweite Generation blieb selten hier; wer seinen Lebensstandard verbessern konnte, zog weg.

Bis heute leben im East Village viele Juden. Sie brachten Bagel, Pastrami und Knish in die Stadt

Lebensläufe aus dieser Zeit kann man sehr gut im ⑫ **Lower East Side Tenement Museum** nachvollziehen.

Das East Village bei Tag zu durchstreifen ist interessant, sein wahres Leben aber zeigt es bei Nacht. »Round Midnight« eben, wie eine der bekanntesten Kompositionen Thelonious Monks heißt. Um diese Uhrzeit ist es wie gehabt schrill und schräg, noch immer eröffnen ständig neue Clubs. Manche Lounge hat nicht mal einen Namen, in einem fensterlosen Raum sitzen auf Hockern und in tiefen Sofas schwarzgekleidete, fröhliche Nachtschwärmer.

Service & Tipps:

 Anfahrt mit der grauen **Subway** (L) bis Third Avenue, mit der grünen Subway (4, 5, 6) bis Astor Place, mit der orangefarbenen Subway (F) bis Lower East Side/2nd Ave.

 ⑪ **Lower East Side Tenement Museum**
103 Orchard & Broome Sts.
NY 10002 (Lower East Side)
✆ 1 (212) 982-8420, www.tenement.org
Führungen tägl. zu unterschiedlichen Themen und Zeiten (vgl. Website)
Eintritt $ 22/17
Führungen u.a. durch ein *tenement*, ein Mietshaus aus dem 19. Jh. Drei Wohnungen wurden so eingerichtet, wie die frühen Einwanderer vermutlich gewohnt haben.

 ⑧ **New Museum of Contemporary Art**
235 Bowery & Prince St.
NY 10002 (Lower East Side)
 ✆ 1 (212) 219-1222
www.newmuseum.org
Mi, Fr–So 11–18, Do bis 21 Uhr
Eintritt $ 14/unter 18 Jahren frei
Das weiße, schmale Gebäude öffnete im Dezember 2007, es ragt in die Höhe wie aufeinandergestapelte Schachteln, überzogen von einem Metallnetz. Großartige helle Räume, Dachterrasse an Wochenenden geöffnet. Neueste Kunst, international angesehen, noch nicht so renommiert, dass große Museen einen Ankauf wagen würden, aber doch schon einen Schritt weiter als das, was Galerien zeigen.

 ⑤ **St.-Mark's-in-the-Bowery**
Stuyvesant St.
Vgl. S. 149.

 ⑬ **Seward Park**
180 East Broadway & Essex St.
NY 10002 (Lower East Side)
1901 entstand hier der erste Spielplatz der Stadt New York. Dafür wurden drei Blocks mit Mietshäusern abgerissen. Unter anderen hatte sich der Journalist und Fotograf Jacob Riis dafür stark gemacht, um den Kindern in den Slums Rechte und Freiraum zuzugestehen.

Graffito im East Village

⑩ **Tompkins Square Park**
Vgl. Kasten S. 59.

 ② **Strand Bookstore**
Broadway & 12th St.
NY 10003 (East Village)
www.strandbooks.com
Buchhandlung mit riesigem Bestand an gebrauchten Büchern. Eine Institution.

 Die ⑨ **Orchard Street** ist ein Schnäppchenparadies, hochwertige Ware sucht man hier vergebens. Es gibt billige Klamotten und Reisegepäck in allen Formaten – wenn man zu viel eingekauft hat und die Ware nicht mehr in den Koffer passt.

 ⑩ **Katz's Deli**
205 East Houston & Ludlow Sts.
Vgl. S. 168.

 Neptune
194 First Ave., zwischen 11th & 12th Sts., NY 10009 (East Village)
✆ 1 (212) 777-4163
www.neptunerestaurant.com
Bester Borschtsch der Stadt, damit wirbt dieses eher unscheinbare Lokal mit amerikanisch-polnischer Küche.
Es gibt auch einen kleinen Garten. $$

Weitere Serviceadressen finden Sie im Kapitel Enjoy & Relax ab S. 158.

Das Dorf, das niemals schläft

Greenwich Village

Die beiden Villages trennen das Hochhausviertel Lower Manhattan von der Midtown-Skyline. Das East Village (vgl. S. 56 ff.) zieht sich vom East River bis zum Broadway, auf derselben Höhe liegt Greenwich Village, im Norden durch die 14th Street begrenzt, im Osten durch den Broadway, im Süden durch Houston Street, und im Westen fließt als natürliche Grenze der Hudson River.

Das Viertel entstand, als im 17. und 18. Jahrhundert die Bewohner von Manhattan hierher aufs Land flüchteten, sozusagen die Hamptons der damaligen Zeit. Hier bauten sie kleine, fast dörfliche Häuser. Dieser Charakter blieb erhalten, in den ungewöhnlich verwinkelten Straßen kann man tagsüber idyllische Spaziergänge unternehmen. Es passt also, dass das Viertel gemeinhin nur *The Village* heißt: das Dorf. Abends dagegen trifft sich hier die Szene, was immer man gerade darunter verstehen mag.

»I love the village!« Das schrieb Weegee, und er fotografierte das Village mit Vorliebe. Geboren 1899 als (Usher) Arthur Fellig, wurde er zu einem der bekanntesten Fotografen der Stadt. Für ihn war das Village »die Seele der City, wo Menschen freundlich und verständnisvoll sind«. Es sei voll von

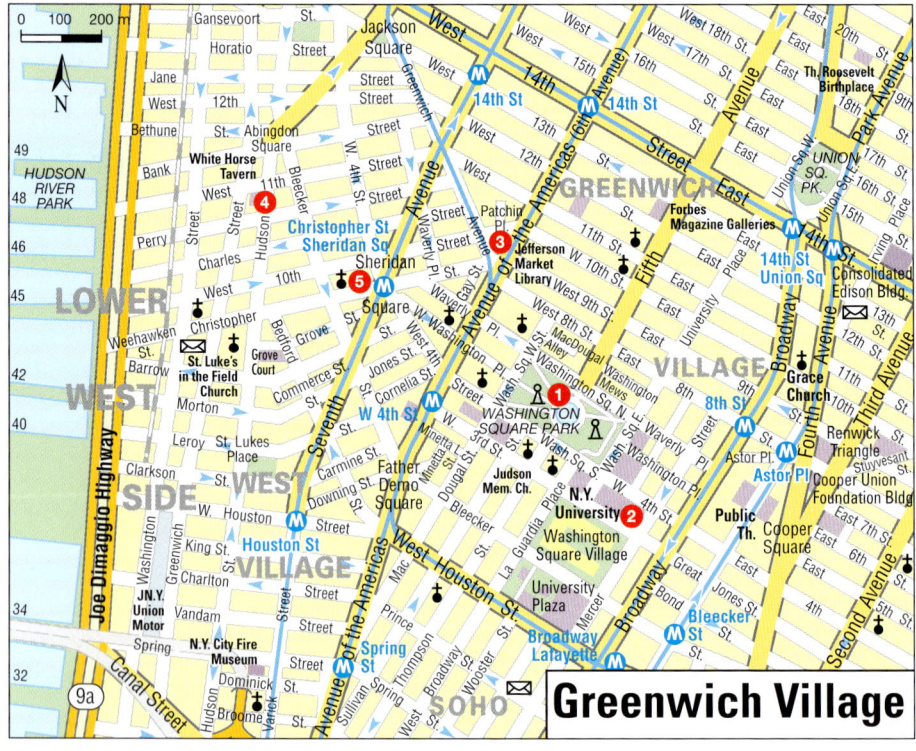

Greenwich Village

kreativen Talenten, Malern, Schauspielern, Tänzern, Schreibern – die darauf warteten, entdeckt zu werden.

Dabei war der Beginn des Greenwich Village von Schrecken geprägt: 1822 erschütterte eine verheerende Gelbfieber-Epidemie die Stadt im Süden der Insel Manhattan. Die Bewohner flüchteten aufs Land, bauten kleine Häuser in verwinkelten Straßen entlang dem Hudson River. Nachdem die Epidemien aufhörten, blieben viele der Stadtflüchtlinge hier wohnen, auch nördlich entstanden nun neue Wohnviertel, aber das Village bewahrte seine verwinkelte Struktur.

Washington Square, obgleich am Rande des Viertels gelegen, ist das Herz des Village. Der Platz war bis Ende des 18. Jahrhunderts ein Sumpfgebiet, während der Gelbfieber- und Cholera-Epidemien wurde diese Ecke als Armenfriedhof genutzt. Ein Sumpf lieferte einmal das Wasser, das die Indianer *Manata, Devil Water*, nannten. Etwas von diesem Namen ist noch geblieben in der Bezeichnung Minetta Creek. Dieser Bach fließt immer noch kanalisiert unter dem Platz, der Name ist in der gleichnamigen Straße enthalten. Die Begräbnisstätte dürfte ziemlich wild gewesen sein, mehr oder weniger wurden die Cholera-Opfer einfach im Sumpf versenkt.

Nachdem das Sumpfland von freigelassenen Sklaven urbar gemacht worden war, die dort Farmen gründeten, wurde die ländliche Idylle nach und nach der Stadt einverleibt. Zwischenzeitlich wurde der Washington Square als Hinrichtungsplatz genutzt, daran erinnert eine große Ulme im Nordwesten des Platzes; sie gilt als ältester Baum Manhattans, bis 1819 diente sie als Galgen. Zu Beginn des 19. Jahrhunderts wurden die ersten Straßen gebaut, die Stadtverwaltung legte den Sumpf trocken.

Greenwich Village

383 Bleecker Street: eines der ältesten Häuser in Greenwich Village, erbaut 1866–68

Der Washington Square Park zeigt sich erweitert und aufpoliert. Dafür wurden neue Beete angelegt, zusätzliche Bänke aufgestellt und die Wege saniert.

Buntes Treiben unterm Triumphbogen am Washington Square

5

4 Greenwich Village

Schon bald entstanden Wohnhäuser reicher New Yorker, ab 1820 auch entlang des Broadway; der Stil erinnerte an exklusive Viertel in Paris oder London.

Die Krönung dieses Stadtplatzes ist der marmorne **Triumphbogen**, entworfen von Stanford White, der 1892 aufgestellt wurde. Er ersetzte ein hölzernes Portal, das zum hundertjährigen Jubiläum von George Washingtons Präsidentschaft errichtet worden war. Dieses gefiel den Anwohnern so sehr, dass sie ein dauerndes Pendant haben wollten. Der Bogen fand auch spätere Liebhaber: In einer Performance kletterten im Januar 1917 einige Künstler auf den Triumphbogen, unter ihnen Marcel Duchamp, und riefen die »Freie und Unabhängige Republik des Washington Square« aus. Sie lasen eine Proklamation vor, betranken sich und stießen auf ihre neue Republik an.

Ganz so wild geht es heute nicht mehr zu, aber lebhaft ohne Zweifel. Vom ersten warmen Frühlingstag an ist der Platz öffentlicher Raum, ist Musikern ein Konzertsaal, Kindern ein Spielplatz und Obdachlosen eine Heimat. Außerdem ist er für die internationalen Studenten der ❷ **New York Universität (NYU)**, die hier rundherum ihre Gebäude hat, Campus und Audimax, dann sitzen mit ihren Laptops auf den Bänken, einen *Coffee to go* neben sich, und verabreden sich für die nächste Vorlesung, den nächsten Abend, und den nächsten Coffee to go. Und Samstagnachmittag wird der Washington Square zur Arena, wenn Akrobaten unterm Triumphbogen turnen.

Plastik auf einem Spielplatz im Village

Mit beginnender Industrialisierung änderte sich die Szenerie in den schmalen Straßen; entlang dem Hudson River entstanden Brauereien, Manufakturen und kleine Fabriken. Die Arbeiter, Emigranten aus Deutschland, Irland und Italien, zogen in Mietwohnungen ein, ehemals große Wohnungen wurden aufgeteilt und an viele Bewohner vermietet. Vor dem Ersten Weltkrieg ließen sich Künstler und Bohemiens in den billigen Wohnungen nieder: New York hatte sein Montmartre.

Die Journalistin und Autorin Djuna Barnes war eine der schillernden Blüten, die dem Village entsprossen. Sie schrieb im Oktober 1916 in ihrem Artikel »Greenwich Village wie es ist« für *Pearson's Magazine*: »Weshalb hat der Washington Square eine Bedeutung, einen Duft sozusagen, während die Washington Heights keinen haben? Der Platz besitzt Erinnerungen an bedeutende Leben und die Möglichkeit zu solchen, wohingegen die Heights leer sind und die Fifth Avenue nur eine Durchgangsstraße ist. An jeder Ecke kann man einen neuen Typ sehen; doch seltsamerweise muss man feststellen, dass man hier nirgendwo Amerikaner entdecken kann. New York ist der Treffpunkt der Völker, die einzige Stadt, wo sich kaum ein typischer Amerikaner finden läßt.«

Zeichnung von Djuna Barnes zu einem Artikel »How the Villagers Amuse Themselves« im »New York Morning Telegraph Sunday Magazine« (1916)

Henry James

Der Schriftsteller Henry James wurde 1843 im Haus Washington Square 21 geboren. Allerdings siedelte die Familie bis 1847 nach Europa, nach der Rückkehr wohnte sie in der 14. Straße. Henry James verkehrte häufig im Haus seiner Großmutter, Washington Square 19. 1881 veröffentlichte er einen Roman mit dem Titel »Washington Square«, doch da war er bereits seit 26 Jahren aus der Stadt weggezogen.

In den 1950er- und 1960er-Jahren wurde die Ära des Unorthodoxen wiederbelebt, Beatniks und deren Gefolge bevölkerten das Gebiet (vgl. auch S. 60). Von diesem Ruf lebt das Viertel bis heute, wenngleich längst die *upper middle class* eingezogen ist. Über das Nachtleben in seinem geliebten Village schrieb der Fotograf Weegee in den 1960er-Jahren: »Mindestens einmal in der Woche gibt jemand 'ne Party im Village. Der Eintritt kostet meistens 50 Cents, höchstwahrscheinlich in einem Loft, wo jeder auf dem Boden sitzt, mit dunklen Ringen unter den Augen, und Bongotrommeln zuhört. *b.y.o.* – Bring dein eigenes Bier, und dein eigenes Mädel, wenn möglich. Jungs gehn auf Partys, um Mädchen zu finden, aber normalerweise sind alle schon vergeben. *Village girls* putzen sich für Partys nicht heraus, nur die üblichen Pony-Fransen, Overalls, schwarze Rollkragenpullover... kein BH, kein Make-up. Das *Village Girl* scheint von einem anderen Planeten zu stammen. Als könne es durch Wände gehen, es scheint eine unerschöpfliche Kapazität für Bier zu haben – manchmal machen sie die Runde durch alle Bars viermal am Abend. Du siehst nie jemanden essen im Village, das Grundnahrungsmittel ist Bier.«

Auch für das Village gilt: Man sollte sich keinen festen Routenplan auferlegen, lieber durch die Straßen stromern. Einen Stadtplan sollte man besser mitnehmen, hier ist nichts rechtwinklig und durchnummeriert, hier kann man sich tatsächlich verlaufen. Dann kann man ab und zu einen Blick auf den Plan werfen, sich orientieren, und so eine der Sehenswürdigkeiten aufsuchen, die um die Ecke liegen. Bei schönem Wetter setzt man sich in eines der Straßencafés und fühlt sich wie in Paris. Bei schlech-

The Village – hier trifft sich die Boheme

Subway-Mural Christopher Street/Sheridan Square (Greenwich Village)

▽ **White Horse Tavern**
567 Hudson & 11th Sts.
✆ 1 (212) 989-3956

tem Wetter sucht man sich einen Fensterplatz in einem Coffeeshop oder in einer der Juice-Bars, wo es frisch gepresste Säfte in allen erdenklichen Variationen gibt, von Ananas über Sellerie bis Tomate. Die Atmosphäre ist fast kleinstädtisch, trotz der 100 000 Einwohner. Aber natürlich nur fast, denn die meisten, die hier leben, würden es in einer Kleinstadt nicht aushalten. Noch immer ist die Schwulenszene stark vertreten, leben Künstler hier und so was wie Bohemiens, auch wenn es das Wort heute eigentlich gar nicht mehr gibt. Doch, wer weiß: Vielleicht hat der schäbige junge Mann, der mit einem Pappbecher um Münzen bettelt, heute Nacht eine Ballade zu Ende geschrieben.

Zu den augenfälligsten Sehenswürdigkeiten gehört die ❸ **Jefferson Market Library**: Wie eine Erscheinung in hellem Ziegel ragt sie empor. Das Haus war ursprünglich ein Gerichtsgebäude des Distrikts, 1945 begann es zu verfallen, die riesige Uhr blieb stehen, und schließlich sollte es in den Sechzigerjahren durch einen Apartmentblock ersetzt werden. Eine starke Bürgerbewegung setzte sich für den Erhalt ein, 1967 wurde es wiedereröffnet, als Stadtbücherei. Das ist vermutlich der erste Fall von angewandtem Denkmalschutz in New York.

Eine dörfliche Atmosphäre kann man tagsüber verspüren; man grüßt sich, man kennt sich. Nachts aber fällt *tout* Manhattan hier ein. Von der Tunnel- und Brücken-Invasion ganz zu schweigen: am Wochenende nämlich rollt ganz New Jersey nach Manhattan, die meisten – so scheint es jedenfalls abends in den Straßen – nach Greenwich Village. Wie Djuna Barnes schon 1913 bemerkte: »Der Baron begann, über einem Glas Yvette in den Cafés gesehen zu werden, umgeben von einer Menge Gesichter, die Anschriften außerhalb des Village gehabt haben mögen, aber doch Bohemiens waren. Schließlich kommt es nicht darauf an, wo man sich den Hals wäscht, sondern wo man sich die Kehle benetzt.«

Auf den Spuren der Literaten kommt man an der ❹ **White Horse Tavern** nicht vorbei. So ging es auch Dylan Thomas. Der walisische Autor besuchte New York auf zahlreichen Lesereisen. Er wohnte im Chelsea Hotel, was aber nur besagte, dass dort sein Bett stand. Die meiste Zeit soll er in der White Horse Tavern verbracht haben. Das nahm kein gutes Ende, aber es nahm ein Ende: In der Nacht zum 4. November 1953 kehrte Dylan ins Hotel zurück, seiner jungen Begleiterin soll er erklärt haben, er habe 18 Whiskeys getrunken. Das dürften seine letzten Worte gewesen sein; Dylan erlitt einen Kollaps, lag einige Tage im Koma und starb am 9. November, gerade mal 39 Jahre alt. In der White Horse Tavern erinnert ein Schild an den Poeten.

Sich zu Tode zu saufen war in dieser Zeit schon ein recht altmodisches Mittel, sich umzubringen. Es waren die Jahre der Beat Generation, ange-

---

Meatpacking District

Der Großvater von Hermann Melville (»Moby Dick«) hieß Peter Gansevoort, ein Name, der heute noch präsent ist im Südwesten Manhattans, so heißen eine Straße und ein Hotel – und so hieß ab 1884 das größte Fleischverteiler-Viertel der Stadt. Über den Hudson River wurden Rinderhälften aus dem Umland angeliefert, dann hier zer- und verteilt. Schicker heißt das heute Meatpacking District.

Gelegen zwischen der 15. Straße und Horatio Street, haben Mode- und Grafikdesigner neue Räume in alten Hallen gefunden, Autoren und Architekten, Fitnesscenter und Luxusboutiquen, einer zieht im Schlepptau den anderen hierher. Über 50 Restaurants und vor allem bis in die Morgenstunden geöffnete Clubs locken Besucher an.

2009 hat der Central Park Konkurrenz erhalten, denn im Juni eröffnete der 2,5 Kilometer lange **High Line Park** (vgl. S. 73). War für so etwas Platz in Manhattan? Ja, im zweiten Geschoss, sozusagen. »The High Line« ist die Trasse einer stillgelegten Hochbahn. So haben die New Yorker Bürger eine neue grüne Oase in der dichten Bebauung ihrer Stadt bekommen.

Dabei lag die Abrissgenehmigung der Stadtverwaltung bereits vor, als 1999 von Anwohnern die Initiative Friends of the High Line gegründet wurde. Inzwischen wurde bereits der zweite Abschnitt eröffnet und New York ist um eine Attraktion reicher.

führt von Lucien Carr, William Burroughs, Allen Ginsberg, Herbert Huncke und Jack Kerouac, die Mitte der 1940er-Jahre einen offenen Kreis formten. Sie hielten sich nicht ständig in New York auf, sondern reisten rastlos durch Amerika, am schönsten nachzulesen in Kerouacs in Worte gefasstem Roadmovie »On the Road«. Zwar verschmähten sie Alkohol durchaus nicht, unternahmen aber auch gerne Ausflüge zu Burroughs Marihuana-Farm in Texas. Zuhause fühlten sie sich aber in New York, das verpasste ihnen mehr Euphorie als alles andere, oder, wie Jack Kerouac sagte: »I did everything with this great mad joy you get when you return to New York City.« (Ich tat alles mit dieser verrückten Freude, die dich überfällt, wenn du nach New York City zurückkommst.)

Der unkonventionelle Lebensstil der Beat Generation machte Furore, Nachahmer strömten ins Village. Es ist die immergleiche Geschichte: Subkultur wird zu Kultur und bald darauf zu Kommerz und Klischee.

Thelonious Monk, ebenfalls ein berühmter Bewohner des Village, sagte: »Jazz is New York. You can feel it in the air.« Greenwich Village ist Jazz. Natürlich kam Jazz aus New Orleans und Chicago. Aber in New York wurde er zur großen Musik, zur einzigen, die ihren Ursprung in den USA hat. Nach den großen Big-Band-Konzerten und den berühmten Clubs in Harlem zog der Jazz in andere Stadtteile. Ihr erstes großes Engagement – neben unzähligen erfolgreichen Jam-Sessions – hatte Billie Holiday 1939 am Sheridan Square, im Café Society. Heute ist dort die Ridiculous Theatre Company untergebracht, berühmt für ihre Drag-Shows.

Als zweites Zentrum des Village gilt der **5 Sheridan Square**, dieser ist nach Westen ausgerichtet und bildet mit der Christopher Street das Zentrum der Schwulen- und Lesbenbewegung: In der Nacht zum 28. Juni 1969 führte die Polizei eine Razzia im Stonewall Inn in der **Christopher Street** durch. Nach damaligem Alkoholgesetz war es verboten, einem Homosexuellen einen Drink zu servieren. Das löste etwas bis dahin Undenkbares aus: Schwule schlossen sich zusammen und wehrten sich gegen Polizeiübergriffe. Das war der Beginn der politischen Schwulenbewegung, bis heute gibt es – nicht nur in New York – Ende Juni Schwulen- und Lesbenparaden.

In der Nähe des Sheridan Square stehen die hübschesten Häuser des historischen Village, darunter noch einige Holzhäuser. Aus Sicherheitsgründen durften Mitte des 19. Jahrhunderts keine Holzhäuser mehr gebaut werden, sogar Holzverkleidungen mussten wegen der Brandgefahr entfernt werden.

Sheridan Square ist der »Times Square des Off-Broadway«, hier findet man viele der berühmten Off-Theater. Der Beginn der Off-Broadway-Szene ist mit der Aufführung von Tennessee Williams »Summer and Smoke« von 1952 anzusetzen, inszeniert von der Kompagnie »Circle in the Square«.

Gay Street übrigens, die mitten im Schwulenviertel liegt, hat trotz des bezeichnenden Namens damit nichts zu tun. Sie heißt nach

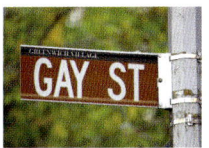

Bunter als Halloween und Chinesisches Neujahrsfest zusammen: Christopher Street Day in Greenwich Village

4 Greenwich Village

Im Village durfte man immer schon anders sein

einer frühen Farmerfamilie im Village. Bis in die 1920er-Jahre war die Gay Street ein überbevölkertes Schwarzen-Ghetto. Die **Seventh Avenue** wird *The Cut* genannt, sie schneidet das Village tatsächlich auseinander, schon wegen des hohen Verkehrsaufkommens. Sie ist verbunden mit dem Holland-Tunnel, der seit 1927 den Autoverkehr von New Jersey in die Stadt bringt.

Gut möglich, dass man den Rundgang durchs Village auf einer Bank am Washington Square beendet. Von Weegee gibt es eine ganze Foto-serie von Menschen auf einer Parkbank am Washington Square. Er schrieb darüber: »Sonntag ist ein großer Tag im Village. Nachmittags treffen sich alle am Washington Square. Die Jungen kommen mit Banjos und Harmonikas und singen Folksongs, Menschen sitzen in der Sonne und halten nach Freunden Ausschau, andere schlendern herum oder bewundern das Straßentheater. Der Abend fällt ein, und eins, zwei, drei, verschwinden die Figuren, der Park bleibt fast verlassen zurück, nur hier und da sitzt noch ein vereinzeltes Pärchen nahe beisammen. Die üblichen Einsamen werden durch die Stille aus ihren Träumereien hochgeschreckt, wach für die Realität des Abendessens und des nahenden Montagmorgen. Und um diese einsame Realität zu vertagen, beginnen sie mit ihren unruhigen Runden, schauen in Fenster… schauen… suchen…«

Service & Tipps:

(U) Anfahrt mit der blauen (A, C, E) oder der gelben **Subway** (B, D, F, Q) bis West Fourth Street/Washington Square.

❸ Jefferson Market Library
425 Sixth Ave. & 10th St.
NY 10011 (Greenwich Village)
Im High Victorian Gothic Stil von den Architekten Vaux & Withers 1874 erbaut, nach Protestürmen gegen den Abriss 1967 renoviert.

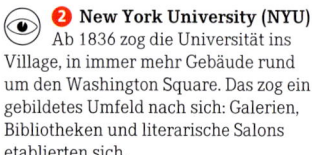

❷ New York University (NYU)
Ab 1836 zog die Universität ins Village, in immer mehr Gebäude rund um den Washington Square. Das zog ein gebildetes Umfeld nach sich: Galerien, Bibliotheken und literarische Salons etablierten sich.

❶ Washington Square Park
NY 10003 (Greenwich Village)
22 000 Tote etwa liegen unter dem heutigen Platz begraben – als New York sich von der Spitze der Insel Manhattan langsam gen Norden ausdehnte,

begrub man in diesem Sumpfgebiet die Toten, vor allem die Opfer der Gelbfieber-Epidemien des 19. Jahrhunderts. Danach wurde der Ort militärischer Paradeplatz und Hinrichtungsstätte. Heute geht es lebhaft, aber friedlich zu: Straßenakrobaten, Musiker, Obdachlose und Studenten der New York University haben sich den Washington Square als Bühne und zweites Wohnzimmer erobert.

 Barnes & Noble Bookstore
33 East 17th St., Union Sq.
Vgl. S. 193.

 Union Square Greenmarket
Broadway & 17th St.
NY 10003 (Greenwich Village)
Mo, Mi, Fr und Sa 8–18 Uhr
Bäuerlicher Wochenmarkt vor einer Hochhauskulisse. Frisches Obst und Gemüse, Blumen, Brot und riesige Kürbisse. Eine unwirkliche Szenerie: Die Spitze des Empire State Buildings schaut hinter der Buchhandlung Barnes & Noble hervor, und man schnuppert an frischen Äpfeln. Vor allem im Herbst, zur Erntezeit, ein üppiger Markt.

Es gibt natürlich auch Bäckerstände, die unzählige Muffin-Variationen anbieten – etwa mit Schokolade, Banane und Walnüssen. Das Beste: Es sind sogar ein paar Sorten dabei, die nicht *low-fat* sind und richtig mit Zucker gesüßt. Wenn man mal genug hat vom aseptischen Geschmack von fettfreiem Joghurt und ungesüßten Backwaren.

 Bruno Bakery
506 Laguardia Pl.

NY 10012 (Greenwich Village)
✆ 1 (212) 982-5854
www.pasticceriabruno.com
Das kleine Straßencafé am Rande des Village beherbergt wahre Schätze: Eine Riesenauswahl an Torten und Törtchen. $

 Caffe Reggio
119 MacDougal St.
nahe West 3rd St.
NY 10012 (Greenwich Village), ✆ 1 (212) 475-9557
www.cafereggio.com
Mo–Do 8–15, Fr/Sa 8–16.30, So 9–15 Uhr
Seit 1927 gibt es diese italienische Café-Bar; für New Yorker Verhältnisse also schon immer. Lebt noch vom Ruf eines Literatencafés. Drinnen etwas düster, die Straßentischchen sehr italienisch. $$

 Greenwich Treehouse
46 Greenwich Ave. & Charles St., NY 10011 (Greenwich Village)
✆ 1 (212) 675-0395
www.greenwichtreehouse.com
Mo–Do 17–2, Fr/Sa 17–4, So 15–23 Uhr
Kleines Café im ersten Stock, das die alten Möbel des vorigen Caffe dell Artista übernommen hat. Eine Oase der Ruhe, zum ausgiebigen Lesen von Reiseführern geeignet. Lecker ist das Hummus. $

Weitere Serviceadressen finden Sie im Kapitel Enjoy & Relax ab S. 158. ❀

Campus-Atmosphäre auf dem Washington Square in Greenwich Village

Legendenumwobenes Coffeehouse im Village: Caffe Reggio, eröffnet 1927

Chelsea und die Lower West Side

New York – voll high

von Hannah Glaser

Wenn die Welt eine Hauptstadt hat, dann ist es Manhattan. Hier beginnt vieles sehr viel früher und sehr viel rascher als anderswo, hier entstehen jene Beben und jene Trends, die wie Wellen um den Globus laufen. Nährboden dafür ist die kulturelle Dichte, wie sie derzeit speziell in Chelsea herrscht. Kaum war man ein paar Jahre nicht mehr da, bringt der Besuch völlig neue Entdeckungen. Wer SoHo (South of Houston Street) noch in Erinnerung hat als das Künstler- und Galerieviertel von Manhattan – alles nicht mehr wahr. Die meisten ehemaligen SoHo-Galerien sind längst nach Chelsea abgewandert. Denn Chelsea und der **Meatpacking District** (vgl. S. 68) sind derzeit die ultimativen Trendadressen, speziell übrigens bei den *gay urban professionals*, der schwulen Community, wie die *New York Times* notiert.

Chelsea, dieser bunte Mix aus Stadthäusern, Speichern, Fabriken und Eigentumswohnungen umfasst die Gegend westlich der Sixth Avenue von der 14th bis zur 30th Street (die Sixth Avenue selbst südlich der 23rd Street wird zum Flatiron District gezählt). Die Seventh und Eighth Avenue sind die oberirdischen Hauptadern von Chelsea, unterirdisch sind es die Subway-Linien C, E und 1.

So wie einst in SoHo die leerstehenden Lagerhäuser und Fabriken vor allem von Künstlern als Wohnraum genutzt wurden, die dort auch gleich ihre Ateliers errichteten, so schluckt das neue Chelsea speziell im Südwesten die Lagerhallen des benachbarten Meatpacking District (etwa von der 17th bis Little W. 12th Street) und macht daraus die neue **Far West Chelsea** genannte Trendsetting-Area, in der täglich neue Kneipen und Kunstadressen öffnen. Dabei verstecken sich Galerien und Bars oft in ehemaligen Waren- und Kühlhäusern, und die Suche nach ihnen ist aufregend, denn Top-Immobilien wechseln sich immer noch mit finsteren und nachts durchaus furchteinflößenden Ecken ab.

Die 2009 eröffnete Sektion 1 des High Line Parks verläuft von der Gansevoort Street bis zur 20th Street. Sektion 2, von der 20th Street bis zur 30th Street, ist seit Juni 2011 zugänglich. Der Park öffnet täglich 7–22 Uhr. Infos unter: www.thehighline.org

Die Dependance des Whitney Museums (vgl. S. 107) soll 2015 auf der Gansevoort Street, zwischen West Street & High Line, eröffnen. Der verantwortliche Architekt ist Renzo Piano.

Glastürme am Hudson River: das IAC World Headquarters Building von Stararchitekt Frank O. Gehry

Auch das Geviert am Ufer des Hudson River zwischen 22nd und der 29th Street West und 10th und 11th Avenue erfindet sich gerade neu. Elegante Glastürme werden hochgezogen, die Dichte an Läden und Restaurants, Dance Clubs und Top-Adressen der Kunstszene wächst unaufhörlich.

Weil es mit der Neuerschaffung dieses Stadtteils auch neue Namen braucht, taufte das *New York Magazine* die gesamte Region **The Lower West Side**, analog zur Upper West Side westlich des Central Park. Und die neue Lower West Side hat auch eine brandneue Attraktion: Entlang der Tenth Avenue zwischen 33rd und Gansevoort Street entstand auf dem Gelände der alten Hochbahn das ehrgeizige **High-Line**-Projekt. Auf der stillgelegten Trasse wächst eine gewaltige Grünanlage, ein Park auf Stelzen, eine meilenlange Hochbahntrasse als ein kontemplativer Ort der Stille in der lärmenden Stadt, der im Juni 2009 öffnete.

Ursprünglich war die High Line eine Hochbahnstrecke für Güterzüge entlang der West Side von Lower Manhattan. Sie wurde in den 1930er-Jahren als Viadukt gebaut, um Unfälle an Bahnkreuzungen auf Straßenebene auszuschließen. Bald nachdem der letzte Güterzug 1980 mit Tonnen tiefgefrorener Puten die High Line herunterfuhr, eroberten Gras, wilde Blumen und Sträucher die ungenutzte Strecke. Sogar Apfelbäume gediehen entlang der stillgelegten Bahntrasse – die Natur besetzte die rostenden Industrieruinen. Das vernachlässigte Bauwerk sollte abgerissen werden, doch 1999 gründeten sich die gemeinnützigen *Friends of the High Line*, und sie waren erfolgreich: Manhattan erhält damit eine originelle, hochgelegte Parkanlage, immerhin die zweitgrößte nach dem Central Park.

Damit die melancholische, geheimnisvolle Stimmung des über Jahre verlassenen Ortes erhalten bleibt, haben die Landschaftsarchitekten Teile der stillgelegten Trasse mit Wildblumen gefüllt und mit dichtem Buschwerk bepflanzt. Weitere Abschnitte wurden mit Rasenflächen in eine Wiesenlandschaft verwandelt. Eine frühere Werbetafel soll als leerer Bilderrahmen funktionieren, der die New Yorker beim Müßiggang zeigt. Sträucher und Bäume, die sich angesiedelt hatten, werden nachgepflanzt. Allein die Verwandlung des Chelsea-Teilstücks kostet 71 Millionen Dollar – der jüngste Parkabschnitt wurde im Juni 2011 eröffnet. Insgesamt sind 170 Millionen Dollar für das Projekt ver-

Blick auf die Chelsea Piers am westlichen Ufer Manhattans

anschlagt, neben privaten Spendern ist auch die Stadt an den Kosten beteiligt.

Für die Grundstücks- und Wohnungsmakler verwandelt sich damit ein ehedem verwahrlostes Stadtviertel in Lower Manhattan in eine Goldgrube mit dem Namen »Prestigious High Line District«. Hier sollen die New Yorker künftig im Grünen wohnen, und der Park vor der Tür wird auch nachts nutzbar sein. Mit einem speziellen Lichtsystem wird er rund um die Uhr begehbar gemacht – mit orangefarbenem Licht im Herbst, Hellgrün im Frühling, im Winter Weiß und im Sommer mit sanftem Gelb. Chelsea ist nun also auch gut für einen Erlebnisspaziergang aus Landschaft und Licht, der noch dazu 15 Meter über der Straße schwebt.

Genau genommen fing die Neuentdeckung Chelseas schon vor zwei Jahrzehnten an, als am Ufer des Hudson zwischen 17th und 23rd Street aus den verrotteten Schiffsanlegern, die weit in den Fluss hinausragen, die heutigen **Chelsea Piers** entstanden. Damals waren die vier historischen Piers verlottert, verrostet, abbruchreif. Dabei hatten sie glorreiche und tragische Zeiten erlebt. Auch die legendäre »Titanic« hätte nach ihrer Atlantiküberquerung hier anlegen sollen, wo im April 1912 die verzweifelten Angehörigen auf Überlebende der berühmtesten Schiffskatastrophe der Geschichte warteten. Diese Piers sollten nun also ein für allemal abgerissen werden. Doch ehe das Signal zum Schleifen kam, warf Roland Betts, Yale-Absolvent, Investor und Filmproduzent, ein Auge auf eines der vier hölzernen Monster, die damals wie heute auf gewaltigen Stelzen im Hudson River stehen.

Aber Roland Betts war kein Anleger und Spekulant, sondern Vater einer Eisprinzessin, für deren liebstes Hobby es in ganz Manhattan keine Eisbahn gab. Also wollte Papa für sie auf der Pier einen *ice rink* bauen. Doch die NY Transportation Commission stellte eine Bedingung: entweder alle vier Piers oder gar keiner. Mister Betts fand weitere Investoren, David Tewksbury und Tom Bernstein, die den Deal mit vier Piers perfekt machten. Das geldschwere Trio baute nicht nur einen Eislaufplatz, sondern zwischen Pier 59 und Pier 62 auch einen **Health-Club-Komplex** mit Tennisplätzen, Bowling, Pools, Fitnesscenter, Kletterwand, gewaltigen Sporthallen und einem eigenen Golfclub. Der **Golfclub** mit Putting Green, Bunkern, Simulatoren, Academy und Abschlag ins Freie auf der Driving Range ermöglicht Fans das ganze Jahr Bälle bis zu 180 Meter zu schlagen – nicht in den Hudson River, sondern in ein gewaltiges Netz.

Vermutlich ist dies der einzige Golfplatz der Welt, der weder die Natur schädigt, noch geht auf ihm auch nur ein einziger Golfball verloren. Und Amerika wäre nicht das Land der unbegrenzten Möglichkeiten, würde nicht alles auf Knopfdruck funktionieren. Man wirft einen Jeton ein und schon poppt ein Ball nach dem anderen automatisch aus dem Loch aufs Tee. Kein Bücken, kein Krümmen, nur Position beziehen, schwingen, schlagen. In Golfmontur oder Freizeitlook, denn der Dresscode gehört hier nicht zu den Spielregeln. Ratsam ist es, sich während der *peak hours*, wenn Hochbetrieb herrscht, anzumelden, obwohl es auf vier Stockwerken nicht weniger als 52 Abschlagboxen gibt.

Auf den Chelsea Piers kann man aber auch Tanzkurse belegen oder Kick Boxing trainieren, in der Wasserlandschaft des luxuriösen Spa den Tag verbummeln, eine der größten Kletterwände der USA stürmen und über eine 400-Meter-Laufstrecke spurten. Und auch die allerjüngsten Sportskanonen finden auf den Chelsea Piers ihr Paradies. Die vier umgebauten Landungsbrücken im Hudson River bieten nämlich neben den zwei riesigen **Sky Rinks** (Pier 61) zum Eislaufen auch **Roller Rinks** (Pier 62) für Inlineskater. Als totaler Hit, vor allem für die Jüngsten, erweist sich das **Field House**, mit 8000 Quadratmetern New Yorks größte Gymnastikhalle, kom-

**Chelsea Piers
Sport Komplex**
www.chelseapiers.
com

plett mit haushohen Weichmatten und Trampolinen ausgepolstert und ideal zum Springen, Toben, Tanzen, Rennen und Hinfallen. Man kann in allen Disziplinen Kinderkurse buchen, aber wer mit dem Nachwuchs einfach so vorbeikommen mag, zahlt z.B. für zwei Stunden in den Weichmatten (mit Aufsicht und Spielprogramm) pro Krabbelkind zehn Dollar. Natürlich bietet der **Chelsea Piers Sport Komplex** auch jede Menge Läden (Boutiquen und Brands) sowie preisgünstige Bistros und Bars entlang der Hauptstraße.

Ein Besuchermagnet des Viertels von ganz anderer Art ist das ehrwürdige **Hotel Chelsea** an der 23rd Street, ein architektonisches und literarisches Juwel, das 1885 als vornehmes Apartmenthaus gebaut wurde. Seit 1905 ist es ein Hotel mit Langzeitvermietung und war jahrzehntelang die bevorzugte Absteige von Schauspielern, die Engagements am nahe gelegenen Broadway hatten. Entsprechend liest sich das Gästebuch wie ein Who's who: Hier logierten die Broadway-Diva Sarah Bernhardt und die Schriftsteller Mark Twain und Thomas Wolfe. In den 1950er-Jahren hausten William S. Burroughs ebenso wie Jack Kerouac und Allen Ginsberg im Chelsea Hotel. Der Bühnenschriftsteller Arthur Miller zog nach seiner Scheidung von Marilyn Monroe ein. Später mieteten sich Andy Warhol, Leonard Cohen, Joni Mitchell, Bob Dylan, Janis Joplin, Julian Schnabel, Grace Jones, der Regisseur Abel Ferrara und der Songwriter Ryan Adams in das Hotel ein.

Im Chelsea Hotel wurden mindestens so viele Drogen konsumiert wie Drehbücher geschrieben. Der bekannteste Junkie war Sid Vicious von den Sex Pistols, der 1978 in Zimmer 100 seine Freundin erstach. Der Mord versetzte der Punkbewegung einen Schock, von dem sie sich nie wieder erholte. Über Wochen wurde das Chelsea von Reportern belagert. 2012 ist das Hotel gründlich renoviert worden.

Im Stadtteil Chelsea ist auch das **Joyce Theater** zu Hause, New Yorks führende Modern-Dance-Adresse. Das Haupthaus an der Eighth Avenue ist ein Muss für jeden Kulturfreak. Es zeigt den Reichtum und die Vielfalt des Tanzes mit den verbündeten Künsten wie Musik, Design und Theater. Das Joyce wurde 1982 von Tänzern und Tänzerinnen gegründet und seitdem ist die Tanzwelt in New York ohne diese Bühne nicht mehr vorstellbar. Das Joyce bietet ein multikulturelles Programm mit zeitgenössischem Tanz aus Japan, Brasilien, Frankreich und den USA und dazu atemberaubende Bühnenbilder, faszinierende zeitgenössische Musik, experimentelle Choreographien – und vor allem junge Talente aus den Tanzschulen New Yorks, die hier ihre besten Tänzer und Tänzerinnen präsentieren. Wer im Joyce Theater eine Performance erlebt, plant beim Verlassen des Theaters schon den nächsten Besuch. ✺

Hotel Chelsea
Vgl. S. 160.

Joyce Theater
175 Eighth Ave.
NY 10011
℡ 1 (212) 691-9740
Tickets ℡ 1 (212) 242-0800
www.joyce.org

Abschlag auf der Driving Range: Chelsea Piers Golfclub

Kunst und Kommerz in SoHo

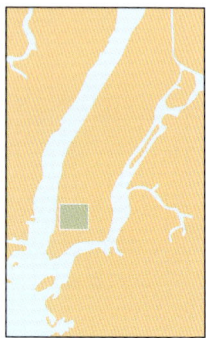

SoHo = South of
Houston (Street)

SoHo hat nichts zu tun mit dem gleichnamigen Viertel in London, es ist lediglich eine der beliebten New Yorker Abkürzungen und bedeutet *South of Houston* (Street). Dieses Quartier umfasst nur wenige Blocks: sechs Straßen nach Süden bis zur Canal Street und etwa acht Straßen vom Broadway bis zur Sixth Avenue. Es liegt im sogenannten *Valley*, in dem Bereich zwischen Midtown und Lower Manhattan, hier stehen keine Hochhäuser, eine mittelhohe Bebauung herrscht vor.

In diese ehemaligen Lagerhallen und Manufakturen zogen in den 1960er-Jahren Künstler und Galeristen ein. Vom Nimbus des Künstlerviertels lebt das mittlerweile ziemlich geschäftstüchtige Straßengeviert bis heute. Doch die Kommerzialisierung hat die Mieten in astronomische Höhen getrieben. So war 1992 das Guggenheim SoHo am südlichen Broadway eingezogen, blieb bis 2002. Heute ist in dem Haus der Flagship-Store der Luxusmarke Prada.

Der Bezirk südlich der **West Houston Street** hat eine wechselvolle Geschichte durchlaufen. Einst Farmland und Wohngegend befreiter Sklaven, mauserte er sich Anfang des 19. Jahrhunderts zu einer der exklusivsten Gegenden von New York, elegante Wohnhäuser entstanden, am damaligen Stadtrand gelegen. Der Kanal, nach dem heute noch die Canal Street heißt, wurde zugeschüttet, das Land entwässert und so Baugrund gewonnen. 1825 war die Ecke das am dichtesten besiedelte Gebiet Manhattans.

Man wohnte in drei- und vierstöckigen Backsteinhäusern. Mitte des vorigen Jahrhunderts zogen die ganz Reichen Richtung Norden, es wurde eine Mittelstandsgegend mit Lagerhäusern, Fabriken und Büros. 1959 kam es zum Tiefpunkt, SoHo war ein Slum, verschrien als *hell's hundred acres*. Die Stunde der Künstler war gekommen: In den ehemaligen Lagerräumen gab es genau das, was sie suchten: große, helle Räume zu günstigen Preisen. Um hier Lofts, Galerien und Ateliers einzurichten, mussten die neuen Mie-

ter aber erst einmal Gesetze übertreten. Die sogenannten *Zoning laws* schrieben eine strenge Nutzungs- und Bauordnung für jedes Viertel vor. Die Künstler schufen einfach Tatsachen, wandelten die Lagerräume und Manufakturen um, und 1971 änderte die Stadt schließlich die starren Richtlinien.

Dann allerdings setzte das ein, was *Gentrification* genannt wird: Eine vernachlässigte Gegend wird durch Künstler urbar gemacht, sie wird hip, immer teurer und schließlich für Künstler unerschwinglich. Auf Künstler folgten Galeristen: Die erste Galerie wurde 1968 in SoHo eröffnet, bereits 1971 zogen vier große Galerien von Uptown hierher. Vernissagen-Besucher wollen essen: Restaurants eröffneten, feine Klamottenläden zogen hinterher. SoHo wurde zum Lieblingsspielplatz der Immobilienmakler; Künstler konnten sich die Mieten bald nicht mehr leisten, obwohl sie es gewesen waren, die den Stadtteil wieder bewohnbar gemacht hatten.

Alles über einen Kamm geschert – die große Gefahr, wenn Stadtviertel zu chic werden (SoHo)

Das Little Singer Building, eines der schönsten Cast-Iron-Gebäude Manhattans (SoHo)

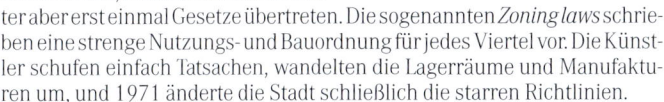

In SoHo eine genaue Route für einen Rundgang vorzugeben würde dem Charakter dieses Viertels nicht entsprechen. Es lebt ja gerade durch seine Vielfalt, durch die abwechslungsreichen Ecken, die immer neuen Entdeckungen. Man lässt sich am besten treiben, kreuz und quer von Shop zu Shop, von einer Galerie zur nächsten, und wenn die Beine schwer und der Kopf voll sind, schwenkt man in einen der Coffeeshops, in ein Restaurant oder auch nur in eine Imbissstube und orientiert sich neu auf dem Stadtplan.

Haute Couture in der Greene Street in SoHo: Louis-Vuitton-Filiale

Sinnvoller als ein fester Rundgang ist es also, sich einige Highlights herauszupicken und die in beliebiger Reihenfolge anzusteuern. Das Stadtbild von SoHo macht einen erstaunlich homogenen Eindruck, das ist vor allem dem ❶ **Cast Iron District** zu verdanken. Zu Beginn des 19. Jahrhunderts wurde New York City zum Zentrum des Gusseisen-*(cast iron)*Bauens. Gusseisen war bereits ein beliebtes Baumaterial für Brücken, als man Ende des vorigen Jahrhunderts begann, es für den Hausbau einzusetzen. Mit den vorgefertigten Bauteilen konnte man viel schneller arbeiten als mit Ziegelsteinen, außerdem war die Brandgefahr viel geringer. Aus dieser Zeit stammen die verzierten Fassaden. Diese konnten einfach per Katalog bestellt werden, die Bauweise ermöglichte lichte Räume sowie große Schaufenster in den Läden, eine Neuigkeit für damalige Verhältnisse.

Das Cast Iron District befindet sich entlang dem Broadway, Ecke Houston bis Ecke Canal Street.

Ein schönes Beispiel für den Cast-Iron-Stil ist das ❷ **Little Singer Building**, 561 Broadway, in dessen Erdgeschoss sich eine Filiale des spanischen Modekonzerns Mango befindet. Das zwölfstöckige Jugendstilgebäude wurde 1903 für den berühmten Nähmaschinenhersteller errichtet. Isaac Merrit Singer begann als einfacher Arbeiter; mit einem Kredit von 40 Dollar erstellte er den Prototyp einer neuartigen Nähmaschine. Er meldete 1851 das Patent an und gründete ein riesiges Imperium. Der Architekt Ernest Flagg konstruierte für den Firmensitz ein besonders schönes, verschraubtes Metallgerüst mit floralen Elementen und Löwenköpfen aus Terrakotta. Bei der letzten Renovierung wurde die Konstruktion wieder in demselben Dunkelgrün gestrichen, das auch Flagg verwendet hatte.

Berühmtestes Beispiel für diesen Stil ist das ❸ **Haughwout Building** aus dem Jahr 1857 an der Kreuzung Broadway & Broome Street. Der Architekt John P. Gaynor orientierte sich stilistisch noch an Fassaden der Alten Welt, doch im Innern installierte er einen Personenaufzug, ohne im entferntesten daran denken zu können, was dies für die Entwicklung Manhattans bedeuten werde: Erst mit dieser Erfindung war es letztlich möglich, Hochhäuser zu bauen. In SoHo stehen 139 Gebäude mit mindestens der Frontseite aus Gusseisen; 1973 wurde es zum geschützten historischen Bezirk der Stadt ernannt, 1978 wurde der Cast-Iron District *National Historical Landmark*.

Wie angesagt in den 1990ern der Cast-Iron-Stil war, demonstriert das ❹ **SoHo Grand Hotel**, 310 West Broadway. Betritt man die Lobby, hat man das Gefühl, in einem umgebauten Fabrikgebäude zu stehen. Noch so ein altes Cast-Iron-Ding. An dicken Stahltrossen ist die Innentreppe aufgehängt, Schrauben ragen aus den Wänden. Aber: Das Hotel ist neu, lediglich erbaut im alten Stil.

SoHo änderte sich weiter: Als eine der ersten Nobelketten eröffnete Louis Vuitton eine Filiale in der **Greene Street**. Yves Saint Laurent, Prada, Helena Rubinstein und der exklusive Juwelier Bulgari folgten 1998. Einige Geschäfte setzten hier sogar erstmals Fuß auf New Yorker Boden, so der deutsche Kleidermacher René Lezard. Dessen grimmiger Werbeslogan:»Leider teuer.« steht mittlerweile für das Viertel. Einer der aufsehenerregendsten Läden ist der Prada Shop am Broadway, erbaut von Rem Kohlhaas, in dem eine gigantische Freitreppe ins Untergeschoss führt, alles geflutet von Licht. Eine wellenförmige Struktur aus tropischem Zebraholz verbindet im Zentrum die beiden Stockwerke des Ladens. Ach ja, ein paar edle Klamotten sind auch zu sehen. Vor allem aber modernste Innenarchitektur, viel Holz, wenig Stahl. Sehr gelungen, dennoch bleibt ein bitterer Nachgeschmack: In diesem Haus war einmal Kunst, das Guggenheim SoHo. Geradezu unauffällig gibt sich dagegen der Apple Store Soho an der Prince, Ecke Greene Street: An der Fassade eines Postamtes aus den 1920er-Jahren muss man schon genau hinsehen, um das Apple-Logo zu erkennen. Das Innere ist dann Mac-typisch weiß.

Die intellektuell-alternative Wochenzeitschrift *Village Voice* brachte zu diesem Neu-SoHo eine Kolumne. Vorgestellt wurden Nobelläden, gefolgt von der Rubrik »How to fake it«, wo man also ähnliche Ware ungleich günstiger bekommen könne – ohne das Viertel zu verlassen. Traurig, oder zumindest bezeichnend daran: Viele der Läden sind in ehemalige Galerien eingezogen. Für die, die einst den Ruf des Intellektuellenviertels gründeten, wurde SoHo unerschwinglich. Sie zogen weiter Richtung Norden, nach Chelsea, und Richtung Osten, ins East Village.

Kapitell im Cast Iron District in SoHo

Häuserflucht mit Feuerleitern – so sieht's in SoHo aus

Kunst und Kommerz – Kosmetikreklame in SoHo

Schönheit to go

Kunst fürs Wohnzimmer, Klamotten fürs Ego – in SoHo gibt es das Tür an Tür. Und vermehrt auch alles, was den Körper aufpäppeln soll. *Day Spas* drängen in die ehemaligen Galerieräume, *Wellness to go*. Eine renommierte US-Zeitschrift ehrte den »Bliss Spa« im New Yorker Stadtteil SoHo zum besten urbanen Day Spa.

Von dort aus startete »Bliss« seine Tour durch die Wellness-Szene. Im Flagship-Spa von »Bliss« gibt es Dampfduschen, Sauna, Vichy-Duschen. »Bliss SoHo« soll das verkörpern, womit Gründerin Marcia Kilgore Mitte der 1990er-Jahre den Spa-Boom ankurbelte: eine breite Palette an Anwendungen mit humorigen Namen wie das Anti-Aging-Programm »The Youth as we Know it« (Bliss Spa, 568 Broadway, ✆ 1-877-862-5477, wwww.blissworld.com). Wem es nicht reicht, mit Vichy-Wässerchen bedampft zu werden, kann in Yoga-Kursen vom Shoppen schwere Beine und vom Tütenschleppen schwere Arme wieder beweglich machen.

Manche Schulen bieten schon morgens um 7 Uhr Kurse an, nach dem Motto: *Wake up and try it!* (Bikram Yoga NYC, 182 Fifth Ave., zwischen 22nd & 23rd Sts., ✆ 1-212-206-9400, www.bikramyoganyc.com).

Man kann natürlich auch die Hände anderer zu Hilfe nehmen, um sich auf Vordermann zu bringen. Das SoHo Sanctuary bietet »Spa, Beauty and Fitness for Women«, also schöne, perfekte Nägel, weiche, gewachste Haut (schmerzfrei, wird versprochen) und natürlich Pilates, Yoga und Massage (SoHo Sanctuary, 119 Mercer St., ✆ 1-212-334-5550, www.sohosanctuary.com).

Vorsichtig sollte sein, wer ein *boutique medical spa* betritt, hier geht es anders zur Sache: Vielen reichen Massagen, Yoga und Wellness nicht aus, um so schön zu werden, wie sie denken, sein zu müssen. Botox heißt das Zauberwort, oder gleich *Botox to go*. Als wäre es nichts anderes als ein Aufputschmittelchen, kann man – meistens Frau – sich eine Botox-Spritze in die Stirnfalten oder sonstwohin verpassen lassen. *Medical asthetics* nennt sich das.

Nicht alle sind über diese Veränderung glücklich; SoHo galt als Gegenpol zur teuren und snobistischen Upper East Side, und nun sieht es manchmal aus, als sei die Madison Avenue nach Süden verlängert worden. Ein *square foot*, also etwa 30 mal 30 Zentimeter, kostete Mitte der 1990er-Jahre noch etwa 100 Dollar, jetzt bis zu 400, das kann kaum noch ein Galerist bezahlen: In der Madison Avenue kann man allerdings nochmal drauflegen, dort geht es bei 200 Dollar erst los.

Doch im Grunde geht es SoHo so *back to the roots*, denn die großen Lofts und lichten Räume, in die seit den 1960er-Jahren Künstler einzogen, waren Mitte des 19. Jahrhunderts schon einmal feine Shopping-Adressen gewesen: Die E.V. Haughwout & Company zum Beispiel, die Ecke

Broadway/Broome Street eines der schönsten Cast-Iron-Gebäude errichtete, belieferte Präsident Lincoln mit feinstem chinesischen Porzellan.

Im Süden begrenzt die ⑤ **Canal Street** das Viertel, eine Shopping-Meile der anderen Art: eine Rolex für zehn Dollar, Tommy-Hilfiger-Shirts für drei Dollar, Gucci-Täschchen für 18 Dollar – natürlich alles fake. Wer Teenagern zu Hause eine Freude machen möchte, ist hier sicher an der richtigen Adresse. Zum selber damit angeben nur bedingt tauglich. Die Ware ist nicht nur billig, sondern sieht meistens auch so aus, getreu der Maxime: *You get what you pay for.* Vorsicht ist zudem geboten: In Deutschland gibt es ein Markenschutzgesetz, offiziell dürfen diese Waren nicht eingeführt werden.

5 SoHo

Service & Tipps:

Ⓤ SoHo ist ein so kleiner Bezirk, dass man sich ausschließlich zu Fuß fortbewegen wird. So kommt man hin: mit der gelben **Subway** (N, R) bis Canal oder Prince Street, mit der blauen Subway (A,C,E) bis Canal oder Spring Street.

🛏 ④ **SoHo Grand Hotel**
310 West Broadway & Canal St.
👁 Vgl. S. 162.

👫 SoHo ist ein **Shopping-Paradies**. Wer nicht gerne in große Kaufhäuser geht, findet hier an jeder Straßenecke – und dazwischen – kleine Boutiquen. Manchmal mit schriller Mode,

manchmal vom Allerfeinsten, da nach und nach alle internationalen Modemacher hier Läden eröffnen. Entlang der ⑤ **Canal Street** ist dagegen die Heimat der Billigheimer (vgl. Shopping, S. 188).

☕ **Cafe Bari**
529 Broadway, zwischen Prince & Spring Sts., NYC 10012 (SoHo)
📞 1 (212) 431-4350
www.cafebari.com, tägl. 9–22 Uhr
Der Cappuccino schmeckt fast wie in Italien, man sitzt an der Theke mit Blick ins Freie. Gute Salate, verführerische Kuchen. $

Weitere Serviceadressen finden Sie im Kapitel Enjoy & Relax ab Seite 158. ✳

Ein Rummelplatz: der ▷
Times Square bei Nacht (Midtown)

🏛 **New York City Fire Museum**
🎨 278 Spring St. und **Children's Museum of the Arts**
182 Lafayette St.
Vgl. S. 183 bzw. 184.

Spring Street SoHo: Skulptur nach Charles Clyde Ebbets' bekannter Schwarz-Weiß-Fotografie »Lunchtime Atop a Skyscraper« (vgl. S. 46)

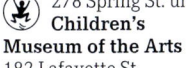

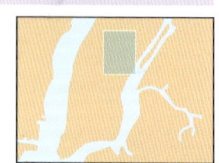

In den Straßen von Midtown

Vom Times Square zum Empire State Building

Midtown

Vor gut hundert Jahren, im Jahr 1904, bezog die New York Times ihr Hauptquartier an der langgestreckten Kreuzung von Broadway und Seventh Avenue, und damit hatte der Platz seinen Namen: ❶ **Times Square**. Weltberühmt wurde er in den 1920er- und 30er-Jahren, als sich hier jeden Abend der Broadway auf mehr als 80 Theaterbühnen als erste Showadresse des Kontinents feierte. Der schleichende Niedergang begann mit dem Tonfilm. In den kriminellen 1970er-Jahren, als die Stadt vor dem Bankrott stand, traf man hier als Besucher auch am helllichten Tag auf den finstersten Bodensatz der Gesellschaft. Damals bewegten sich selbst die New Yorker nur noch im Laufschritt über die berühmt-berüchtigte Kreuzung, und wer es sich irgendwie leisten konnte, zahlte lieber ein Taxi, als an der 42. Straße in den verdreckten Subway-Orkus hinabzusteigen.

Mit Bürgermeister »Rudy« Guiliani und seiner *Zero-Tolerance-Politik* kam 1994 die Wende, die Firma Disney investierte und alle zogen nach: überall am Times Square wurde abgerissen, neu gebaut und Verrottetes saniert. Kritiker hielten die klinisch saubere, kommerzorientierte Neugestaltung damals für verfehlt. Doch der Times Square mit dem nächtlichen Lichtermeer seiner größenwahnsinnigen Wandtafeln ist heute nicht nur für die Touristen aus aller Welt eine Top-Adresse, auch sonst lässt sich hier jeder für das eigene Portfolio fotografieren, egal ob Künstler, Politiker oder einfach nur New-York-Fan. Seit der Times Square nun auch noch zur verkehrsberuhigten Eventzone mit Kunstausstellungen und Straßencafés umgestaltet wurde, kann man rund um die Uhr und ganz ohne Benzinschwaden in der Nase erleben, was das heißt: *The City That Never Sleeps*.

Die namensgebende New York Times ist übrigens inzwischen umgezogen, der neue, ökologisch orientierte, 319 Meter hohe Neubau des ❷ **New York Times Building** an der Eighth Avenue wurde von Renzo Piano entworfen.

Auch die Konkurrenz schläft nicht – das Hearst-Medien-Imperium hat 2004 ebenfalls einen Neubau in New Yorks Skyline gestemmt, entworfen von Sir Norman Foster. Der ❸ **Hearst Tower** wurde auf das ursprüngliche sechsstöckige Gebäude des Hearst-Medienimperiums an der Eighth Avenue in Manhattan aufgesetzt.

In seinen Anfangszeiten war der Times Square eine noble Wohngegend, doch schon um die Jahrhundertwende eröffneten hier Nobel-Bordelle.

Die gestrichelte rote Linie auf der Karte S. 84 weist auf eine Subway- oder Taxifahrt hin.

Seit 2009 ist der Broadway von der 42. bis zur 47. Straße (inkl. Times Square) Fußgängerzone.

Verkehrsberuhigter Times Square: Einer der berühmtesten Plätze der Welt wurde in eine riesige Fußgängerzone verwandelt

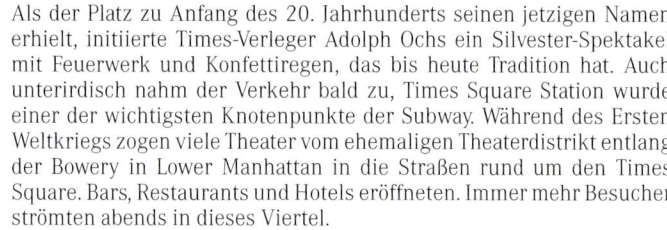

Der Herald Square, die Parkanlage vor dem Kaufhaus Macy's, ist seit 2009 autofrei.

Der Times Square kann mit seinen Bildschirmen und Neons für alles Werbung machen

Als der Platz zu Anfang des 20. Jahrhunderts seinen jetzigen Namen erhielt, initiierte Times-Verleger Adolph Ochs ein Silvester-Spektakel mit Feuerwerk und Konfettiregen, das bis heute Tradition hat. Auch unterirdisch nahm der Verkehr bald zu, Times Square Station wurde einer der wichtigsten Knotenpunkte der Subway. Während des Ersten Weltkriegs zogen viele Theater vom ehemaligen Theaterdistrikt entlang der Bowery in Lower Manhattan in die Straßen rund um den Times Square. Bars, Restaurants und Hotels eröffneten. Immer mehr Besucher strömten abends in dieses Viertel.

Im Zuge der Depression veränderte sich die Szenerie dramatisch. In viele Theater zogen Kinos ein, Filmkunst gab es kaum, Sexfilmchen lockten das Publikum an. Gleichzeitig erblühte das Musikgeschäft, die Straßen nördlich des Times Square bekamen den Beinamen *Tin Pan Alley* und wurden zum Zentrum des Musikbusiness; Plattenfirmen und Impresarios hatten hier ihre Büros. Während des Zweiten Weltkriegs ging es mit dem Times Square immer weiter bergab, er wurde zum reinen Rotlichtviertel, die berühmten Neon-Reklameschilder blieben jedoch das Symbol schlechthin für Großstadtflair.

Die bekannten Musical-Häuser befinden sich immer noch rund um den Platz. Direkt am Times Square – TKTS steht in riesigen Lettern auf der Straßeninsel, nicht zu übersehen – kann man Karten für den jeweiligen Abend zum halben Preis kaufen. Während man sich in die lange Schlange einreiht, hört man Straßenmusikanten zu, die somit von sich behaupten können, am Broadway aufgetreten zu sein.

Der **Broadway** ist 25 Kilometer lang und führt durch fast ganz Manhattan, aber wenn man von *dem* Broadway spricht, meint man den Abschnitt zwischen 40th und 53rd Street. In den 1920er- und 1930er-Jahren spielten über 80 Theater hier und in der 52nd Street, die berühmt für ihre Jazzclubs war. Geht man nun den Broadway hinunter zur 42nd Street, sollte man nicht den Fehler machen, bis zur nächsten großen Querstraße weiterzugehen. Denn dort, am Herald Square, steht ❹ **Macy's**, das größte Kaufhaus. Jedenfalls ist es so groß, dass man Stunden darin verbringen kann.

Die 42nd Street hinunter also, Richtung Osten. Unvermutet öffnet sich in der Hochhaus-Ansammlung ein Platz mit Bäumen, der ❺ **Bryant Park**, benannt nach William Cullen Bryant (1794–1878), Schriftsteller und Zeitungsherausgeber. Bryant setzte sich früh für die Schaffung städtischer Parks ein, unterstützte auch den Central Park. Ursprünglich gab es hier einen Friedhof, 1847 entstand ein erster Park unter dem Namen Reservoir Square, fast die gesamte Fläche überspannte ab 1853 eine riesige Ausstellungshalle aus Stahl und Glas. 1884 erhielt der Park seinen heutigen Namen.

Direkt am Park steht eines der schönsten Gebäude in Midtown, die ❻ **New York Public Library**. Wer sich kein Buch ausleihen will, kann zumindest im Café etwas rasten. Drinnen gibt es wunderschöne hohe Gänge, eine Freitreppe, alles von prunkvoller, Büchern angemessener Atmosphäre. Im Erdgeschoss lockt ein verführerischer Buchladen – und im Untergeschoss gibt es – kleiner Tipp – saubere, kostenlose Toiletten.

Schachspieler im Bryant Park in Midtown

Das nahe ⓻ **Grand Central Terminal** ist einer der größten Bahnhöfe New Yorks. Die gigantische Anlage, deren 32 Meilen lange Gleise sich über mehrere Ebenen verteilen, ist auch dadurch ein Kuriosum, dass man keinen Zug sieht. Jedenfalls, solange man nicht in den Untergrund gestiegen ist. Die Außenansichten sind reich verziert und geschmückt, die Uhr an der Südseite sieht man auf der Park Avenue von Weitem. Nur die Ostfassade wirkt erheblich schlichter – auf dieser Seite lag ein Slum, für dessen Bewohner lohnte es sich offensichtlich nicht, Schmuck anzubringen.

Das 59-stöckige MetLife Building im Hintergrund wurde 1963 über dem Grand Central Terminal errichtet

Sicher war es architektonisch keine geschickte Lösung, 1963 das ⓼ **MetLife Building** auf die Grand Central Station draufzusetzen. Der kühle Klotz, früher bekannt als PanAm Building, war damit das größte Bürogebäude der Welt, und es passt so gar nicht zum schnörkeligen Jahrhundertwende-Stil der Grand Central. Doch längst ist der kühne Wolkenkratzer fester Bestandteil der Manhattan-Skyline, den man nicht mehr missen möchte. Und im Grunde ist Foster mit seinem oben erwähnten Hearst-Aufbau auf das Art-déco-Gebäude genauso vorgegangen.

Der Bahnhof ist im Herbst 1998 hervorragend renoviert worden. Von der Marmorbalustrade der großen Halle kann man hastenden Pendlern zusehen, eine halbe Million ziehen hier täglich ihre Bahnen. Am Deckengemälde des Baus strahlen die Sternbilder in neuem Glanz. Dass diese spiegel- und seitenverkehrt sind, ist allerdings nicht, wie manche annehmen, ein Fehler in der Übertragung der Vorlage. Auch bei alten Himmelsgloben gab es beide Arten der Darstellungen: Das Himmelszelt so, wie der Mensch es sieht, und wir es üblicherweise abbilden – und sozusagen von außen betrachtet.

Grand Central ist nun wieder ein echtes Prachtstück in der Stadt – dabei wäre der Bahnhof in den späten 1960er-Jahren fast abgerissen worden. Ein Schicksal, das die gusseiserne Penn Station (ehemals 34th Street & Seventh Avenue) in den 1950er-Jahren ereilte. Als

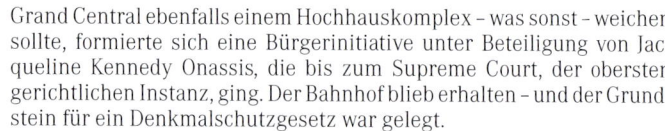

Auf gestuften Halbkreisen angeordnete Dreiecke – Art déco: der Turm des Chrysler Building (Midtown)

Grand Central ebenfalls einem Hochhauskomplex – was sonst – weichen sollte, formierte sich eine Bürgerinitiative unter Beteiligung von Jacqueline Kennedy Onassis, die bis zum Supreme Court, der obersten gerichtlichen Instanz, ging. Der Bahnhof blieb erhalten – und der Grundstein für ein Denkmalschutzgesetz war gelegt.

Der nächste Stopp ist an der folgenden Straßenkreuzung, Lexington Avenue & 42nd Street. Aus der Luft ist das **9 Chrysler Building** unverwechselbar, einer der markanten Punkte der Skyline, doch auf der Straße läuft man daran fast vorbei. Das sollte man aber nicht tun, auch wenn das ebenerdige Äußere des Art-déco-Hauses unscheinbar wirkt. Seine Lobby ist ein Traum aus rotem Marmor aus Marokko und sandfarbenem Tavertin aus Siena. Der Automagnat Walter Chrysler, der den Wolkenkratzer bauen ließ, wies den Architekten William Van Alen an, ihn höher zu machen als den Eiffelturm, das damals höchste Gebäude der Welt. Die genaue Höhe wurde während der Bauzeit geheim gehalten, um Konkurrenten nicht zu verführen; am Ende wurde die 27 Tonnen schwere Spitze am Stück hinaufgehievt. Höchstes Gebäude der Welt blieb es aber nur ein paar Monate – bis zur Fertigstellung des Empire State Building.

Nun lohnt sich noch ein kurzer Abstecher weiter Richtung Süden, zur **10 Morgan Library**, Madison Avenue, Ecke East 36th Street, auch hier war Renzo Piano tätig. Er entwarf einen Anbau für das aus dem Jahr 1906 stammende Bibliotheksgebäude, dieser wurde im Jahr 2006 fertiggestellt und gilt als eines seiner Meisterwerke. Gläserne Wände verbinden alte und neue Architektur.

Zurück in die 42nd Street, wo an deren Ende noch ein Highlight wartet. Ein Lichtblick ist linker Hand, an der Kreuzung Tudor City Place, das Hochhaus der **11 Ford Foundation**. Zunächst wird man fast erschlagen von der riesigen fensterlosen Wand, doch ein paar Schritte weiter, und man kann in einen herrlich grünen Wintergarten blicken, ein Dschungel-Atrium, das seine Fensterfront der Straße zukehrt. Rechter Hand lädt das **12 News Building** zu einem kurzen Besuch ein. Es steht an der Ecke zur Second Avenue, die den Beinamen Yitzhak Rabin Way trägt. In der Lobby sind ein riesiger, sich drehender Globus und diverse meteorologische Instrumente ausgestellt. Das ganze Gebäude ist noch recht gut im Stil der 1930er-Jahre erhalten, als es gebaut wurde.

Am Ende der 42nd Street dann schließlich das **13 UN-Gebäude**. Von der Seite gesehen ist es extrem schmal, es wirkt wie ein aufgestellter Dominostein und genauso kipplig. Sicher Geschmackssache, aber ein Hochhaus im reinsten Stil. Fast kein Mauerwerk ist zu sehen, das Gebäude scheint nur aus grünlichem Glas zu bestehen. Genau genommen gibt es keinen besseren Ort der Welt als Manhattan für das UN-Hauptquartier. Manhattan ist beileibe kein Schmelztiegel aller Ethnien: Jede Gruppe von Einwanderern, Zuzüglern, Wahl-New-Yorkern lebt neben der anderen

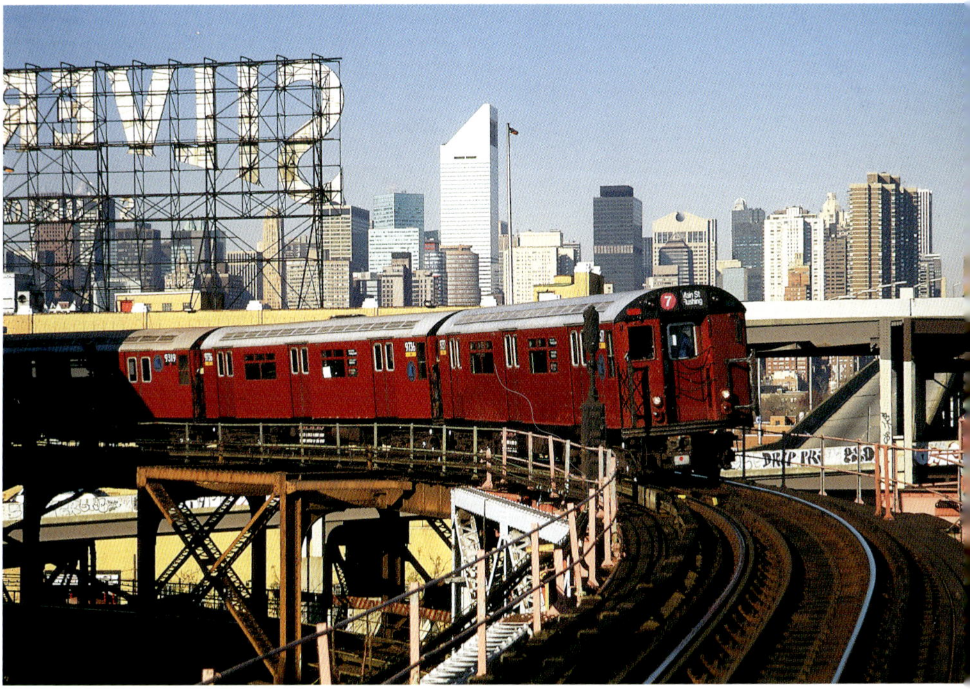

her, muss versuchen, ihre Identität zu wahren und die der anderen zu achten. So wie es idealerweise auf dem ganzen Globus sein sollte. Nicht nur die flackernden Fahnen verbreiten ein Gefühl von Internationalität, hier hasten über den Bürgersteig Krawattenträger und Kostümdamen aller Nationalitäten (über 192 genau gesagt, so viele Mitglieder hat die UNO).

1945 wurde die United Nations Organisation als Nachfolge des Völkerbundes gegründet, die sich für Frieden, Völkerverständigung und Fortschritt einsetzen sollte. Man suchte einen Hauptsitz. John D. Rockefeller jun. kaufte das Gelände am East River für die UNO. Nicht ganz uneigennützig allerdings: Der Eigentümer William Zeckendorf hatte Pläne für Bürogebäude, konnte aber offensichtlich Rockefellers Angebot nicht widerstehen. So verhinderte dieser eine starke Konkurrenz zu seinem funkelnagelneuen Rockefeller Center (vgl. S. 90 f.). Der Schlachthof auf dem Ufergelände wurde abgerissen, die USA gaben einen zinslosen Kredit von 67 Millionen Dollar – das UN-Hochhaus wurde gebaut. Zu den Architekten gehörte unter anderem Le Corbusier. Während einer Führung (alle halbe Stunde) kann das weltpolitisch so interessante Gebäude besichtigt werden. Fast jede Nation hat für die Innenausstattung einen Kunstgegenstand gestiftet, so kam ein eklektisches Museum zustande. Tickets dafür gibt es im General Assembly Building, das ist das kleinere, nördlichste Gebäude der Anlage.

»Ich habe immer gedacht, dass New York das höchste Gebäude der Welt haben sollte.« So tönte Donald J. Trump. Hat es aber nicht. Dafür erhielt es für kurze Zeit, denn Superlative sind vergänglich, mit 72 Stockwerken das höchste und luxuriöseste Wohngebäude der Welt (Architekt: Costas Kondylis). An der First Avenue, zwischen 47th und 48th Street, hatte Trump wieder einmal eine Baugrube ausheben lassen. Doch das

Queens-Subway in Midtown

Flagge der Vereinten Nationen

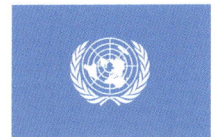

UN-Gebäude, das nebenan aufragt, ist bloß 39 Stockwerke hoch. Es regten sich kritische Stimmen aus der Nachbarschaft, die sagten, es gebe nichts in weitem Umfeld, was so hoch ist. Ein Nachbarschaftsvertreter dazu: »Wenn es irgendwer verdient hat, so herausragend zu sein, dann die UN – und nicht Trump.« Doch die Proteste nützten nichts, Trump baute. Einen Namen fand der bescheidene Donald für sein viertes Haus in New York – nach Trump Tower, Trump Palace und Trump International Hotel and Tower – auch gleich: ⑭ **Trump World Tower**.

Spaziert man die 49th Street zurück bis zur Lexington Avenue, steht man an der Ecke vor einem der nobelsten Hotels der Stadt, der Haupteingang befindet sich (natürlich!) um die Ecke, in der Park Avenue: das ⑮ **Waldorf Astoria** von 1931. Das ursprüngliche Hotel diesen Namens wich 1929 einem Neubau: dem Empire State Building. Der Granitsockel wirkt allerdings recht düster, die Architekten waren Schultze & Weaver. Zu den ehrenwerten Gästen, die hier abstiegen, gehörte Lucky Luciano, der New Yorker Mafia-Boss. Heute gehört das Hotel zur Hilton-Gruppe.

Weiter nördlich an der Lexington Avenue strahlt im Sonnenlicht ein Komplex gläserner Häuser: Das ⑯ **Citicorp Center** ist berühmt wegen seines steil abgeschrägten Daches, ursprünglich sollten dort Sonnenkollektoren angebracht werden. Auf der großzügigen Plaza davor kann man sich aufs Mäuerchen setzen und etwas entspannen. Den Prototyp dieser Art von Hochhaus findet man ganz in der Nähe: das ⑰ **Seagram Building**. Es wirkt bescheiden in seiner Schlichtheit, doch als Mies van der Rohe 1958 diesen geradlinigen Bau entwarf, brachte er eben diese Neuerung ins Stadtbild: die Plaza. Er ließ das Haus etwas zurückversetzt bauen, dadurch wurde davor Platz gewonnen – und Licht von oben. Ähnliches findet man schräg gegenüber beim Lever House von 1952, wenn auch dort nicht so großzügig mit dem Platz umgegangen wurde. Zwei Klassiker des Internationalen Stils.

Nun geht es weiter in der **52nd Street**, Jahrzehnte als *Swing Street* bekannt. Hier reihte sich ein Jazzkeller an den anderen, vor allem zwischen Fifth und Sixth Avenue. Die berühmtesten Clubs hießen Three Deuces, Kelly's Stables und Onyx. Von dieser Hochburg ist nichts geblieben, heute gibt es hier kühle Hochhäuser statt Cool Jazz. Nur eines dieser Etablissements besteht noch, der **21 Club**. Dieser war unter dem Namen Jack and Charlie's Place ein nobler *speakeasy*. In solchen »Flüsterkneipen« floss der Alkohol reichlich – gerade während der Prohibition. Durch einen Mechanismus verschwanden beim Anmarsch der Polizei die Gläser in Löchern unterm Tisch – und die Gäste durch den Hinterausgang. Heute ist der Club, leicht zu erkennen an den Jockey-Figuren auf dem Eingangsportal, ein Nobelrestaurant mit hohem Prominenz-Faktor.

Zum Abschluss muss man sich entscheiden, für diesen Tag zumindest. Vorschlag eins lautet: zum ⑱ **Ro-**

Wie Bonsai-Bäumchen wirken die Pflanzen an der mächtigen Fassade des Trump Tower in Midtown (oben)

ckefeller Center. Eine Stadt in der Stadt, gebaut auf dem Areal zwischen 48th und 51st Street, zwischen Fifth und Sixth Avenue. Finanziert wurde das Ganze von einer Person: John D. Rockefeller jun. Sein riesiges Bauvorhaben, ausgeführt zur Zeit der Depression in den 1930er-Jahren, verschaffte Tausenden von Menschen Arbeitsplätze. Der inzwischen aus 21 Gebäuden bestehende Komplex, von denen das GE Building (bis 1988 als RCA Building bekannt) mit 259 Metern das höchste ist, beherbergt unter anderem das Hauptquartier der NBC Studios, die Radio City Music Hall, zahlreiche Büros und über hundert Läden. Bekannt ist vielen die Prometheus-Statue auf der Lower Plaza, die vor allem im Winter viele Menschen anzieht, denn dann verwandelt sie sich in eine Eislaufbahn. Hier steht auch der größte Weihnachtsbaum der USA. Das Entzünden der rund 25000 Glühbirnen übernimmt jedes Jahr der Bürgermeister der Stadt und leitet damit die Weihnachtssaison ein. Neueste Attraktion des Rockefeller Center ist die spektakuläre Aussichtsterrasse **Top of the Rock**. Schon die Fahrt nach oben mit dem Fahrstuhl auf 260 Meter ist ein Erlebnis – ausprobieren!

Auf das Rockefeller Center zu führt die 47th Street, in diesem Abschnitt auch **🔟 Diamond Row** genannt. Warum, das erklärt sich beim Entlangschlendern: Von kleinen Halogenstrahlern beleuchtet, glitzert und flimmert und strahlt es in den Auslagen der Händler, dass einem schummrig werden kann. Hier werden nicht nur einzelne Klunker verkauft, 80 Prozent des Diamantengroßhandels der USA werden hier abgewickelt. Wer also keinen Platz mehr im Koffer, aber noch Guthaben auf seiner Kreditkarte hat, könnte hier sicher was Feines finden.

Der Klassiker, was den Blick über die Stadt anbelangt, ist natürlich das **🔟 Empire State Building**. Mit 381 Metern war es das höchste Bauwerk der Welt, bis es 1973 vom World Trade Center überholt wurde. Auch wenn in New York Hochhäuser gebaut werden, man hat sich hier ausgeklinkt aus dem Wettbewerb um das höchste Gebäude der Welt. Die stehen mittlerweile in Asien, in Dubai oder Taipeh. Ranglisten kann man gar keine mehr erstellen – bei der dortigen Baugeschwindigkeit veralten diese rasant. Das Empire State Building wurde unglaublich schnell hochgezogen, vier Stockwerke in einer Woche. Die Idee, hier den Tag ausklingen zu lassen, hat man selten allein: Über eine Stunde wartet man in den insgesamt drei Schlangen (Security, Ticket, Fahrstuhl), die sich im Erdgeschoss durch fensterlose Gänge winden. Schade, denn wenn man wenigstens in der Lobby warten müsste, könnte man die Artdéco-Halle bestaunen.

Von den 73 Aufzügen sind leider nur wenige fürs Publikum in Betrieb. Das ist eigentlich zum Davonlaufen, aber man weiß ja, wofür man sich das antut. Steht man endlich im 86. Geschoss auf der Plattform und hat einen klaren Tag erwischt (die tägliche Sichtweite ist beim Kartenbüro angeschrieben), wirft die tiefstehende Sonne goldene Schleier über die Stahlspitze des Chrysler Building, streicht eine Seite des Flatiron Building neu an, und bevor die Sonne hinter New Jersey untergeht, liegt ein roter Schimmer über der Skyline. Dann gibt es einen seltsamen, magischen Moment: Für einige Augenblicke ist Manhattan eine wirkliche Wüste, steinern, bleigrau, lichtlos und öde liegt die Insel im Wasser wie ein toter Wal. Aber schon nach wenigen Minuten wird die Stadt schön. Und schöner. Vielleicht sogar schöner als im Sonnenschein: Lichter gehen an, Reklametafeln flackern, rote Rückscheinwerfer der gelben Taxis leuchten auf, Stockwerke der Bürohochhäuser flimmern wie alte Röhrenfernseher. Der Himmel glimmt rot über New Jersey, über der Bronx ist es bereits stockfinster.

Gegenüber dem Rockefeller Center, auf der Fifth Avenue, liegt die St. Patrick's Cathedral. Ein Besuch der Kirche hilft, der Hektik der Großstadt für kurze Zeit zu entfliehen.

Der Eingang zum Top of the Rock befindet sich auf der 50th Street zwischen Fifth und Sixth Avenue. Weitere Infos unter: www.topoftherocknyc.com

Für eine noch bessere Sicht vom Empire State Building!

Der bekannteste und größte Weihnachtsbaum der USA steht jeden Winter vor dem ◁ Rockefeller Center

Kevin Hannafin führt die Besucher durch die »Firezone«, das interaktive Museum der New Yorker Feuerwehr

Service & Tipps:

 Anfahrt mit der roten (1, 2, 3, 9) oder der gelben (N, R) **Subway** bis Times Square/42nd Street.

 18 FDNY Fire Zone
34 West 51st St., im Rockefeller Center neben der Radio City Music Hall, NY 10020 (Midtown)
 ✆ 1 (212) 698-4520
www.fdnyfirezone.org
Mo-Sa 9–19, So 11–17 Uhr, Eintritt frei
Feuer-Simulation (nicht für Kinder unter 5 Jahren) Mo-Sa 9.30–17.30, So 11.30–15.30 Uhr, jede Stunde, $ 6 pro Person
Mix aus Feuerwache, Rettungskurs, Info-Workshop und Super-Show. Am Anfang befindet man sich zwischen verkohlten Möbeln, am Ende muss man einem simulierten Feuer durch einen verrauchten Gang entkommen. Außerdem kann man mit einem echten Firefighter auf einem realen Einsatzwagen interaktiv durch Manhattans Straßen rasen.

 21 International Center of Photography (ICP)
 1133 Avenue of the Americas & 43rd St., NY 10036 (Midtown)
✆ 1 (212) 857-0000, www.icp.org
Di/Mi, Sa/So 10–18, Do/Fr 10–20 Uhr
Eintritt $ 14/Kinder unter 12 Jahren frei
Das ICP ist in einem schmucken Gebäude von 1914 untergebracht. Es finden ständig wechselnde Ausstellungen renommierter Fotografen statt, manchmal werden aber auch Arbeiten junger Fotokünstler präsentiert. Hauptaugenmerk liegt auf der Dokumentarfotografie zwischen 1930 und 1990.

 22 Museum of Arts and Design
2 Columbus Circle
 NY 10019 (Midtown)
✆ 1 (212) 956-3535
www.madmuseum.org
Di–So 11–18, Do/Fr bis 21 Uhr
Eintritt $ 16/Kinder unter 18 Jahren frei
Das neue Gebäude, im September 2008 eingeweiht, gleicht einer weißen Schuhschachtel mit konvexer Front, die sich um den Kreisverkehr schmiegt. Ausgestellt wird Kunsthandwerk und Design aus den gesamten Vereinigten Staaten. Themenausstellungen erweitern das Programm.

23 Museum of Modern Art (MoMA)
11 West 53rd St., zwischen Fifth & Sixth Aves., NY 10019 (Midtown)
✆ 1 (212) 708-9400
www.moma.org
Tägl. außer Di 10.30–17.30, Fr bis 20 Uhr
Eintritt $ 25/Kinder unter 16 Jahren frei
1929 gegründet, zeigt das MoMA Moderne Kunst, und die nur vom Feinsten. Die Sammlung beginnt bei den Impressionisten, dann sind fast alle Stile des 20. Jh. vertreten, außerdem eine Designabteilung, ein Programmkino und ein sehr gut sortierter Museumsshop.
2006 wurde für 860 Millionen Dollar großzügig erweitert und umgebaut – vom japanischen Architekten Yoshio Taniguchi.

 24 The Paley Center for Media
25 West 52nd St., zwischen Fifth & Sixth Aves.
NY 10019 (Midtown)

Taxitarif

TAXI FARE

$ 2.50	**INITIAL CHARGE**	
40¢	Per 1/5 Mile	
40¢	Per 2 Minutes Stopped/Slow traffic	
$ 1.00	Weekday Surcharge 4 pm - 8 pm	
50¢	Night Surcharge 8 pm - 6 am	

✆ 1 (212) 621-6600
www.paleycenter.org
Mi–So 12–18, Do bis 20 Uhr
Wenn man wirklich gar nichts Besseres zu tun hat, kann man sich aus der Video-bibliothek eine der 50 000 vorhandenen Fernsehsendungen anschauen. Im haus-eigenen Kino gibt es Retrospektiven. Bis 2007 trug die Institution den Namen Museum of Television and Radio.

 25 The Algonquin
59 West 44th St., zwischen Fifth & Sixth Aves.
NY 10036 (Midtown)
✆ 1 (212) 840-6800
www.algonquinhotel.com
Das weithin bekannte Hotel, erbaut 1902, wurde durch Dorothy Parkers literarische Tafelrunde aus den 1920er-Jahren berühmt. Bis heute steigen hier häufig Schriftsteller ab.

 9 Chrysler Building
405 Lexington Ave., zwischen 42nd & 43rd Sts.
NY 10017 (Midtown)
Das schönste und exzentrischste Hoch-haus der Stadt: Den obersten Stockwer-ken setzte Architekt William Van Alen eine stählerne Krone auf, die im Sonnen-untergangslicht golden erglüht.

 16 Citicorp Center
Lexington Ave., zwischen 53rd & 54th Sts., NY 10022 (Midtown)
Das 45 Grad abgeschrägte Dach gibt dem 279 m hohen Wolkenkratzer (gebaut 1978) sein markantes Profil und den Spitznamen Pfeife *(the whistle)*. In den unteren Geschossen befinden sich Geschäfte, Restaurants und ein baum-bestandenes Atrium.

 19 Diamond Row
47th St., zwischen Fifth & Sixth Aves., NY 10022 (Midtown)
Die Diamantenstraße ist hoch-karätiger als sie auf den ersten Blick scheint. Hier befindet sich das Zentrum des US-amerikanischen Diamantenhan-dels. Die Besitzer der kleinen Juwelen-shops sind größtenteils orthodoxe Juden. Aus diesem Grund ist auf dieser Straße am Samstag (Sabbat) auch wenig los.

 20 Empire State Building
350 Fifth Ave. & 34th St.
NY 10118 (Midtown)
✆ 1 (212) 736-3100
www.esbnyc.com
Tägl. 8–2 Uhr, Eintritt $ 25/19
Das bekannteste Hochhaus New Yorks, vielleicht sogar der Welt: 1931 war es mit 381 m das höchste Haus weltweit

MoMA, was sonst!

Empire State Building

Im beeindruckenden Lese-saal der New York Public Library

und wurde erst 1973 vom World Trade Center auf den zweiten Platz verwiesen. Seit den Terroranschlägen von 2001 ist es wieder das höchste Gebäude von New York. Von der Aussichtsterrasse und dem rundverglasten 86. Stockwerk hat man einen wundervollen Blick über die Stadt.

Hier bilden sich für gewöhnlich längere Schlangen vor dem Ticketschalter, vor dem Security-Check und vor den Fahrstühlen. Mit einem Express Pass ($ 47.50, online bestellbar) spart man sich das Anstehen an allen drei Schlangen. Ein Ticket für die Aussichtsplattform in der 102. Etage kann zusätzlich erworben werden ($ 17).

 3 Hearst Tower
300 West 57th St. & Eighth Ave. NY 10021 (Midtown)
Das Hearst Medienimperium hat 2006 einen Neubau in New Yorks Skyline gestemmt, entworfen von Sir Norman Foster. Der Hearst Tower wurde auf das ursprüngliche, sechsstöckige Gebäude des Hearst-Medienimperiums an der Eighth Avenue in Manhattan aufgesetzt. Diesen Art-déco-Bau, entworfen vom Wiener Architekten Joseph Urban, hat Foster komplett entkernt. Aus ihm wächst der 46-geschossige Turm her-

aus. Das Gebäude aus schräg verlaufenden Trägern und großen Glaspanelen glänzt mit stählernen Dreiecken.

 8 MetLife Building
200 Park Ave. & 45th St. NY 10166 (Midtown)
Auf alten Fotos heißt der Schriftzug am obersten Stockwerk noch PanAm, alt-eingesessene New Yorker – oder Leute, die als solche gelten möchten – sprechen immer noch vom PanAm Building. Es gilt als architektonische Sünde, da es der Grand Central Station sozusagen aufgepfropft wurde.

10 Morgan Library
255 Madison Ave. & East 36th St. NY 10016 (Midtown)
Renzo Piano entwarf einen Anbau an das aus dem Jahr 1906 stammende Bibliotheksgebäude, dieser wurde im Jahr 2006 fertiggestellt und gilt als eines seiner Meisterwerke. Gläserne Wände verbinden alte und neue Architektur.

6 New York Public Library
Fifth Ave. & 42nd St. (Midtown)
www.nypl.org
Eine der führenden Bibliotheken des Landes. Beeindruckendes Gebäude, Baubeginn 1902. Vgl. S. 149.

Der Art-déco-Prometheus vor dem Rockefeller Center

 **2 New York Times Building**
620 Eighth Ave. zwischen
40th & 41st Sts.
NY 10018 (Midtown)
www.newyorktimesbuilding.com
Den 319 m hohen Neubau des New York
Times Building an der Eighth Avenue
entwarf Renzo Piano.

18 Rockefeller Center
1260 Avenue of the Americas,
zwischen 48th & 51st Sts.
NY 10111 (Midtown)
℅ 1 (212) 698-2000
www.rockefellercenter.com
www.topoftherocknyc.com
Eine Stadt in der Stadt, ein Komplex aus 19 Gebäuden. Die meisten
stammen aus den 1930er-Jahren und
prunken mit Art déco. Ein Muss ist der
Blick vom **Top of the Rock** auf den Etagen 67 bis 70 mit mehreren Räumen
und einer atemberaubenden Aussicht
von der verglasten Terrasse – nach Norden über den Central Park mit Upper
West und Upper East Side, Harlem und
der fernen Bronx, und zur anderen Seite
auf das Häusermeer im Süden mit dem
Empire State Building im Zentrum. An
klaren Tagen kann man 80 Meilen weit
sehen. Die Aussichtsterrasse war 1986
geschlossen worden und ist seit 2005
wieder geöffnet. Tägl. 8 Uhr bis Mitternacht (der letzte Sky-Shuttle-Aufzug
fährt um 23 Uhr), Eintrittskarten mit
reservierten Zeiten können online oder
vor Ort gekauft werden, Preis: $ 27, Kin-
der von 6–12 Jahren $ 17. Separater Ein-
gang: W. 50th St., zwischen Fifth und
Sixth Aves.

17 Seagram Building
375 Park Ave., zwischen 52nd &
53rd Sts., NY 10022 (Midtown)
Ein klarer Vertreter des Internationalen Stils: Mies van der Rohes schlichtes
und elegantes Hochhaus wurde zum
Vorbild für Wolkenkratzer schlechthin.

26 St. Patrick's Cathedral
Fifth Ave., zwischen 50th & 51st Sts.
NY 10022 (Midtown), ℅ 1 (212) 753-2261
Tägl. 7–21 Uhr, Eintritt frei
Die größte Kathedrale der USA im Go-
thic-Revival-Stil ist Sitz des Erzbischofs
von New York und steht inmitten des
modernen Manhattan gegenüber vom
Rockefeller Center. Dieses imposante
Gebäude zieht nicht nur Touristen an,

*Stolz zwischen Wolken-
kratzern in Midtown: die
St. Patrick's Cathedral*

auch die New Yorker selbst kommen gerne, um von der Hektik der Großstadt abzuschalten.

 27 Trump Tower

721 Fifth Ave., zwischen 56th & 57th Sts., NY 10022 (Midtown)

Das Hochhaus steht für den schlechten Geschmack der 1980er-Jahre: Donald Trump ließ das protzige, innen gold und bronze flirrende Gebäude als Denkmal seiner selbst errichten. In den unteren Etagen locken edle Shops, in den mittleren wohnt, wer sich so was leisten kann, und ganz oben residiert Trump *himself*.

 13 United Nations Headquarters/UN-Gebäude

First Ave., zwischen 42nd & 48th Sts. NY 10017 (Midtown)
Besuchereingang an der 46th St.
✆ 1 (212) 963-8687
Infos zu fremdsprachigen Führungen unter: ✆ 1 (212) 963-7539
www.un.org/tours, Mo–Fr 9.45–16.45 Uhr
Führungen, fremdsprachige Führungen finden an unterschiedlichen Tagen statt, Kinder unter 5 Jahren nicht erlaubt

Der Goldrausch des Herrn Trump – Lobby des Trump Tower

Eintritt $ 16/9
Beim Kauf eines Tickets wird für die Führung eine bestimmte Zeit festgelegt. Der Besucher erhält Informationen zur Geschichte und Struktur der Organisation, darf verschiedene Sitzungsräume besichtigen und kann, falls eine Tagung stattfindet, dieser beiwohnen. Dauer: 45 Min.

 4 Macy's

Broadway & 34th St., am Herald Sq.
Das größte Kaufhaus New Yorks.
Vgl. auch S. 191.

 Auf der Fifth Ave. finden das ganze Jahr über prächtige **Paraden** statt, die man nicht verpassen sollte: **St. Patrick's Parade** (März), **Easter Parade** (Ostersonntag), **Steuben-Parade** (September)

Die **Thanksgiving Parade**, die bekannteste Parade, wird vom Kaufhaus Macy's organisiert. Start: 77th St., Ecke Central Park West. Dann geht's den Broadway bis zur 34th St. hinunter.

Weitere Serviceadressen finden Sie im Kapitel Enjoy & Relax ab S. 158.

Ein Ausflug auf die Aussichtsplattform des Empire State Building erfordert Geduld für die Wartezeit bei der Kontrolle, um sich von oben einen Überblick über Manhattan zu verschaffen ▷

Natur und Kultur

Vom Central Park zur Museumsmeile

Die folgenden Sehenswürdigkeiten des Central Park und der Upper East Side kann man bestimmt nicht an einem Tag bewältigten, das verhindern schon die vielen Museen. Allein im Metropolitan Museum of Art müsste man mehrere Tage verbringen, um der Sammlung auch nur einigermaßen die gebührende Aufmerksamkeit zu widmen.

Nicht auszudenken, was für eine Steinwüste Manhattan wäre, hätte William Cullen Bryant 1840 seinen Dickkopf nicht durchgesetzt. Der Verleger machte sich dafür stark, außerhalb, weit nördlich der damaligen Stadt, einen Park anzulegen. Die Idee wurde zum Wahlkampfthema der beiden Bürgermeisterkandidaten, Sieger wurde der Park. Für die seinerzeit astronomische Summe von fünf Millionen Dollar kaufte die Stadt das 340 Hektar große Gelände, einen Sumpf. Das Gebiet des **Central Park** ist vier Kilometer lang und fast einen Kilometer breit – und sicher die teuerste Grünfläche der Welt, gemessen an den Grundstückspreisen. Hier kann man die Jahreszeiten erleben, während New Yorks Häuserschluchten nur die Aussage ermöglichen, ob es heiß oder kalt ist. Im Frühjahr blühen Kirschbäume an allen Ecken, im Sommer ist die Liegewiese Tummelplatz und Sonnenstudio der ganzen Stadt, im Herbst verbreitet die Blätterfärbung eine Ahnung von *Indian summer*, und im Winter liegt manchmal sogar Schnee.

Was der Natur so sehr ähnelt, ist künstlich angelegt. Im 19. Jahrhundert, als Künstler an alle Gestade strömten, um romantische Sujets zu su-

Narzissen im Central Park

Weitere Infos zum Central Park gibt's unter:
www.centralpark.com
und
www.centralparknyc.
org

Central Park im Herbstmorgenlicht

Friends of Central Park
P.O. Box 610
Lennox Hill, NY 10021
Für nur fünf Dollar kann man Mitglied der »Friends of the Park« werden, die thematische Führungen zur Geschichte des Central Park veranstalten, etwa sechsmal im Jahr. Die Führungen sind für Mitglieder kostenlos.

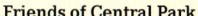

chen und zu malen, sollten Gärten zumindest so aussehen wie gewachsen; bestes deutsches Beispiel ist der Englische Garten in München. Man ließ der Natur jedoch nicht einfach ihren Lauf, sondern spielte Schöpfung: Wild sollte sie aussehen, aber nur ein bisschen, romantisch, aber gepflegt.

Lastwagenweise wurden Erde und Steine herangekarrt, um aus dem Sumpfland die grüne Lunge der Stadt zu schaffen, 20 000 Bäume wurden gepflanzt, gestaltet nach den Plänen von Frederick Law Olmsted und

Selbst Rotkehlchen leben im Central Park

Calvert Vaux und getreu dem Vorbild englischer Landschaftsgärten mit sanften Hügelwiesen, gewundenen Wegen und Seen. Im Park sollten die Besucher vergessen können, dass sie sich in der Stadt befinden. Deshalb ließ Olmsted an den Rändern hochwachsende Bäume pflanzen.

Das hielt allerdings nicht lange vor. Bald waren die ersten himmelhohen Häuser auch vom Park aus zu sehen. Aber gerade das macht heute seinen besonderen Reiz aus. Wenn man etwa in der Mitte des Parks auf gewundenen, manchmal einsamen Wegen spaziert, öffnet sich unvermutet das Landschaftsbild, der Blick gleitet über einen der Seen – und dahinter ragt die Skyline auf. Im Laufe der Zeit hat sich eine bemerkenswerte Tierwelt eingenistet, Vögel wie Tiger-Waldsänger, Roter Kardinal und Blauhäher leben hier ganzjährig oder machen als Zugvögel Station. Man sieht seltene Schmetterlinge wie den Monarch-Falter und natürlich die in allen Grünanlagen der Stadt verbreiteten Eichhörnchen.

In den 1960er-Jahren arbeiteten noch 6000 städtische Mitarbeiter im Central Park, dafür war bald kein Geld mehr da. In den 1970ern verkam er zusehends, wurde wegen finanzieller Schwierigkeiten kaum gepflegt. Nur noch zwielichtige Gestalten und tapfere Blumenkinder wurden gesehen. Seit den 1980er-Jahren machen sich Bürgerinitiativen für den Park stark, die private Central Park Conservancy pflegt heute Manhattans grüne Lunge wie einen Schrebergarten. Hier arbeiten 200 Gärtner und 1400 Helfer, manche davon nicht ganz freiwillig, denn wenn sie es nicht tun, verlieren sie ihr Anrecht auf Sozialhilfe. Allein die Restaurierung der großen Wiese in der Mitte des gesamten Parks hat 1997 18 Millionen Dollar gekostet.

Mitten im Grünen im Central Park: Tavern on the Green

Die **Sheep Meadow** wurde noch bis 1934 als Weide benutzt. Dann schaffte der Parkverwalter Robert Moses die Herde ab. Die **Tavern on the Green** war damals nichts anderes als ein Schafstall, von dem aus die Tiere auf die Weide getrieben wurden. 1934 wurde daraus das legendäre Restaurant mit seinem kitschigen Crystal Room, Schauplatz zahlloser Hochzeiten und Location vieler Filmszenen. Doch die Finanzkrise brachte trotzdem das Aus, mit dem Jahresende 2009 kam der Bankrott. Der Crystal Room wurde abgebaut, heute residiert ein Visitors Information Center in dem historischen Bau. Das Thema ist aber noch nicht vom Tisch: Donald Trump will 20 Millionen Dollar in die Renaissance des einstigen Restaurants investieren, wenn er dafür einen Pachtvertrag für 20 Jahre bekommt; die Verhandlungen laufen.

25 Millionen Besucher zählt der Park pro Jahr, an schönen Wochenenden strömen Hunderttausende in die Grünanlage. Man kann sich treiben lassen, auf den von eiszeitlichen Gletschern abgeschliffenen Felsen in der Sonne sitzen und auf den See und die Skyline schauen. Noch mehr Besucher als sonst kamen im Winter 2005: Nach langen Diskussionen mit der Stadtverwaltung starteten am 12. Februar Christo und Jeanne-Claude das Kunstprojekt »The Gates«, eine Installation mit 7500 Toren aus safrangelben Stoffbahnen.

Vor allem mit Kindern wird man das Central Park Wildlife Conservation Center besuchen, gemeinhin **①Central Park Zoo** genannt. Wer eine längere Runde plant, wird weiter nach Norden vorstoßen, zum **②Reservoir**. Etwa 5000 Jogger drehen auf der 1,6 Meilen langen Strecke täglich ihre Runden. Der Weg ist wahrscheinlich die bekannteste Joggingstrecke der Welt. Man erinnere sich nur daran, wie Dustin Hoffman in dem Film »Marathon Man« hier schwitzte. Das Wasserreservoir wurde 1858–62 gebaut, es ist das älteste noch existierende von New York City. Allerdings dient es seit einigen Jahren nicht mehr der Trinkwasserversorgung, und die künftige Nutzung ist noch unklar. Soll es einfach eine große Wasserfläche bleiben, als Badesee freigegeben oder etwa zugeschüttet werden? Es enthält eine Milliarde Gallonen Wasser, etwas weniger, als New York City täglich verbraucht …

> **Ein Wort zur Sicherheit:** Notruf-Telefone, Polizeipatrouillen zu Pferd, zu Fuß, auf Rädern und auf Inlineskates haben den Central Park zu einer ruhigen Zone gemacht. Die Zeiten, als der Park zu den Gebieten gehörte, die man auf keinen Fall betreten sollte, sind vorbei. Tagsüber kann man sich getrost überallhin begeben. Manche New Yorker spazieren auch nachts über die Wiesen. Als Tourist wird man das vielleicht nicht tun, schon gar nicht als Frau und allein.

Auf der Ostseite des Parks heißt die Fifth Avenue **Museumsmeile**. Welchen der Kunsttempel man zuerst besucht, ist nicht nur Geschmackssache, sondern auch eine Zeitfrage. Die wichtigsten seien hier vorgestellt. Das **③Metropolitan Museum of Art** verdient mindestens einen langen Nachmittag, an dem man sich trotzdem nur einem Bruchteil der Räume und vielleicht einer aktuellen Ausstellung widmen kann. 1880 wurde das erste Gebäude eröffnet, von dem heute kaum noch etwas zu erkennen ist, weil ständig angebaut wurde, um die weiter wachsende, immense Sammlung aufzunehmen. Von 1902 stammt die mächtige Fassade; auf der üppigen Freitreppe davor wird man gerne noch einmal die müden Füße ausruhen, bevor man sich in die kilometerlangen Gänge aufmacht. Hundert Jahre nach der Eröffnung wurde der American Wing eingeweiht, ein gelungener moderner Anbau. Schönster Auftakt ist der Eintritt in die Great Hall, sie empfängt den Museumsbesucher wie einen König.

Weiblichkeit im Metropolitan Museum of Art: Antonio Pollaiuolos »Porträt einer jungen Dame« (15. Jahrhundert; oben), Gustave Courbets »Frau in den Wellen« (1868; Mitte) und Vincent van Goghs »L'Arlésienne (Porträt der Mme Ginoux)« (1888, unten)

Picasso im Metropolitan Museum of Art

Über drei Millionen Kunstobjekte umfasst der Bestand, gezeigt wird etwa ein Viertel. Es hilft also alles nichts, man muss sich etwas herauspicken, eine Epoche, eine Kultur, eine Kunstgattung, wenn man nicht blind an allem vorbeirennen will in der Hoffnung, möglichst viel mitnehmen zu können. Allein den 33 Rembrandts wären Stunden zu widmen oder der ägyptischen Kunstsammlung mit dem Tempel von Dendur oder der Klassischen Moderne mit van Gogh und Matisse im Lehmann Pavilion, um nur einige Highlights zu nennen.

Frank Lloyd Wright erlebte die Eröffnung des Guggenheim Museums nicht. Er starb ein halbes Jahr vorher.

Die ganze Museumsmeile umfasst acht kulturelle Einrichtungen. Die nördlichste liegt bereits in East Harlem, ❹ **El Museo del Barrio**, das sich mit der Kultur der Puertoricaner und der Lateinamerikaner allgemein befasst.

Eines der bekanntesten Museen New Yorks ist schon äußerlich eine Augenweide: das ❺ **Guggenheim Museum**. Der berühmte Architekt Frank Lloyd Wright bekam 1943 den Auftrag, ein Museum für die Solomon-Guggenheim-Sammlung zu bauen. Die beachtlichen Stücke moderner Kunst verlangten nach einem repräsentativen Bau, der sich deutlich von denen unterscheiden sollte, die die klassischen Meister der Malerei zeigen. »Ich will keines der Museen, die es in New York schon gibt«, forderte der Mäzen. Er bekam, was er wollte: Wrights fortlaufende Rampe ist ein Meilenstein der Museums- und der Architekturgeschichte. Das indirekte Licht des durchlaufenden Fensterbandes an der Außenhaut der Museumsschnecke eignet sich optimal für eine gute Hängung und Betrachtung der Kunstwerke.

Spektakuläre Architektur: Frank Lloyd Wrights Guggenheim Museum

Natürlich zerrissen sich die Zeitgenossen das Maul über den ungewöhnlichen Bau, der erst 1959 fertig wurde, da sich die Genehmigungsverfahren lange hinzogen. Als Waschmaschine bezeichneten Spötter das Gebäude, bis heute ist es umstritten. Als 1998 eine Motorrad-Ausstellung installiert wurde, sagte eine Besucherin – so kolportierte es die *New York Times* –, sie habe immer schon gedacht, das Ding sehe aus wie eine Garage.

Ungleich kühler präsentiert sich das ❻ **Whitney Museum of American Art**, das die Bildhauerin und Kunstmäzenin Gertrude Vanderbilt Whitney 1931 gründete. 1966 bezog die Sammlung ihren schiefergrauen Neubau an der Madison Avenue,

»Shop till you drop« (Kauf
ein bis zum Umfallen!):
Fifth Avenue

das Gebäude entwarf der berühmte Bauhaus-Nachfahre Marcel Breuer.
Die Sammlung beherbergt den weltweit umfangreichsten Bestand
moderner amerikanischer Kunst. Zu den berühmtesten Ausstellungs-
stücken zählen einige Werke von Edward Hopper und Andy Warhol.

Ungleich beschaulicher geht es in der ❼ **Frick Collection** zu, die sich
an der Fifth Avenue und 70th Street befindet. In dem kleinen Palais – 1914
im Stil des französischen Neoklassizismus erbaut – sind große Namen
vertreten: Goya, Brueghel, Watteau und andere. Im hübschen Innenhof
werden im Sommer Konzerte veranstaltet. Der Großindustrielle Henry
Clay Frick (1849–1919) war begeisterter und vermögender Kunstsammler, als Arbeitgeber aber höchst unbeliebt. Er war ein verstockter Kapita-
list der alten Garde, galt als habgierig, beutete seine Arbeiter rück-
sichtslos aus und duldete nicht den Ansatz von Gewerkschaftsbewegung
in seinen Reihen. Stählern wie seine Geschäfte muss dieser Mensch
gewesen sein. Kann ein böser Mensch ein guter Künstler sein? Und kann
ein schlechter Mensch ein guter Kunstsammler sein? Offensichtlich steht
dem nichts im Wege; mit seinem Geld hat Frick eine reizende Sammlung
angelegt, die in seinem wunderschönen Haus perfekt präsentiert wird.

Auch etwas für die Augen, aber auf ganz andere Art, bieten ❽ **Madison** und **Fifth Avenue**, die nobelsten Shopping-Meilen der Welt. Selbst
wenn man sich von Prada nicht mal das kleinste schwarze Rucksäckchen
leisten kann und weder Gucci noch Versace auf der Einkaufsliste stehen,
für *window shopping* – nur unzulänglich mit Schaufensterbummel zu über-
setzen – gibt es keine geeigneteren Straßen in New York.

Und wenn nicht da, wo sonst? Just so wie Annabel und Midge, die beiden Stenotypistinnen aus Dorothy Parkers Erzählung »Der Lebensstandard«: »Stets gingen die Mädchen an ihren freien Nachmittagen auf der
Fifth Avenue spazieren, denn das Gelände war ideal für ihr Lieblingsspiel.
Annabel hatte das Spiel erfunden; das heißt, eigentlich aus einem alten
weiterentwickelt. Im Grunde genommen war es nichts anderes als das
altehrwürdige Vergnügen des Was-würdest-du-tun-wenn-du-eine-Million-
Dollar-hättest. Das Spiel konnte überall gespielt werden, und es wurde
auch in der Tat überall gespielt, aber die großen Schaufenster regten die
beiden Spielerinnen zu Höchstleistungen an.«

Wenn man einen Blick dafür hat, kann man einige Prominente ausmachen – schließlich gehört die Upper East Side zu den vornehmsten Wohngegenden – und auch etwas, was in anderen Ecken Manhattans selten ist: Kinder. Wer hier wohnt, hat genügend Geld für *private schools*, Fahrer und die meist schwarze (oder neuerdings auch chinesische) Nanny. Allenthalben sieht man diese mit ihren weißen Schützlingen spazieren.

Kleiner Tipp: Lunchpaket einpacken. An der Madison Avenue, und auch an der Fifth Avenue sind die Mieten viel zu teuer, als dass sich dort günstige Coffeeshops niederlassen könnten. Wenn man also als Happen zwischendurch nicht gerade Hummer und Kaviar möchte, denn kleine, teure Restaurants gibt es zuhauf, muss man hier weit gehen, bis man etwas zu essen findet.

Wer mag, kann weiter die Fifth Avenue hinunterschlendern und sich wie Audrey Hepburn in dem Film »Frühstück bei Tiffany's« vor die Schaufenster von 57th East, Ecke Fifth Avenue stellen. Hinter dem Film steckt die gleichnamige Erzählung von Truman Capote. Über das wundersame Mädchen Holly Golightly schreibt er: »Sie war damals Mieterin in dem alten Backsteinhaus; sie bewohnte die Wohnung unter mir. Und was John Bell angeht, so hatte er einen Ausschank gleich um die Ecke in der Lexington Avenue; er hat ihn noch. Holly und ich gingen alle beide oft sechs oder siebenmal am Tag dorthin, nicht um etwas zu trinken, jedenfalls nicht immer, sondern zum Telefonieren. Während des Kriegs war ein privates Telefon schwer zu bekommen.«

Das berühmte Haus des Juweliers wurde 1978 von Avon gekauft, was dem Ruf etwas schadete, da die Billig-Kosmetikmarke nicht gut zu dem Edeljuwelier passte. Seit 1984 führt eine Investorengruppe das Management. Bei ❾ **Tiffany's** gibt schon der Schaufensterbummel ein Gefühl von Luxus. Das kann man noch toppen, wenn man ein Haus weiter durch die Drehtür schwebt. Das braune Glashaus, an dessen abgestufter Fassade Bäume gepflanzt wurden, ist der ❿ **Trump Tower**. Die Läden sind exklusiv, das braun-bronzene Dekor war schon bei seiner Fertigstellung 1983 altmodisch und zu protzig. Der amerikanische Autor Bill Bryson beschrieb das so: »Ich ging in den Trump Tower, ein neuer Wolkenkratzer an der Fifth Avenue. Allmählich macht sich der Immobilienspekulant Donald Trump in ganz New York breit. Über die ganze Stadt verteilt baut er Wolkenkratzer, die seinen Namen tragen. Ich ging also in den Trump Tower und sah mich um. Eine so geschmacklose Eingangshalle habe ich noch nie gesehen. Alles war aus Messing und Chrom und aus rotweiß gescheckten Marmor. Mir war, als befände ich mich im Magen von jemandem, der gerade eine Pizza verspeist hat.« Hübsch ist aber der Wasserfall, der so sanft plätschert wie das Runterrieseln des Geldes vom Konto zu Hause.

»Frühstück bei Tiffany's« – Kult oder Mythos?

Service & Tipps:

 Anfahrt mit der blauen **Subway** (A, C) oder der orangefarbenen (B, D) bis 72nd Street

 ⑪ Cooper-Hewitt National Design Museum
2 East 91st St. & Fifth Ave.
NY 10128 (Upper East Side)
✆ 1 (212) 849-8400
www.cooperhewitt.org
Z.Zt. wegen Renovierung nicht zugänglich
New Yorks Fachmuseum für Dekor ist schon wegen des Gebäudes eine Sehenswürdigkeit. Ca. 250 000 Objekte aus 3000 Jahren Innendekoration (Möbel, Keramik, Glas, Tapeten u.a.) finden in den 64 Räumen des Stadtpalastes einen glanzvollen Rahmen.

 ❹ El Museo del Barrio
1230 Fifth Ave., zwischen 104th & 105th St., NY 10029 (Upper East Side), ✆ 1 (212) 831-7272
www.elmuseo.org
Di–Sa 11–18, So 13–17 Uhr
Eintritt $ 9/Kinder unter 12 Jahren frei
Das Museum widmet sich den Puertoricanern und anderen Latinos der Stadt. Es ist New Yorks führende kulturelle Latino-Institution, und wurde 2009 aufwendig saniert.

 ❼ Frick Collection
1 East 70th St., zwischen Fifth & Madison Aves.
NY 10021 (Upper East Side)

 ✆ 1 (212) 288-0700
www.frick.org
Di–Sa 10–18, So 11–17 Uhr
Eintritt $ 18, So 11–13 Uhr ist der Betrag freigestellt, Kinder unter 10 Jahren erhalten keinen Zutritt
Kostbare Möbel, alte Meister und barocke Wandmalereien sind im einstigen Heim des Stahlindustriellen Henry Clay Frick zu sehen. Im Garten werden Konzerte gegeben. Ein Museum, das auch durch seine geruhsame Atmosphäre gefällt. Vgl. auch S. 148.

 ⑫ Jewish Museum
1109 Fifth Ave. & 92nd St.
NY 10128 (Upper East Side)
✆ 1 (212) 423-3200
www.jewishmuseum.org
Tägl. außer Mi 11–17.45, Do bis 20 Uhr
Eintritt $ 12/Kinder unter 12 Jahren frei
Eine umfangreiche Sammlung jüdischer Kunst und religiöser Objekte in einer hübschen Villa. Der Bankier Felix Warburg ließ diese gegen den ausdrücklichen Willen seines Schwiegervaters Jacob Schiff bauen. Dieser war der Begründer einer der größten jüdischen Dynastien der Stadt und befürchtete, ein prunkvolles Gebäude könne zu antisemitischen Reaktionen Anlass geben. Nach dem Tod Warburgs im Jahr 1944 schenkte seine Witwe das Haus dem Jewish Museum.

 ❸ Metropolitan Museum of Art
1000 Fifth Ave. & 82nd St.
NY 10028 (Upper East Side)
✆ 1 (212) 535-7710

Themenschwerpunkt »Ägypten« im Nordflügel des Metropolitan Museum of Art

Jewish Museum: jüdische und religiöse Exponate

 www.metmuseum.org, Di–Do, So 9.30–17.30, Fr/Sa 9.30–21 Uhr
Eintritt $ 25/Kinder unter 12 Jahren frei
Die weltgrößte kunsthistorische Sammlung aller Epochen und aller Erdteile. Wer nicht verloren gehen will, sollte sich pro Besuch auf einen Saal, eine Stilrichtung oder eine Sammlung konzentrieren. Sei es auf Porzellan und Goldschmiedearbeiten aus Europa, den Egyptian Wing, mittelalterliche Kunst, Highlights aus der Lehman-Sammlung wie Rembrandt und Goya, Rüstungen und Waffen, amerikanische Kunst, europäische Gemälde oder die drei Stradivari der Instrumentensammlung – um nur wenige Beispiele herauszugreifen. Neue Galerien wurden außerdem eröffnet, für die Kunst Ozeaniens und für die Kunst der Native Americans.

 ⑬ **Museum of the City of New York**
1220 Fifth Ave., zwischen 103rd & 104th Sts.
NY 10029 (Upper East Side)
✆ 1 (212) 534-1672, www.mcny.org
Tägl. 10–18 Uhr
Eintritt $ 10/Kinder unter 12 Jahren frei
Die Geschichte der Stadt von den Anfängen der Besiedlung durch die

Frank Lloyd Wright (unten) entwarf das Guggenheim Museum (unten rechts)

Weißen bis zur Gegenwart (Fotos, Karten, Möbel und Filme, Sammlung von Puppenhäusern, Schlafzimmer von John D. Rockefeller).

❺ **Solomon R. Guggenheim Museum**
1071 Fifth Ave. & 89th St.
NY 10128 (Upper East Side)
✆ 1 (212) 423-3500
www.guggenheim.org, tägl. außer Do 10–17.45, Sa bis 19.45 Uhr
Eintritt $ 22/Kinder unter 12 Jahren frei
Schon das Gebäude ist ein Kunstwerk: Die Mauerschnecke des Architekten Frank Lloyd Wright erlaubt ungewöhnliche Blickwinkel. Wenngleich der Bau bei der Eröffnung 1959 Gelächter und Proteste erregte, mittlerweile gilt er schon für sich als Sehenswürdigkeit. Hier werden Highlights der Moderne ausgestellt, zu den Schätzen gehört die

größte Kandinsky-Sammlung. Der einzige Nachteil: Der Bau ist viel zu klein, um die Schätze des Depots auch nur annähernd zeigen zu können.

 6 Whitney Museum of American Art
945 Madison Ave. & 75th St. NY 10021 (Upper East Side)
✆ 1 (212) 570-3600, www.whitney.org
Mi/Do und Sa/So 11–18, Fr 13–21 Uhr, Mo/Di geschl.
Eintritt $ 18/Kinder unter 18 Jahren frei Größte Sammlung zeitgenössischer amerikanischer Kunst. 1931 gegründet von Gertrude Vanderbilt Whitney, Bildhauerin und Kunstmäzenin; der Bau (1966) stammt von Marcel Breuer. Hier wird all das gezeigt, was mittlerweile durch Kunstkalender und Kunstpostkarten Teil des optischen Allgemeingutes geworden ist: Edward Hopper bis Roy Lichtenstein. Außerdem Wechselausstellungen und Biennalen zur amerikanischen Gegenwartskunst. Das Whitney Museum bekommt eine Dependance, entworfen vom Stararchitekten Renzo Piano: **Whitney Downtown** zieht in den Meatpacking District, an die Gansevoort Street. Es soll 2015 eröffnen.

Central Park
Hier findet der gestresste New-York-Besucher Entspannung. Die Umgestaltungsarbeiten am ehemaligen Sumpfgebiet, das ca. 4 km lang und 1 km breit ist, begannen 1840. Heute ist der Central Park (sicherer) Tummelplatz für Sonnenanbeter, Sportler und Spaziergänger. Kunstliebhaber können die Erkundungstour mit dem Besuch eines der zahlreichen Museen auf der Museumsmeile (Fifth Ave. entlang dem Central Park) verbinden. Infos unter www.centralparknyc.org.

 1 Central Park Zoo
830 Fifth Ave. & 64th St., NY 10021 (Upper East Side)
 www.centralparkzoo.com
Winter tägl. 10–16.30, Sommer tägl. 10–17.30 Uhr, Eintritt $ 12/7, Kinder unter 3 Jahren frei
Hübscher kleiner Zoo im Central Park, der von der Wildlife Conservation Society geführt wird. Bekannt ist er den meisten Kindern als Schauplatz des computeranimierten Trickfilms »Madagaskar«, in dem vier New Yorker Zootiere (das abenteuerliebende Zebra Marty, der eitle Löwe Alex, die hypochondrische Giraffe Melman und die divenhafte Nilpferddame Gloria) das Leben in der Wildnis kennenlernen. Er wurde 1864 gegründet und ist damit der zweitälteste öffentliche Zoo der USA. Heute leben hier Tiere aus tropischen und polaren Gebieten, seit 2009 kann man auch Schneeleoparden sehen.

 10 Trump Tower
721 Fifth Ave., zwischen 56th & 57th Sts., NY 10022 (Midtown)
Vgl. S. 96.

 8 Fifth & Madison Aves.
Vgl. Shopping S. 188.

 9 Tiffany's
Fifth Ave. & 57th St., NY 10022 (Midtown), www.tiffany.com
Mo–Sa 10–19, So 12–18 Uhr
Hier gibt es noch immer teure Juwelen – ohne Frühstück.

Weitere Serviceadressen finden Sie im Kapitel Enjoy & Relax ab S. 158. ❀

Porträt der Bildhauerin und Kunstmäzenin Gertrude Vanderbilt Whitney

Selten im New Yorker Central Park: so viel Schnee

107

Die andere West Side Story

Upper West Side

»I wanna be in America« – das sagten sich in den 1950er-Jahren Hundert-tausende von Puertoricanern, und sie kamen, viele von ihnen in die Straßen westlich des Central Park. Hier fand Leonard Bernstein den Stoff für sein tragisches Musical »West Side Story«. Heute ist die Upper West

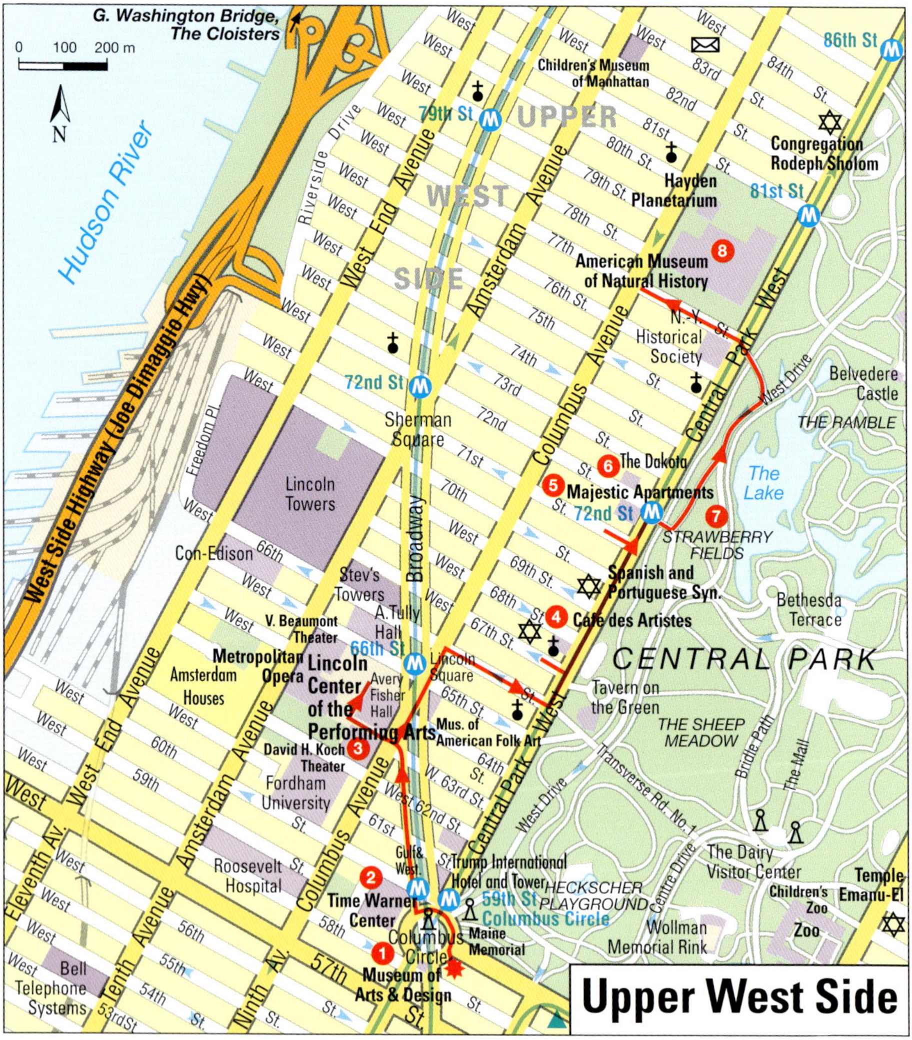

Map

G. Washington Bridge,
The Cloisters

0   100   200 m

N

Hudson River

West Side Highway (Joe Dimaggio Hwy)

Riverside Drive

West End Avenue

Amsterdam Avenue

Columbus Avenue

Central Park West

UPPER WEST SIDE

Children's Museum of Manhattan

79th St

Congregation Rodeph Sholom

81st St

Hayden Planetarium

American Museum of Natural History **8**

N.Y. Historical Society

West Drive

Belvedere Castle

THE RAMBLE

72nd St

Sherman Square

The Lake

The Dakota **6**

Majestic Apartments **5**

72nd St **7**

STRAWBERRY FIELDS

Bethesda Terrace

Lincoln Towers

Con-Edison

Stev's Towers

A.Tully Hall

Spanish and Portuguese Syn.

Café des Artistes **4**

CENTRAL PARK

V. Beaumont Theater

Metropolitan Opera

Amsterdam Houses

Lincoln Center of the Performing Arts

Lincoln Square

Avery Fisher Hall

Mus. of American Folk Art

Tavern on the Green

THE SHEEP MEADOW

Bridle Path

David H. Koch Theater **3**

Fordham University

Roosevelt Hospital

Gulf & West

Trump International Hotel and Tower

Transverse Rd. No 1

West Drive

The Dairy Visitor Center

Temple Emanu-El

The Mall

Time Warner Center **2**

59th St

Columbus Circle

HECKSCHER PLAYGROUND

Children's Zoo

Zoo

Bell Telephone Systems

Maine Memorial

Wollman Memorial Rink

1

Museum of Arts & Design

Columbus Circle

Upper West Side

Side ein recht nobles Wohnviertel, Upper wie *upper class*, wenn man so will, dennoch haben sich kleine Läden und Winkel erhalten, die der *neighborhood* Charme verleihen. Zudem kann man an hochherrschaftlichen Apartmenthäusern entlangspazieren und – im Geiste – deren Bewohner besuchen. Nach dem Besuch des Naturkundemuseums gibt es dann nichts Schöneres, als wirklich in die Natur zu gehen – schließlich liegt der Central Park vor der Haustür.

Die Tour beginnt an dem Platz, der nach dem Mann benannt ist, mit dem – in Amerika – alles begann, aus europäischer Sicht jedenfalls: Am ❶ **Columbus Circle** ehrt eine 24 Meter hohe Statue aus Carrara-Marmor den Entdecker Amerikas. Seit man aber in den USA so streng *pc, politically correct*, geworden ist, wägt man seine Worte vorsichtiger. Entdecker würde man den Seefahrer nicht mehr nennen. 1992 war das 500-jährige Jubiläum »zur Landung Kolumbus in der Neuen Welt«, so der offizielle Sprachgebrauch heute, vielen kein Anlass zum Feiern, sondern für Protestmärsche, vor allem den Indianern, vulgo: *Native Americans*. Die Kolumbusstatue, 1892 von Italoamerikanern gestiftet und aufgestellt, wurde allerdings zum 500-jährigen Jubiläum frisch geputzt und renoviert. Mittlerweile gibt es nicht ganz nebenan eine neuere Variante dieser Heldenverehrung: Italoamerikanische Geschäftsleute haben im Herbst 1998 500 000 Dollar zusammengelegt, um eine **Kolumbusstatue** im Liberty State Park von New Jersey aufzustellen. »The Sail of Columbus«, die Fahrten des Kolumbus' heißt das Werk des italienischen Bildhauers Gino Giannetti, errichtet mit Blick auf die Skyline.

Recht viel Wirbel gab es um 2 Columbus Circle, ein trapezförmiges Grundstück an der Südseite. Ab 1964 stand dort ein zwölfstöckiges Gebäude, entworfen von Edwart Durell Stone, in dem eine Kunstsammlung ausgestellt wurde. Charakteristisch war die geschwungene Fassade. Ab 1996

Marmor-Engel der Kolumbusstatue vor dem Time Warner Center (Upper West Side)

Columbus Circle, mit der Statue von Christoph Kolumbus in der Mitte

gab es, nachdem das Gebäude früher viel Spott hatte ernten müssen, erste Versuche, es unter Denkmalschutz zu stellen. 2006 kam es auf eine Liste der »100 am stärksten vom Aussterben bedrohten Gebäude«. Doch alles half nichts, das **Museum of Arts & Design** (vgl. S. 92) hat sich des Hauses bemächtigt und einen Neubau an seine Stelle gesetzt. Geblieben ist die geschwungene Fassade, das Museum eröffnete im Herbst 2008.

Direkt an der Westseite des Columbus Circle befindet sich das ❷ **Time Warner Center**, das u.a. das New Yorker Hauptquartier des Nachrichtensenders CNN beherbergt. 2004 wurde der Doppelturmkomplex eröffnet, darin ist auch das House of Swing mit mehreren Jazzkonzerthallen. Das Rose Theater als Kernstück bietet 1200 Plätze, der Allen Room ist wie ein kleines griechisches Amphitheater gestaltet. In der Bar, Dizzy's Club Coca-Cola, ist Platz für 140 Besucher. Künstlerischer Leiter ist Wynton Marsalis, der für den Neubau fast 130 Millionen Dollar Spendengelder akquiriert hat. Ganz in der Nähe, in »15 Central Park West« haben Schauspieler, Musiker und Wirtschaftslenker ein Zuhause gefunden, es ist eines der teuersten Immobilienobjekte der letzten Jahre, und daneben ragt das Trump Tower Hotel in gewohnt braun-gläserner Fassade auf.

Ab dem Columbus Circle heißt die Eighth Avenue **Central Park West**. Auf dem Broadway einige wenige Blocks in nördlicher Richtung erreicht man das ❸ **Lincoln Center of the Performing Arts**, eine glasglänzende Ansammlung von Musentempeln.

Doch diese Ecke ist beileibe nicht immer eine so noble Gegend gewesen; über diesen Bezirk gibt es auch eine andere Geschichte zu erzählen: die West Side Story eben. Ursprünglich wollte Leonard Bernstein sein modernes Romeo-und-Julia-Musical am entgegengesetzten Ende der Stadt ansiedeln, in der Lower East Side; eine jüdische Julia und einen italienischen Einwanderer-Romeo hatte er sich vorgestellt. Als sich aber in den 1950er-Jahren in der Upper West Side puertoricanische und weiße Jugendbanden

Am Kinoschalter im Lincoln Center

Zum <u>*Lincoln Center of the Performing Arts*</u> *gehören u.a.:*
- *Alice Tully Hall*
- *The Allen Room*
- *La Guardia Concert Hall*
- *La Guardia Drama Theater*
- *Metropolitan Opera*
- *New York City Ballet*
- *New York Philharmonic*
- *Rose Theater*
- *Vivian Beaumont Theater*

bekämpften, aktualisierte er seinen Stoff. Damals immigrierten 600 000 Puertoricaner. Zunächst zogen sie nach El Barrio, in das Hispano-Viertel im Osten Harlems, doch dort wurde es bald zu eng, sie breiteten sich nach Süden aus. Wo Puertoricaner einzogen, ergriffen Weiße die Flucht, bald kam es zu Kämpfen zwischen Weißen, Schwarzen und Puertoricanern. In genau dieser Szenerie wurde »West Side Story« gedreht, danach wurden die Slums entlang dem Broadway eingerissen, 188 Wohnhäuser ausradiert, 7000 Familien mussten ausziehen.

John D. Rockefeller trat in die Fußstapfen seines Vaters, der in den 1930er-Jahren das Rockefeller Center schuf, der Junior stiftete 45 Millionen Dollar aus dem Familienvermögen, davon zehn Millionen aus seiner Privatschatulle, für die Errichtung der Kulturtempel. So entstand das Lincoln Center of the Performing Arts mit dem Neubau der weltberühmten **Metropolitan Opera**.

Das ursprüngliche Gebäude der Met wurde 1883 an der Kreuzung Broadway & 39th Street gebaut, also in der Nähe des Times Square. Es galt bald als eines der besten Opernhäusern der Welt. Zu den berühmtesten Dirigenten der ersten Jahre zählte Arturo Toscanini; Enrico Caruso war

Dauergast. Es gab Puccini-Uraufführungen und eine skandalöse, da nicht autorisierte, amerikanische Erstaufführung von Wagners »Lohengrin« – auf Italienisch gesungen.

Schon in den 1930er-Jahren wurden regelmäßig Aufführungen im Radio übertragen, in den 40er-Jahren übernahm die Öl-Gesellschaft Texaco ein breit angelegtes Sponsoring für Fernsehausstrahlungen. 1966 zog die Kompanie ins Lincoln Center. Der 50 Millionen Dollar teure Neubau von Wallace K. Harrison besticht durch die riesige Glasfassade, im Foyer hängen zwei riesige Wandgemälde von Marc Chagall, das Opernhaus fasst 3800 Zuhörer.

Wenn man schon hier vorbeigeht, kann man gleich mal auf den Abend-Spielplan sehen. Erstaunlicherweise ist es gar nicht so schwierig, noch einzelne Karten zu bekommen. Vielleicht muss man mit einem Stehplatz vorlieb nehmen, aber Opernfreunde wird das nicht abschrecken. Wann hat man schon mal die Gelegenheit, Anna Netrebko für 20 Dollar live zu hören? Domingo feierte im Herbst 2008 sein 40-jähriges Bühnenjubiläum an der Met. Auch sonst trifft sich an der Met die Spitze der internationalen Opernszene.

Im Lincoln Center war bis 2012 auch die innovative **New York City Opera** zuhause, die inzwischen erfolgreich als »the people's opera« auf wechselnden Bühnen in New York spielt.

Mit dem Bau der feinen Apartmenthäuser und verstärkt nach dem Entstehen des Lincoln Center zog die Upper West Side Intellektuelle und Künstler an. Weiter im Norden, an der Ecke Central Park und 67th Street steht ein neogotisches Haus, das durch seine ungewöhnlich großen Fenster auffällt: dahinter stecken Atelierwohnungen. Das einstige ❹ **Café des Artistes** im Erdgeschoss war anfangs mehr oder weniger die Kantine der Bewohner. Wohl in der Annahme, Künstler kochten nicht gerne, waren in den Ateliers gar keine richtigen Küchen eingerichtet. Die Bewohner brachten ihre Zutaten hinunter in die Küche, gaben Anweisungen, was daraus werden sollte, und die Köche schickten zur vereinbarten Zeit das fertige Mahl nach oben.

8 Upper West Side

Plakat zu Giacomo Puccinis populärstem Werk in der Metropolitan Opera:…

Das Lincoln Center wird für 1,2 Milliarden Dollar momentan und während der nächsten Jahre modernisiert und erweitert. Bereits 2010 eröffnete der Illumination Lawn, eine große öffentliche Grünfläche auf dem Dach eines zukünftigen Restaurants.

… »Madame Butterfly« – davon träumt so mancher Opernfan

Der Portraitmaler Howard Chandler Christy war einer der ersten Bewohner im Hotel des Artistes, das trotz dieses Namens bis heute kein Hotel ist, sondern ein Wohnhaus; er bemalte die Wände des Cafés in den 1930er-Jahren mit nackten Nymphen. Das brachte ihm viel Ruhm – und die Ehre, Jury-Mitglied des ersten Miss-America-Wettbewerbs zu werden.

Zu den renommierten Bewohnern des Hauses zählten Rudolfo Valentino, Isadora Duncan und der Portraitmaler Emil Fuchs. Er brachte das Haus in Verruf, als er sich 1929 in seinem Apartment mit einem perlmuttbesetzten Revolverchen erschoss. Im selben Jahr kam es zu einem noch spektakuläreren Mord-Selbstmord: Der Poet Harry Crosby erschoss seine Freundin und sich im neunten Stock des Hauses. Das berühmte Café des Artistes musste 2009 schließen, wurde aber nach einer zwei Millionen Dollar schweren Renovierung im Sommer 2011 wieder eröffnet – und die einst eher schwermütigen nackten Nymphen strahlen auf den restaurierten Wandgemälden mit den Stammgästen an den Tischen um die Wette.

In diesem Bezirk beginnen nun die riesigen Apartmenthäuser, von denen einige besonders berühmt wurden. Am Central Park, zwischen 71st und 72nd steht das **❺ Majestic Apartments**, 1890 erbaut und in den 1930er-Jahren deutlich erweitert. Skandale gefällig? Hier arbeitete Richard Hauptmann als Zimmermann, wenn er nicht gerade damit beschäftigt war, das Lindbergh-Baby zu entführen. 1957 kam es in der Lobby zu einer Schießerei unter Gangstern. Frank Costello erhielt einen Kopfschuss, den er überlebte. Zu den vornehmen Bewohnern des Hauses zählten näm-

Das Dakota Building an der Ecke 72nd Street und Central Park West, vor dem John Lennon 1980 einem Attentat zum Opfer fiel

lich nicht nur Sarah Bernhardt und Gustav Mahler, sondern auch die Gangster-Brüder Lucky Luciano und Meyer Lansky.

Diese Apartmenthäuser waren am Anfang verpönt. Snobs meinten, das sei auch nicht besser als *tenements*, Miethäuser der Unterschicht in der Lower East Side. Deshalb sah eines der ersten eher aus wie ein Schloss als ein Wohnhaus. Es wurde 1880 gebaut und wird bis heute **❻ The Dakota** genannt. Der Legende nach deshalb, weil die New Yorker über den Standort des Hauses spotteten: Es stünde so weit außerhalb, da könne man ja gleich in Dakota wohnen. Auf Fotos aus der Zeit steht es tatsächlich allein auf weiter Flur, wie ein verwunschenes Schloss. Das Gebäude kann einem bekannt vorkommen, auch wenn man noch nie in New York war: Hier drehte Roman Polanski 1968 den Thriller »Rosemary's Baby«. Zu den wirklichen Bewohnern zählten Lauren Bacall, Roberta Flack und Leonard Bernstein; der Komponist der »West Side Story« wohnte hier viele Jahre bis zu seinem Tod 1990. Noch berühmter aber wurde das Dakota durch John Lennon, der am 8. Dezember 1980 vor seiner Haustüre von einem psychopathischen Fan erschossen wurde. Yoko Ono, Performance-Künstlerin und Witwe des Ex-Beatles, wohnt immer noch im Dakota.

Strawberry Fields Memorial im Central Park West

Gegenüber dem Dakota im **Central Park** gibt es eine ruhige Ecke, die **❼ Strawberry Fields**, die Yoko Ono zur Erinnerung an John Lennon ent-

Schöner wohnen in der Upper West Side

warf. In dem »internationalen Garten des Friedens« wachsen über 150 Pflanzen, gestiftet von 150 Nationen, eine kleine Bronzetafel trägt die Inschrift »Imagine all the people living together in peace«. Das Bodenmosaik mit dem Wort »Imagine«, einem der bekanntesten John-Lennon-Songs, ist stets blumengeschmückt.

Nach einem kleinen Spaziergang im Park Richtung Norden tritt man nach fünf Blocks, bei der Durchfahrtsstraße Nr. 2, wieder auf die Straße und steht vor dem prächtigen **❽ American Museum of Natural History** »Oh my god!« – hört man die Leute rufen, wenn sie durch die Drehtür kommen: In der Eingangshalle stehen zwei Saurier-Skelette. Das ganze Museum ist voll von Kuriositäten, Hologrammen, Schautafeln und großformatige Dioramen. 36 Millionen Ausstellungsstücke, von winzigen Amöben bis zu buckelhöckrigen Bisons.

Außerdem gibt es ein großes Spektrum an präkolumbischer Kunst und Kunsthandwerk. Das hat dem Museum Tadel eingebracht, schließlich gehöre das ins Metropolitan Museum, da es sich ebenso um Kunst handelt wie vieles, was dort aus frühen europäischen Epochen ausgestellt ist. Die Kunst der Primitiven aber sei im Naturkundemuseum gelandet, lautet der Vorwurf. Was nicht ganz gerecht ist, schließlich entspricht das ein-

Alex Greys Gemälde »Collective Vision« zu der Musik »Honestly« von Zwan im American Museum of Natural History

fach dem Denken der Zeit, als das Museum entstand, also Ende des 19. Jahrhunderts. Immer wieder brachte das Museum seine Ausstellungen auf den neuesten wissenschaftlichen Stand. Dieser Prozess ist auf Schautafeln und Filmen dokumentiert. Anfang des 20. Jahrhunderts organisierte und finanzierte das Museum Forschungsreisen und Expeditionen nach Afrika und in die Mongolei.

Fantastisch ist auch das dem Museum angegliederte IMAX-Kino. Und wer immer noch nicht genug hat: Die Buchhandlung des Museums ist außerordentlich gut sortiert. Ein Klassiker der amerikanischen Literatur widmet sich ebenfalls dem Naturhistorischen Museum: J. D. Salinger ließ seinen jugendlichen Helden Holden durch New York irren, dabei erinnert er sich an das Museum.

Nach so viel Natur in geschlossenen Räumen ist es Zeit für frische Luft. Am besten spaziert man wieder über die Straße, hinein in den Central Park. Wem der Sinn nach Picknick steht, der sollte noch einen kleinen Umweg in Kauf nehmen: 215 West 84th Street ist eine der besten Gourmet-Adressen New Yorks. Im **Zabar's**, so der Name des Feinkostladens, herrscht stets heftiges Gedränge. Was die Welt an Leckereien zu bieten hat, liegt hier in den Auslagen.

Als Alternative zum Central-Park-Spaziergang bietet sich ein Bummel auf der **Columbus Avenue** an; die Chance, Berühmtheiten zu erspähen, ist groß in dieser Nachbarschaft. Die Ecke 77th Street, hinterm Museum also, kam zu literarischen Ehren. Tom Wolfe beschreibt sie in seinem bösen Gesellschaftsroman »Fegefeuer der Eitelkeiten«: »Er ging gern die 77. Straße bis Central Park West hinunter, weil er so am Museum of Natural History vorbeikam. Es war eine schöne Häuserzeile, nach Kramers Auffassung die schönste an der ganzen West Side. Ohne dass er jemals in Paris gewesen wäre, kam sie ihm wie eine Pariser Straßenszene vor. Die 77. Straße war an dieser Stelle sehr breit. Auf der einen Seite stand das Museum, eine herrlich pseudo-romanische Schöpfung aus altem rötlichem Stein. Es stand zurückgesetzt in einem kleinen Park mit Bäumen. Selbst an einem wolkigen Tag wie diesem schien das junge Frühlingslaub zu leuchten. *Gelblichgrün* war das Wort, das ihm durch den Kopf ging. Auf der Straßenseite, auf der er ging, erhoben sich wie eine Klippe elegante Apartmenthäuser, die auf das Museum blickten. Hier gab es Portiers. Er erhaschte kurze Blicke in Marmorfoyers. Und dann dachte er an das Mädchen mit dem braunen Lippenstift…« (© Kindler Verlag, München, 1988).

Service & Tipps:

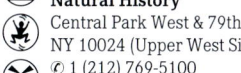 Anfahrt mit der blauen (A, C), roten (1, 2, 3, 9) oder orangefarbenen (B, D) **Subway** bis zum Columbus Circle/59th Street.

❽ American Museum of Natural History

Central Park West & 79th St.
NY 10024 (Upper West Side)
☎ 1 (212) 769-5100
www.amnh.org
Tägl. 10–17.45 Uhr, Eintritt $ 19/10.50
(Museum und Rose Center)
Das größte Naturkundemuseum der Welt, vom Höhlenmenschen bis E.T., von ausgestopften Kirchenmäusen bis Elefanten. Gleich in der Eintrittshalle wird der Besucher von zwei riesigen Saurierskeletten begrüßt. Ein fantastisches Museum, in dem man Stunden verbringen kann – auch mit Kindern. Einen intergalaktischen Hit bietet die Space Show im angeschlossenen **Rose Center for Earth and Space**. Vgl. auch S. 183.

❻ The Dakota

1 West 72nd St. & Central Park West
NY 10021 (Upper West Side)
Das erste Apartmenthaus der Stadt. Das luxuriöse Gebäude entstand Anfang der 1880er-Jahre. Bis dahin war es für reiche New Yorker üblich, in eigens für sie gebauten Häusern, nicht in Apartments, zu residieren. Das Dakota bewohnten viele Prominente wie John Lennon, der vor dessen Tür erschossen wurde.

❺ Majestic Apartments

115 Central Park West, zwischen 71st & 72nd Sts.
NY 10023 (Upper West Side)
Der große Apartmentblock ist typisch für die Upper West Side. Er wurde 1930 gebaut. Hier regiert nicht nur Ruhm und Geld allein. Um in ein Apartment einziehen zu dürfen, müssen vorher die Mieter entscheiden, ob man zur Hausgemeinschaft passt.

 ### ❸ Metropolitan Opera
Im Lincoln Center, vgl. S. 181.

 ### ❸ David H. Koch Theater
Im Lincoln Center
Broadway & West 65th St.
NY 10023 (Upper West Side)
www.lincolncenter.org
Heimat der Philharmoniker und des New York City Ballet. 1934 gründete George Balanchine als Vorläufer der heutigen Compagnie die School of American Ballet. Seine berühmteste Choreographie war 1954 eine Neubearbeitung des »Nussknackers« – bis heute ein Hit.

❹ The Leopard at des Artistes
1 West 67th St.
NY 10023 (Upper West Side)
☎ 1 (212) 787-8767
www.theleopardnyc.com
Das ehemalige Café des Artistes, das nach 25 Jahren 2009 geschlossen wurde, hat im Juni 2011 nach einer Renovierung unter italienischer Leitung neu eröffnet und bietet beste sizilianische und sardische Küche und dazu die optimale Weinkarte. Sa/So Brunch von 11.30–15 Uhr. $$$

Zabar's
2245 Broadway & 80th St.
NY 10024 (Upper West Side)
www.zabars.com
Für zwischendurch. Zu Stoßzeiten überfüllt. $

Weitere Serviceadressen finden Sie im Kapitel Enjoy & Relax ab S. 158.

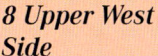
Children's Museum of Manhattan
212 West 83rd St.
Vgl. S. 183.

Das New York State Theater wurde 2008 in David H. Koch Theater umbenannt, nach dem großzügigen Spender, der bis 2018 insgesamt 100 Millionen Dollar zur Sanierung des Gebäudes zur Verfügung stellen wird.

Kinder lieben die Dinosaurier im American Museum of Natural History

Auferstanden aus Ruinen

Die Harlem-Renaissance

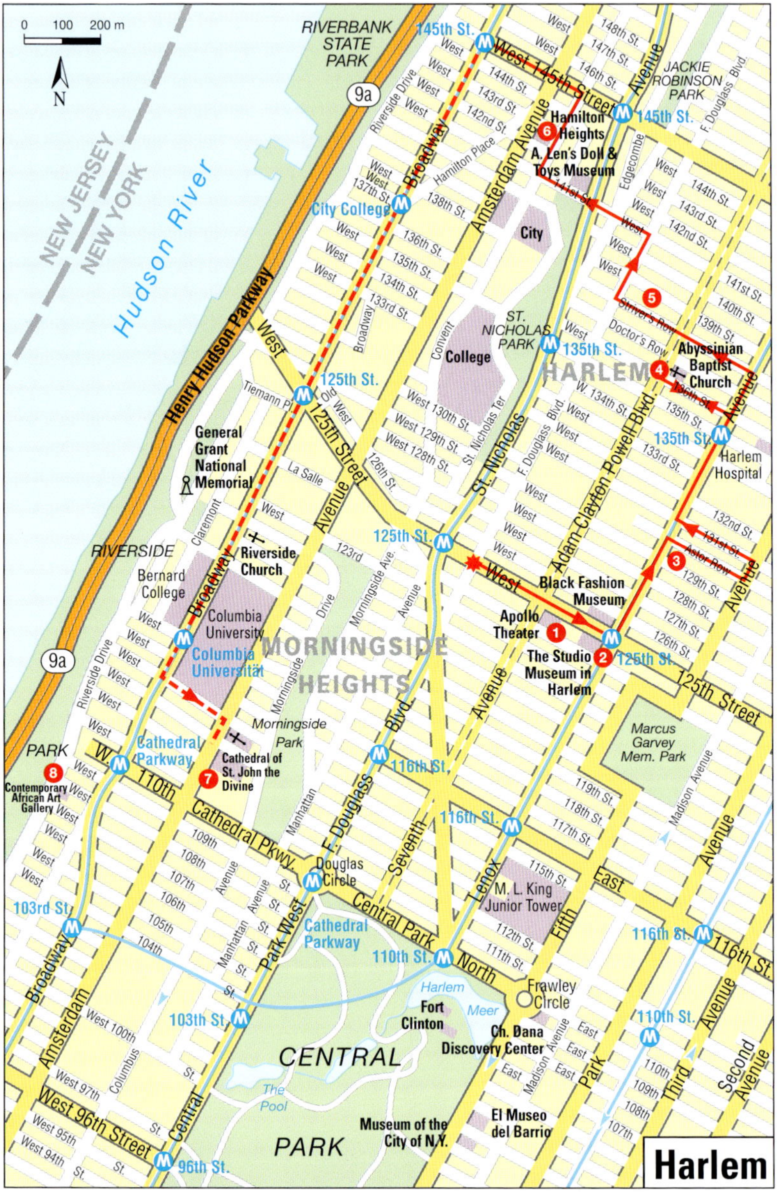
0 100 200 m
N
RIVERBANK STATE PARK
NEW JERSEY
NEW YORK
Hudson River
Henry Hudson Parkway
9a
145th St.
West 145th Street
Hamilton Heights
A. Len's Doll & Toys Museum
JACKIE ROBINSON PARK
City College
Amsterdam Avenue
City College
ST. NICHOLAS PARK
135th St.
HARLEM
Strivers's Row
Doctor's Row
Abyssinian Baptist Church
Harlem Hospital
125th St.
General Grant National Memorial
Riverside Church
RIVERSIDE
Bernard College
Columbia University
Columbia Universität
MORNINGSIDE HEIGHTS
Morningside Park
Cathedral Parkway
Cathedral of St. John the Divine
PARK
Contemporary African Art Gallery
Black Fashion Museum
Apollo Theater
The Studio Museum in Harlem
125th Street
Marcus Garvey Mem. Park
116th St.
M. L. King Junior Tower
Douglas Circle
Cathedral Pkwy.
Central Park North
110th St.
103rd St.
Harlem Meer
Fort Clinton
Frawley Circle
Ch. Dana Discovery Center
CENTRAL PARK
The Pool
Museum of the City of N.Y.
El Museo del Barrio
West 96th Street
96th St.
Harlem

Die gestrichelte rote Linie in der Karte weist auf eine Taxi- oder Subwayfahrt hin.

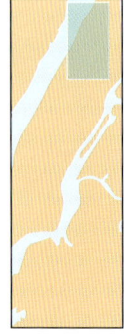

Harlem-Graffito

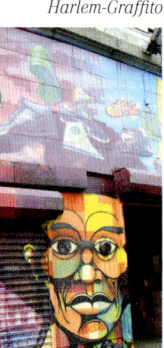

125th Street in Harlem: Hier wird die U-Bahn zur Hochbahn ▷

Der amerikanische Autor Eddy L. Harris beschrieb Harlem noch als »den finstersten, dreckigsten, gefährlichsten Platz auf Erden«. Doch die Zeiten haben sich geändert. Wer sich ins Niemandsland Manhattans – viele Stadtpläne enden jenseits der 96. Straße – vorwagt, kann Schlösser und Villen entdecken, Jazzclubs, Soulfood und die malerischste Straßenszenerie in New York City. Harlem, angeschlagen, doch lebendig aus einem dunklen Mittelalter rassistischer Ausgrenzung und blutiger Drogenbandenkriege hervorgegangen, feiert seit einigen Jahren seine zweite Renaissance. Sicherstes Zeichen des Aufschwungs: An allen Ecken hüllen Gerüste die verrotteten Häuserblocks ein. Harlem ist inzwischen so sicher – Mord- und Einbruchrate fielen binnen weniger Jahre auf die Hälfte –, dass sich nun auch Weiße hierher wagen.

Die 125. Straße, deren westlicher Teil Martin Luther King Jr. Boulevard heißt, ist die kommerzielle Hauptschlagader von Harlem

Die Häuser sind hier schöner als irgendwo sonst in Manhattan. Kein Wunder, war Harlem doch Ende des 19. Jahrhunderts als noble Bürgervorstadt für Weiße von holländischen, britischen und deutschen Bauherren errichtet worden, mit Villen und Alleen. Doch nach der Jahrhundertwende brach der Boom zusammen. 1905 wurde im Haus 31 West 133th Street ein Bewohner ermordet, die übrigen Wohnungen waren daraufhin unvermietbar. Der schwarze Makler Philip Payton füllte das Haus mit Afroamerikanern, was die Weißen in den umliegenden Blocks in die Flucht trieb. Ende der Zwanziger reichte die Gemeinde der Afroamerikaner bereits vom Central Park bis hoch zur 155th Street.

Während der Prohibition regierte die Mafia das Ghetto, richtete Nachtclubs wie den Cotton Club ein, wo das – strikt weiße – Publikum bei Schwarzgebranntem schwarzen Jazzmusikern lauschte. Die afroamerikanische Mittelklasse bezog feinere Adressen entlang der Striver's Row und scharte Künstler und Poeten wie Langston Hughes, Countee Cullen und Claude McKay um sich, die neues schwarzes Selbstbewusstsein artikulierten.

Die »Harlem Renaissance« zerbrach an der Depression von 1929, doch die Nachtclubszene hielt sich zunächst. In den Siebzigern und Achtzigern

Alltag in Harlem

verfiel der Stadtteil zum Slum. Ausgerechnet das Ende der Rassendiskriminierung beschleunigte den Abstieg. Wer es sich leisten konnte, zog fort; zurück blieben die Armen und Verzweifelten. In den 1990er-Jahren wendete sich das Blatt, vieles wurde möglich durch eine Finanzspritze aus einem staatlichen Programm zur Wiederbelebung des Stadtteils. Dreihundert Millionen Dollar halfen der örtlichen Wirtschaft auf die Beine.

Harlems Verbrechensrate ist drastisch gesunken, liegt aber noch immer höher als in anderen Teilen Manhattans. Die ungemütlicheren Ecken liegen im Norden und im Osten. Tagsüber sollte es nirgends Probleme geben, nachts gelten die Avenues und Hauptstraßen (125th, 135th und 145th Street) als einigermaßen verlässlich. Die U-Bahn-Linien 2 und 3 führen direkt ins Herz von Harlem, im Westen kommen 1, 9, A, B, C, D, im Osten 4, 5, 6 dazu. Wer sich etwas auskennt, kann auch nach Mitternacht in der Regel problemlos die U-Bahn nehmen, alle anderen fahren besser Taxi.

Die *gentrification* hat mittlerweile den Süden Harlems erfasst. Am nördlichsten Zipfel des Central Park entstehen bereits Apartmenthäuser, die zu den teuersten der Stadt gehören. Kein Wunder: Von den obersten Etagen sieht man über den ganzen Park hinweg bis zur Skyline von Manhattan.

Harlem kann nicht gezeigt, es muss erforscht werden, Block für Block, Haus für Haus. Wer sich vorwagt, wird Erstaunliches entdecken. Zum Beispiel, dass Harlem sich umso mehr öffnet, je mehr man sich selbst öffnet. Wer mit eingezogenem Kopf die **125th Street** runterrennt, wittert

Harlems Apollo Theater: In den 1920er-Jahren traten hier die großen Stars auf und gelangten zu Weltruhm

Gefahr und Unheil an jeder Straßenecke. Wer seine Furcht überwindet, wird mehr freundliches Kopfnicken ernten, sich öfter in spontane Bartheken-Gespräche verwickeln als sonstwo in New York. Harlem lässt sich am ehesten auf der Straße erleben. Wer an einem Sommerabend die Lenox Avenue hinunterschlendert, wähnt sich in der Karibik: Straßenhändler verkaufen ganze Krebse und Mangos. Vor den *African Hairbraiding Salons* stehen Frauen mit kunstvollen Zopffrisuren und versuchen, Kundinnen anzuwerben.

Wer mit der U-Bahn ankommt, wird den Rundgang in der 125th Street beginnen, die schon dabei ist, sich in eine blankgefegte Einkaufsmeile zu verwandeln. Die westliche 125th Street heißt Martin Luther King Jr. Boulevard, hier steht das berühmte ❶ **Apollo Theater**. Die Amateur Night, jeden Mittwoch um 19.30 Uhr, ist ein Highlight: Das Publikum entscheidet binnen Sekunden zwischen Top und Flop – ein Spektakel, das Aretha Franklin und Michael Jackson (mit den Jackson Five) durchmachen mussten, bevor sie berühmt wurden.

Ein paar Häuser weiter das ❷ **The Studio Museum in Harlem** mit Ausstellungen und Werken afroamerikanischer Künstler. An der Kreuzung zur Lenox Avenue befindet sich die **Lenox Lounge**, ein traumhafter Jugendstilclub: Musik am Wochenende, gut sortierte Bar, zauberhafte Atmosphäre, direkt neben der U-Bahn gelegen.

Vorbei am **Hotel Theresa**, so steht es zumindest noch angeschrieben an dem für Harlems Verhältnisse sehr hohen Haus. Heute sind hier Büros untergebracht, 1960 wohnte Fidel Castro in dem Gebäude, als er die UNO besuchte. Er soll sich klassenkämpferisch geweigert haben, in einem der feinen Hotels in Midtown abzusteigen.

Weiter nördlich in der ❸ **Astor Row** stehen noch zwei Dutzend Stadthäuser, um 1880 von John J. Astor erbaut mit feinverzierten Veranden, sie geben der Straße Louisiana-Flair. Noch etwas weiter die Lenox Avenue hoch biegt man in die 136. Straße ein und kommt zur ❹ **Abyssinian Baptist Church**. Hier ist Sonntagvormittag Gottesdienst, den man durchaus einmal besuchen sollte, wenn man einen Gospel-Gottesdienst erleben möchte. Allerdings besser privat und nicht nach einer Tour mit einem der roten Doppeldeckerbusse, die Tausende von Touristen durch die Stadt karren. Außerdem sollte man auf ordentliche Kleidung achten, für die Bewohner Harlems ist der Kirchgang eine wichtige Angelegenheit. Die Messe um elf Uhr ist meist hoffnungslos überfüllt, dann wird am Eingang Rassentrennung praktiziert: Die Schwarzen aus dem Viertel werden, zu Recht, alle eingelassen, die Weißen müssen sich einreihen und warten, ob noch ein Platz frei bleibt. Weniger Andrang herrscht um neun Uhr morgens.

Einige Straßen weiter nördlich, 138th und 139th Street zwischen Adam Clayton Powell und Frederick Douglass Boulevard, liegt ❺ **Striver's Row**, ein Ensemble des Architekten Stanford White, 1891 für das weiße Bürgertum errichtet, die edelste Wohnsiedlung im Kern Harlems. Nördlich des St. Nicholas Park gelangt man zu den ❻ **Hamilton Heights**, ursprünglich ein Teil der Gestade des Alexander Hamilton, heute ein ruhiges Viertel mit einer Vielfalt von Beispielen für Stadthäuser des ausgehenden 19. Jahrhunderts. Zum Abschluss geht es wieder in den Süden, in den Stadtteil Morningside Heights, zur ❼ **Cathedral St. John the Divine** (Amsterdam Avenue und 112th Street). Ein gotischer Gigantomanen-Traum, seit 1892 und für noch mindestens 70 weitere Jahre im Bau – als größte gotische Kathedrale der Welt geplant.

Die Kathedrale St. John the Divine gilt als größte Kirche Amerikas und als zweitgrößtes Gotteshaus der Welt

Am besten sollte man aber irgendwann diese Route verlassen, an einem Sommerabend etwa die Lenox Avenue hinunterschlendern oder in eine der belebteren Seitenstraßen spazieren. Männer hocken um einen provisorischen Holztisch und zocken Karten bis tief in die Nacht, während etwas abseits Jugendliche über einem Schachbrett brüten. Harlem ist der einzige Stadtteil in Manhattan, in dem oft noch drei Generationen unter einem Dach leben. Die meisten Viertel Downtown sind traurige Monokulturen, die allenfalls für Lebensabschnitte stehen: Ankommen im East Village, Austoben in SoHo, Aufsteigen in die Upper West Side, Ruhestand in der Vorstadt.

Wer sich auf Harlem einlässt und hinter den schäbigen Fassaden seine verwitterte Schönheit entdeckt, sieht bald auch das übrige New York mit anderen Augen. Nicht nur, dass die Silhouette der Bürotürme von hier oben, in der Straßenflucht der Lenox Avenue, fern und surreal erscheint. Nach einem Spaziergang durch Harlem wirkt die Biederkeit im West Village seltsam leblos. Wer je einen Abend lang in einem Restaurant bei Hähnchen, Grünkohl und kandierten Süßkartoffeln *black music* aus der Jukebox lauschte, der begreift, was Soulfood bedeutet.

Service & Tipps:

ⓤ Mit dem **A-Train**, ohne Halt zwischen 59th und 125th Street, mit der blauen **Subway** (A, C) bis 125th Street, mit der orangefarbenen Subway (B, D) bis 125th Street, mit der roten Subway (1, 2, 3, 9) bis 125th Street, mit der grünen Subway (4, 5, 6) bis 116th Street.

❶ **Apollo Theater**
235 West 125th St. & Adam Clayton Powell Jr. Blvd., NY 10027 (Harlem)
✆ 1 (212) 531-5300
www.apollotheater.org
Amateur Night, jeden Mittwoch um 19.30 Uhr. Ein Spektakel, das man erlebt haben muss.

❽ **Contemporary African Art Gallery**
330 West 108th St. & Riverside Dr. NY 10025 (Harlem), ✆ 1 (212) 749-8848
www.contempafricanart.com
Gehobene Galerie, spezialisiert auf Malerei, Skulpturen und Handwerk aus Afrika und der Karibik.

❷ **The Studio Museum in Harlem**
144 West 125th St. & Lenox Ave. NY 10027 (Harlem)
✆ 1 (212) 864-4500
www.studiomuseum.org
Ausstellungen mit Werken afroamerikanischer Künstler.

❻ **Hamilton Heights**
142nd bis 145th Sts., zwischen Amsterdam & St. Nicholas Aves. Ruhiges Viertel mit vielen Stadthäusern des ausgehenden 19. Jh.

❼ **St. John the Divine Cathedral**
Amsterdam Ave. & 112th St. NY 10025 (Upper West Side)
www.stjohndivine.org
Die Kathedrale der Episcopal Diocese of New York und Sitz ihres Bischofs befindet sich im Viertel Morningside Heights in Nord-Manhattan. Sie zählt zu den größten christlichen Kirchen der Welt. 1892 wurde mit dem Bau begonnen. Das bis heute unvollendete Gotteshaus musste mehrere stilistische Änderungen hinnehmen. Hier finden den regelmäßig Konzerte statt.

❺ **Striver's Row**
138th & 139th Sts., zwischen Adam Clayton Powell & Frederick Douglass Blvds., NY 10030 (Harlem)

Das Ensemble des Architekten Stanford White, 1891 für das weiße Bürgertum errichtet, ist die edelste Wohnsiedlung im Kern Harlems.

🏃 **Harlem One Stop**
Hervorgegangen aus einer Nachbarschaftsinitiative organisiert die Non-Profit-Organisation Touren und Veranstaltungen zu jedem nur denkbaren Thema, das mit Harlems Geschichte und Gegenwart zu tun hat. Sehr zu empfehlen ist auch die informative Website www.harlemonestop.com, ✆ 1-212-658-9160.

🎁 **Malcom Shabazz Harlem Market**
52 W. 115th St., vgl. S. 189.

✕ Vermutlich wird man nicht eigens zum Essen nach Harlem fahren, obwohl sich das durchaus lohnt. Einige ausgewählte **Restaurants** finden Sie auf S. 171.

🍸 Harlem hat ein ausgeprägtes, wenn auch eigenwilliges Nachtleben. Berühmt bis heute – oder genauer gesagt heute wieder – sind Harlems **Jazzclubs**. Mehr Informationen dazu auf S. 179.

Weitere Serviceadressen finden Sie im Kapitel Enjoy & Relax ab S. 158.

Die <u>Columbia University</u> (entlang W. 114th bis 120th Sts.) im Stadtteil Morningside Heights, südlich von Harlem und nördlich der Upper West Side, ist eine der ältesten und renommiertesten Hochschulen der Stadt, aber auch des Landes. Auf dem Weg zur Kathedrale St. John kann man über den imposanten Campus schlendern.

Bruce Renfroe, einst Fahrstuhlführer in der 181st Street in Harlem, unterhielt seine Gäste mit Jazz

The Bronx – ein unbekannter Kontinent

Wo Heines Lorelei und die New York Yankees zu Hause sind

von Hannah Glaser

Einen detaillierten Stadtplan von New York City, inkl. des Stadtteils Bronx, erhält man in den Tourismusbüros (vgl. S. 197) oder in Buchläden.
Auf der Übersichtskarte in der vorderen Umschlagklappe sind die Highlights der Bronx eingezeichnet.

Die Bronx hat eine Fläche von 114 km² und 1 385 108 (2010) Einwohner. Es ist der nördlichste Stadtteil.

New Yorks nördlichster Stadtteil hat ein Imageproblem. Zwar gehören Car-Jacking und Überfälle, Obdachlosenheere und Bandenkriege der Vergangenheit an, aber die meisten Besucher halten die Bronx noch immer für Kriegsgebiet, für eine touristische Sperrzone, in der man als weißer Tourist sein Leben riskiert. Dabei findet man wenige Subwayminuten nördlich von Manhattan einige der teuersten und schönsten Viertel der Stadt, dazu den berühmtesten Zoo der USA, den schönsten Friedhof – und jede Menge Geheimtipps.

Was haben Jennifer Lopez, Billy Joel, Colin Powell und Calvin Klein gemeinsam? Sie alle sind in der Bronx geboren und aufgewachsen. Aber vor allem haben sie es geschafft rauszukommen – und das war lange Jahre das einzige, was zählte. Denn die Bronx war von den 1960er- bis in die 1990er-Jahre das mieseste Pflaster und New Yorks sozialer Brennpunkt. »The Bronx«, das hieß nichts anderes als Straßengewalt und Verbrechen, Banden- und Drogenkriminalität. Speziell die South Bronx galt mehr als 30 Jahre als schlimmster und gefährlichster Slum der Stadt, wo Autowracks zwischen Brandruinen verrotteten, wo Lehrer sich nur noch mit schusssicherer Weste in die Klassenräume wagten, Überfälle am helllichten Tag die Regel waren und das Auftauchen der Polizei die seltene Ausnahme. Damals war die Bronx die menschliche Hölle, die Kehrseite von Manhattans triumphaler Kühnheit, das Symbol des Scheiterns, der Tragödie, der blanken Not. Während sich wenige Kilometer weiter im Süden allabendlich das weiße New York am Broadway bei opulenten Shows amüsierte, wurden in der Bronx die Kinder auf der Suche nach einem Schlafplatz von Ratten gebissen, und Tausende Obdachlose schleppten ihre Habe in Tüten oder Supermarktkarren mit sich herum, hausten in Ruinen und unter Brücken.

Diese negativen Schlagzeilen, das Image der brandgefährlichen *No-go Area*, in der jeder Weiße bei einem Besuch Hab und Gut, wenn nicht gar das Leben riskiert, hängt der Bronx bis heute an. »Bloß nicht in der Subway nach Norden einschlafen«, werden Neulinge in Manhattan noch immer von besorgten Freunden gewarnt, »Sie könnte in der Bronx enden«. Dabei ging hier schon in den 1990er-Jahren – wie im gesamten Stadtgebiet – die Kriminalität rapide zurück, in der Bronx von 1990 bis 2007 um 73 Prozent, die Zahl der täglichen Raubüberfälle sank von 50 auf zwölf. Kaum bekannt ist aber auch, dass die Bronx längst nicht überall aussieht wie Berlin-Marzahn vor dem Rückbau, und keineswegs nur aus Brandmauern, Miets-häusern und Sozialwohnungen besteht. So haben sich entlang des gesamten Hudsonufers noble, kaum bezahlbare Wohnviertel des Mittelstandes etabliert wie **Spuyten Duyvil** oder **Riverdale**, beide mit wunderschöner, alter Bausubstanz, prächtig gepflegten Grünanlagen und problemlos mit der Metro North zu erreichen. **Wave Hill**, ein 160 Jahre alter, idyllischer Landsitz, ist die Hauptattraktion von Riverdale. Ruhe und Entspannung in

diesem öffentlich zugänglichen Garten kosten acht Dollar Eintritt. Dafür gibt es eine spektakuläre Landschaft, einen kleinen botanischen Garten, einige Skulpturen, eine Ausstellung, ein Café und unzählige Bänke mit fantastischem Blick über den Hudson auf die *Palisades* von New Jersey – ein idealer Platz um den Akku für neue Taten aufzuladen.

Ein genauer Blick auf die Karte zeigt, dass Manhattan und Staten Island als Inseln zu erkennen sind, während Queens und Brooklyn zu Long Island gehören. Die Bronx dagegen liegt als einziger New Yorker Stadtteil auf dem Festland. Der Name erschien zum ersten Mal 1874, als ein Teil von Westchester Country herausgetrennt und zu diesem neuen Bezirk gemacht wurde. Benannt wurde er nach Jonas Bronck, einem Auswanderer aus Schweden, der 1639 als erster Europäer in diesem Gebiet siedelte. Heute besteht die Bronx zu einem Viertel aus Parklandschaften, mehr als in jeder anderen städtischen Region des Landes. In Flächenmaßen ausgedrückt sind das mehr als 2400 Hektar (etwa 4800 Fußballfelder) – und dabei ist das berühmte Baseballstadion, das **Yankee Stadium**, nicht eingerechnet. Das ist übrigens für viele Bewohner Manhattans bis heute der einzige Grund, freiwillig in die Bronx zu fahren: Concourse Village – die Heimat der New York Yankees. Und was tut man nicht alles für eine der erfolgreichsten Baseballmannschaften der Welt. Zwar sägten die New York Mets aus Queens eine Zeit lang am Thron der Yankees, doch die Siegesserie der letzten Jahre stellte klar, wer der Chef im Ring ist.

Ein Besuch im Yankee Stadium ist immer ein Gewinn, auch wenn man nicht die geringste Ahnung von dieser seltsamen Sportart hat: Die Stimmung ist jedenfalls gigantisch, das Bier lausig und nach zwei Stunden hat man die Regeln immer noch nicht kapiert. Der friedliche und familienkompatible Patriotismus, der hier herrscht, ist absolut einzigartig – immerhin hat das Stadion Platz für 52 325 Besucher – und mancher europäische Fußballfan könnte sich daran ein Beispiel nehmen. Und wer es wirklich wissen will: Die Natives auf den Nachbarsitzen erklären die Spielregeln gerne immer noch mal. Als eine der renommiertesten Adressen der Welt ist das Yankee Stadium aber auch Austragungsort vieler anderer Sportarten und Veranstaltungsort für kulturelle Events. Wenn die Yankees unterwegs sind oder Spielpause haben, öffnet das Stadion für College- und Profi-Football, aber auch für politische und religiöse Veranstaltungen. So hielt Papst Paul VI. am

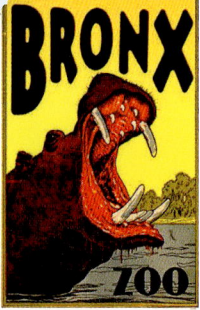

4. Oktober 1965 im alten Stadion vor 80 000 Menschen eine Messe, 1979 tat es ihm Johannes Paul II. und 2008 Benedikt XVI. gleich.

Rund um das Yankee Stadium kann man nach dem Spiel in den zahlreichen hispanischen Restaurants kulinarische Spezialitäten aus der Karibik kosten, beispielsweise die beliebten *Mofongos* aus Puerto Rico, köstliche Klöße mit diversen Füllungen. Ein Tipp für Pasta-Fans: Die Bronx hat auch ihr eigenes **Little Italy** in der Belmont und Arthur Avenue, südlich der Fordham Road nahe der Fordham University. Die bunten Obst- und Gemüsemärkte und das Nudelangebot der Restaurants sind ein Fest für alle Sinne. Neben gastronomischen Genüssen gibt es in diesem lebendigen Viertel auch ein Theater- und ein Kulturzentrum.

Little Italy ist mit der Subway Linie 4 oder D und der Metro North zu erreichen, Station Fordham Road. Danach geht es zu Fuß oder mit dem Bus BX12 oder BX22 zur Arthur Avenue. Generell ist auch die Bronx ein Flickenteppich der Kulturen, wenn auch bei Weitem nicht so vielfältig wie Queens. Die Schwarzen entwickelten hier in den späten 1960ern die Ursprünge des heutigen Hip-Hop und des Breakdance. Auch der Salsa kommt keineswegs aus Südamerika, sondern aus der Bronx. Heute dominieren spanischsprachige Immigranten und Einwanderer aus der Karibik, speziell aus Puerto Rico und der Dominikanischen Republik.

Besucher steuern in der Bronx gerne den **New York Botanical Garden** an, mit 100 Hektar einer der größten der USA. Riesig ist auch der nebenan gelegene, legendäre **Bronx Zoo** (International Wildlife Conservation Park) mit über 300 Hektar Gesamtfläche. Er ist der größte Stadtzoo der USA und wurde schon 1899 eröffnet. Insgesamt leben hier über 4300 Tiere aus 765 Arten in ihrer naturnahen Umgebung, darunter Schneeleoparden, Nashörner, Tiger, Löwen, Gorillas, Pinguine, Pandas und Weißhalskraniche. Startet man im Norden am Rainey Gate Entrance zu einem Rundgang im Uhrzeigersinn, so durchstreift man die ganze Welt – von Nordamerika über Asien und Afrika bis nach Südamerika. Highlights sind die World of Birds mit frei fliegenden, tropischen Vögeln und künstlichem Gewitter im eigenen Regenwald, der Congo Gorilla Forest und die World of Darkness mit Fledermäusen und anderen Nachttieren.

Überhaupt ist der Bronx Zoo eine Erlebniswelt mit wissenschaftlichem Hintergrund. Unter anderem wird intensiv geforscht, um bedrohten Tierarten ein Überleben in der Zukunft zu sichern. Zentrales Element dafür ist die richtige Ernährung – im Zoo ebenso wie in der Wildnis. Natürlich ist es auch hier eine Attraktion, wenn die Seehunde gefüttert werden. Showstar

Gorilla im legendären Bronx Zoo

ist ein mächtiger Bulle, der sich sein Essen redlich verdient. In das Maul der Futterfische schmieren die Tierpfleger hier allerdings eine spezielle Paste, die Vitamin B und E enthält. Denn beim Tiefkühlen der Fische werden jene Vitamine zerstört, die die Seehunde brauchen. Eine spezielle Ernährungsexpertin für Zootiere erforscht in Feldstudien das Futter der Tiere in der Wildnis und erarbeitet ausgefeilte Speisepläne für die gefangenen Artgenossen. Die richtige Ernährung ist auch für die Fortpflanzung wichtig, speziell bei gefährdeten Tierarten. So hat man im Bronx Zoo herausgefunden, dass spezielle subtropische Vögel ihre Partner an der Farbe des Gefieders erkennen. Wenn beispielsweise die Federn der *Spoonbills* in der Gefangenschaft ausbleichen, können sie nicht mehr zueinander finden. 43 Gorillas sind bisher im Bronx Zoo auf die Welt gekommen, auch dieser Rekord gilt als Erfolg der Ernährungsexperten.

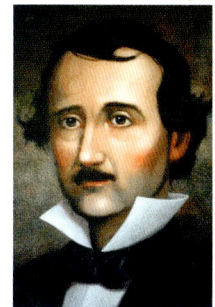

Der letzte Wohnort des großen Schriftstellers Edgar Allan Poe war die heutige Bronx

Eine gute Dreiviertelstunde fährt die Subway-Linie 4 von Manhattan bis in den Norden der Bronx. An der Endhaltestelle angekommen sind es nur noch ein paar Meter bis zu New Yorks schönstem Friedhof, dem **Woodlawn Cemetery**. Eigentlich ist er ein weitläufiger Park mit Hunderten kleiner und großer Denkmäler und Mausoleen. Wen der Greenwood in Brooklyn begeistert, wird sich in die liebliche und pastorale Landschaft des Woodlawn verlieben. Der Park entstand 1863, etliche Berühmtheiten sind hier begraben wie Salsa-Superstar Celia Cruz, die Jazz-Genies Miles Davis und Duke Ellington, New Yorks früherer Bürgermeister Fiorello La Guardia und der Journalist und Zeitungsverleger Joseph Pulitzer.

Edgar Allan Poe gehört nicht dazu, obwohl die heutige Bronx der letzte Wohnort des großen Schriftstellers war. Sein **Poe Cottage** am Grand Concourse (der Hauptstraße der Bronx) gehört zu den historischen Sehenswürdigkeiten in New Yorks nördlichstem Stadtteil. Als der amerikanische Schriftsteller im April 1844 Philadelphia verließ und auf der Suche nach einem Neuanfang in diese – seine letzte – Bleibe zog, lag das Häuschen noch zwölf Kilometer vom damaligen Zentrum New Yorks entfernt im Dörfchen Fordham inmitten von Wiesen und Feldern. Das kleine Haus des Schriftstellers ist heute eine liebevoll restaurierte und allgemein zugängliche Gedenkstätte. Poe selbst hatte hier keine sehr glückliche Zeit. 1847 starb seine Frau und Cousine Virginia Clemm Poe mit nur 24 Jahren – das Vorbild seiner *Annabel Lee*. Der Poet versank darauf in Depressionen und Alkohol, konnte auch beruflich in New York nicht mehr Fuß fassen und starb zwei Jahre später mit nur 40 Jahren unter nie ganz geklärten Umständen. Poe Cottage wurde 1913 um 140 Meter von seinem ursprünglichen Platz verschoben. Es liegt dem Poe Park gegenüber an der Kingsbridge Road.

E. A. Poe schrieb im Cottage in New York u.a. »Annabel Lee«, »Eureka« und »Die Glocken«.

Auf Literaturfans wartet eine zweite Pilgerstätte in der Bronx, ein Brunnen aus weißem Laaser Marmor im **Joyce Kilmer Park** (zwischen 161st & 164th Sts., Grand Concourse & Walton Ave.). Hoch oben sitzt die Lorelei, zu ihren Füßen spielen Kinder im Wasser zwischen weißen Nixen und Muscheln. Auf dem Sockel des Denkmals, der hier **Loreley Fountain** heißt, ist ein Profil zu sehen: Heinrich Heine. Und wie gerät der deutsche Dichter aus Düsseldorf, der ironische Romantiker und scharfzüngige Satiriker, der im Pariser Exil an Deutschland litt, aber nie in den USA war, wie gerät sein Denkmal ausgerechnet in die Bronx? Die Idee für den Brunnen hatte die österreichische Kaiserin Elisabeth, die im Jahr 1888 den Berliner Bildhauer Ernst Gustav Herter beauftragte. Ein Lorelei-Brunnen sollte es werden, als Geschenk an Heines Geburtsstadt Düsseldorf zum 100-jährigen Geburtstag des großen Sohnes 1897. Düsseldorf lehnte jedoch dankend ab, man habe keinen Platz, war die Begründung. In Wahrheit – so recherchierte 1999 die *Berliner Zeitung* anlässlich der zweiten Einweihung des Brunnens in der New Yorker Bronx – hatte sich umgehend nach Bekanntwerden des kaiserlichen Plans im deutsch-nationalen Lager Protest geregt. Besonders aggressiv wetterte damals der Berliner Hofprediger Stöcker. Ein »jüdischer Quälgeist und Unruhestifter« sei Heine gewesen, hieß es, »deutschfeindlich und gefährlich«.

Der Brunnen wurde also in einem Berliner Schuppen eingelagert. Später entschieden auch die Städte Mainz und Frankfurt am Main, dass sie als Standorte für dieses Denkmal ungeeignet seien. Selbst Paris lehnte ab. In New York dagegen lasen deutschamerikanische Vereine von dem Desaster und sammelten mit Basaren und Theaterabenden Geld für den Transport. In 64 Kisten wurde das Denkmal nach New York geschafft, doch bald gab es auch dort Kritik am Heine-Brunnen. Die Lorelei und ihre nackten Nixen seien *indecent*, unzüchtig. »Natürlich wurde die antisemitische Tendenz schamhaft verschleiert«, schrieb dazu die Emigrantenzeitschrift *Aufbau*. Erst nach Protesten jüdischer Intellektueller wurde das Denkmal doch aufgestellt – allerdings weit weg vom Central Park, nämlich in der Bronx. Dort »in einer Einöde an den Ausläufern der Stadt, umgeben von Sümpfen und trostlosen, unbebauten Bauplätzen« *(Aufbau)* wurde es 1899 eingeweiht.

Doch die Bronx veränderte sich. Um das Denkmal herum entstand zuerst eine vornehme jüdische Wohngegend. Später verarmte der Stadtteil und der Heine-Brunnen wurde demoliert. Köpfe, Arme und Brüste der Wassernixen wurden abgeschlagen. Im Zweiten Weltkrieg schob man das Denkmal schließlich in eine hintere Ecke des Parks, saurer Regen und Graffiti gaben ihm den Rest.

Die entscheidende Wende kam 1985, als New Yorks Bürgermeister Ed Koch mit dem Programm *Adopt-A-Monument* zu privaten Spenden für die Rettung New Yorker Denkmäler aufrief. Der Berliner Bernd Zimmermann leitete damals das Stadtplanungsamt der Bronx und engagierte sich dafür, dass der Loreley Fountain einen Platz ganz oben auf der Liste der besonders bedrohten Denkmäler einnahm. Trotzdem kam die Sache erst in Schwung, als 1997 die beiden Berliner Mäzene Anna-Maria und Stephen Kellen zu Heines 200. Geburtstag 310 000 Dollar spendeten. Das Land Nordrhein-Westfalen und die Stadt Düsseldorf engagierten sich ebenfalls, und am Ende gab es 1,2 Millionen Dollar, mit denen man der Lorelei den alten Glanz zurückgeben konnte. So wurde Heines Denkmal 1999 also zum zweiten Mal eingeweiht, diesmal in Anwesenheit von »halb Düsseldorf«. Dem Relief Heinrich Heines wurde eine kleine Bronzetafel hinzugefügt, darauf ist zu lesen: »German Poet«. Zu finden ist der neue, alte Loreley Fountain am südlichen Ende des Joyce Kilmer Park an der 161st Street und Grand Concourse gegenüber vom Gerichtsgebäude, dem District Court.

Bleibt als letzter Geheimtipp die über eine Meile lange und eine halbe Meile breite Insel **City Island** am nordöstlichsten Rande der Bronx im Long Island Sound gelegen und nur über zwei Brücken zu erreichen. Nichts erinnert hier an die tosende Metropole, die keine zehn Busminuten entfernt ist. Eine Werft, Fischerboote, Antiquitätenläden und kleine Kneipen prägen das Bild des idyllischen Fischerdorfs. In den Fischrestaurants kommen Köstlichkeiten auf den Tisch, die einem noch lange nach dem Besuch in der Erinnerung das Wasser im Mund zusammenlaufen lassen.

Das **City Island Nautical Museum** beleuchtet die Geschichte der Insel, die einst – ähnlich wie das idyllische Block Island, das quasi als Verlängerung von Long Island im Atlantik liegt – im Jahr 1614 vom Abenteurer Adrian Block für Holland annektiert wurde. Freitag- und Samstagabend fallen die Besucher von auswärts massenweise in die kleinen Restaurants am Wasser ein, aber unter der Woche hat City Islands Südostküste den Charme eines Fischerdorfs in Neuengland – und gehört doch zu New York City.

Service & Tipps:

Bronx Zoo
Bronx Park, NY 10460 (Bronx)
Anfahrt: Subway 2 (rot) oder 5 (grün) bis East Tremont Ave./West Farms Sq.; Express-Bus BxM11 von Manhattan direkt zum Zoo-Eingang B; Busse Bx9 und Bx19 (bis 183rd St./Southern Blvd.), Bx12 und Bx22 (bis Fordham Rd./Southern Blvd.)
Vgl. auch S. 184 f.

New York Botanical Garden
2900 Southern Boulevard, NY 10458 (Bronx)
Anfahrt: Metro-North (blaue Harlem-Linie) bis Botanical Garden; Subway B, D (orange) oder 4 (grün) bis Bedford Park Blvd.
☎ 1 (718) 817-8700, www.nybg.org
Di–So 10–18 Uhr
Eintritt Gelände $ 10, Kinder (2–12 Jahre) $ 2, Mi ganztägig und Sa 10–11 Uhr Eintritt frei, All-Garden-Pass (inkl. Gärten und Ausstellungen) $ 20/8
48 Gärten auf 100 ha und damit einer der größten botanischen Gärten der USA.

Poe Cottage
E. Kingsbridge Rd. & 193rd St. NY 10458 (Bronx)
Anfahrt: Subway D (orange) oder 4 (grün) bis Kingsbridge Rd.
☎ 1 (718) 881-8900
www.bronxhistoricalsociety.org
Sa 10–16, So 13–17 Uhr, Gruppen nach Absprache, Eintritt $ 5/3
Letzte Wohnstätte des berühmten Schriftstellers. Nach einjähriger, gründlicher Renovierung wurde Poes Cottage Ende 2011 wieder eröffnet.

Wave Hill
W. 249th St. & Independence Ave. NY 10471 (Bronx)
Anfahrt: Metro-North (blaue Harlem-Linie) ab Grand Central bis Riverdale Station; Express-Bus BxM1 oder Linie BxM2 von Manhattan
☎ 1 (718) 549-3200
www.wavehill.org
Tägl. außer Mo Mitte März–Okt. 9–17.30, Nov.–Mitte März 9–16.30 Uhr, Gewächshäuser 10–12 und 13–16 Uhr; So kostenlose Führungen (Treffpunkt 14 Uhr Perkins-Besucherzentrum)
Eintritt $ 8/ Kinder ab 6 Jahre $ 2, Eintritt frei Mai/Juni, Sept./Okt. Di 9–12 Uhr, Nov.–April, Juli/Aug. Di ganztags
Wunderbare ruhige (öffentliche) Gartenanlage mit Blick auf den Hudson.

Bronx Zoo: trinkender Tiger und…

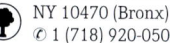

The Woodlawn Cemetery
Webster Ave. & E. 233rd St. NY 10470 (Bronx)
☎ 1 (718) 920-0500
www.thewoodlawncemetery.org
Tägl. 8.30–17 Uhr
Schöner Friedhof, auf dem auch Berühmtheiten begraben worden sind. Unter-18-Jährige müssen von einem Erwachsenen begleitet werden. Fotos dürfen nur mit Foto-Permit geschossen werden. Eine Friedhofs-Karte gibt's im Büro oder in den sog. Security-Booths.

Yankee Stadium
161st St. & River Ave. NY 10452 (Bronx)
Anfahrt: Metro-North (blaue Harlem-Linie) ab Grand Central bis Yankees/E. 153rd St.; NYC-Busse Bx1, Bx6 und Bx13 bis 161st St./Yankee Stadium; Subway 4 (grün), B und D (orange)
☎ 1 (718) 293-4300
http://newyork.yankees.mlb.com
Von Midtown Manhattan ist man in 25 Minuten an der neuen Spielstätte der New York Yankees.

City Island Nautical Museum
190 Fordham St., NY 10464 (City Island/Bronx), Anfahrt: Subway 6 (grün) zur Endstation Pelham Bay Park, weiter mit Bus Bx29 nach City Island
☎ 1 (718) 885-0008, Sa/So 13–17 Uhr Eintritt frei, Spende erwünscht
Sammlung der City Island Historical Society.

Lobster House
691 Bridge St., NY 10464 (City Island/Bronx), Anfahrt vgl. City Island Nautical Museum (oben)
☎ (718) 885-1459
www.cilobsterhouse.com
Schönstes Waterfront-Dining mit allen Fischgerichten – von King Crabs aus Alaska bis Hummer aus Maine. ✺

Weitere Infos zur Bronx unter:
www.ilovethebronx.com

… Flamingos, die grazilen Langbeiner

Jenseits von Manhattan

Ein Tag in Brooklyn

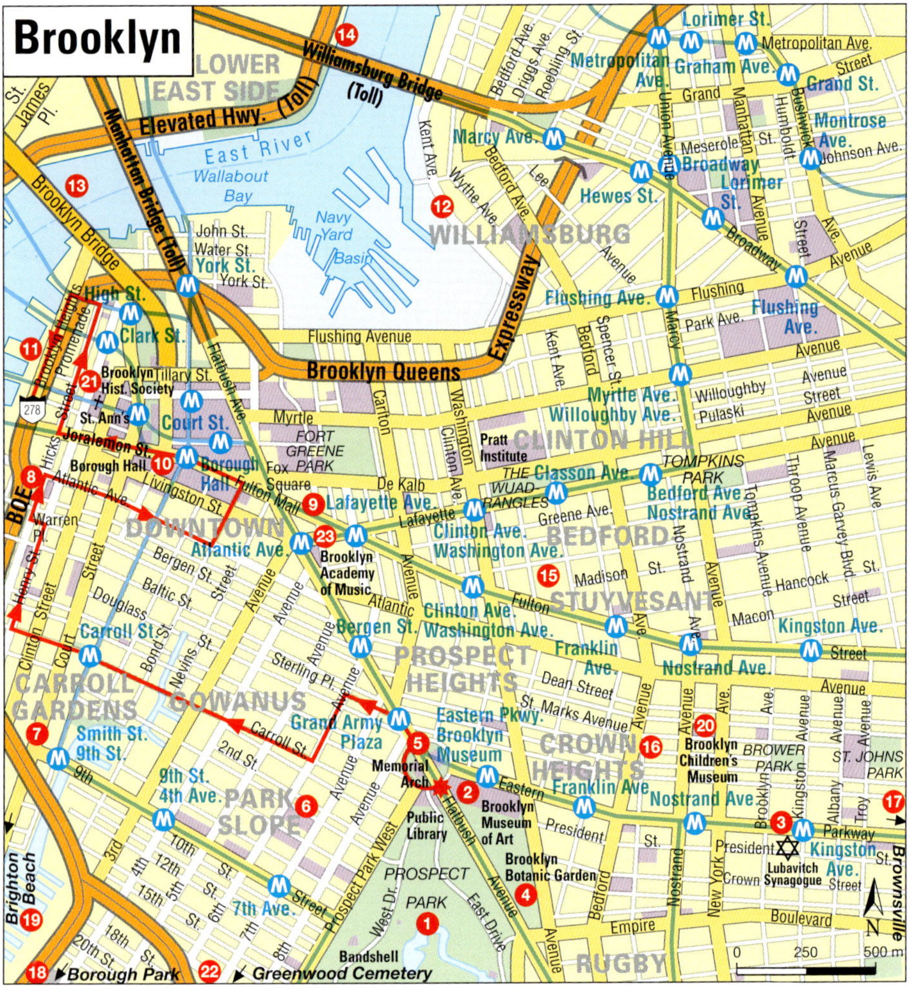

Die meisten New-York-Besucher können von Manhattan nicht genug bekommen und verschmähen die *boroughs*. Doch ein Ausflug nach Brooklyn lohnt sich allemal. Mit über 2,5 Millionen Einwohnern könnte Brooklyn viertgrößte Stadt der USA sein, wäre es nicht 1898 zusammen mit den anderen vier Stadtvierteln ein Teil von Greater New York geworden. Die Bürger Brooklyns wehrten sich vehement gegen die Einverleibung und noch Jahrzehnte später hielten sie ihre eigene Identifikation hoch – unter anderem durch ein eigenes Baseballteam. Die legendären Brooklyn Dodgers lösten sich 1957 auf, doch Brooklyner haben heute genügend anderes, worauf sie stolz sein können. Da sind das Brooklyn Museum of Art, ein Pendant zum berühmten Metropolitan Museum, weltweit das erste Kindermuseum (Brooklyn Children's Museum), der Brooklyn Botanic Garden, der auch Botanikern in Übersee ein Begriff ist, und mit der Brooklyn Academy of Music ein Opernhaus, das älter ist als die Met und als Zentrum der Avantgarde auf sich aufmerksam macht. Vor allem aber lebt Brooklyn durch die Vielfalt seiner Bewohner. Hier ist New York der legendäre *melting pot*, auch wenn die verschiedenen Kulturen nie wirklich miteinander verschmelzen. Vor allem die vielen orthodoxen Juden, die sich in Brooklyn niedergelassen haben, leben in ihrer eigenen Welt. Wenn man wissen möchte, wie ein »Schtetl« früher ausgesehen haben mag – hier erlebt man es auf der Straße.

Einen Tag Zeit sollte man sich nehmen, wenn man etwas von Brooklyn sehen will. Flächenmäßig ist Brooklyn viermal so groß wie Manhattan – und die Orientierung ist zehnmal so schwer. Straßen sind nur begrenzt nummeriert, ein Schachbrettmuster gibt es nur ansatzweise – dort, wo Engländer siedelten, als Brooklyn noch aus sechs Dörfern bestand: In den anderen fünf lebten Holländer. Am Ufer des East River, direkt gegenüber von Nieuw Amsterdam, gründeten Holländer 1647 die erste Siedlung und nannten sie *Breuckelen*, nach der gleichnamigen Gemeinde, die in den Niederlanden südlich von Amsterdam liegt. Die ersten Häuser wurden entlang von Indianerpfaden gebaut; quer durch Breuckelen lief ein Weg, der erst nur als »road from the ferry« bezeichnet, später Fulton Street genannt wurde. Robert Fultons Dampfboote verwandelten Brooklyn nach 1814 in einen der ersten Pendler-Vororte der Welt. Die Brooklyn Heights, auf einem Hügel über dem Fähranleger gelegen, wurden beworben als »the nearest country retreat« für Geschäftsleute aus Lower Manhattan.

Die Bevölkerung wuchs rasant und breitete sich weiter Richtung Südosten aus. Inmitten neuer, eleganter Wohngebiete, die vor allem das gehobene Bürgertum nach Brooklyn locken sollten, entstand 1870 der ❶ **Prospect Park** - entworfen von den Landschaftsarchitekten Frederick Olmsted und Calvert Vaux, den Vätern des Central Park. Der Eastern Parkway, der die Champs-Élysées zum Vorbild hat, ist heute noch ein auffallend weiter Boulevard. Seit 1969 wird hier einmal im Jahr, am Labor Day, *Carnival* gefeiert. Über eine Million karibische Einwanderer ziehen in einer bunten Parade mit glitzernden Kostümen und ausladendem Federschmuck die Straße herunter und verwandeln die bürgerliche Nachbarschaft in ein ausgelassenes Rio.

Am Eastern Parkway steht auch das ❷ **Brooklyn Museum of Art**, entworfen 1893 vom Architekturbüro McKim, Mead and White. Es sollte aus mehreren Blöcken bestehen und das größte Museum der Welt werden. Doch nur einer der quadratischen Glaskuppelpavillons wurde 1927 fertiggestellt. Dennoch beherbergt das BMA hinter seiner neo-griechischen Fassade eine umfangreiche Sammlung mit Kunst aus allen Epochen und aller Herren Länder, die dem Metropolitan Museum in Manhattan durchaus Konkurrenz machen kann. Am bekanntesten ist die rie-

Die Karte auf S. 128 zeigt nur den Nordwesten von Brooklyn. Einen detaillierten Stadtplan von New York City, inkl. des Stadtteils Brooklyn, erhält man in den Tourismusbüros (vgl. S. 197) oder in Buchläden. Auf der Übersichtskarte in der vorderen Umschlagklappe sind ebenfalls einige Highlights eingezeichnet.

Infos zu Brooklyn unter: www.visitbrooklyn.org oder www.briconline.org

Brooklyn hat eine Fläche von 212 km² und 2 565 635 (2012) Einwohner. Es ist der flächenmäßig zweitgrößte und nach Einwohnern größte Stadtteil und liegt im Südosten der Stadt.

sige altägyptische Abteilung. Unter den Gemälden amerikanischer Künstler finden sich leider nur selten so berühmte Namen wie der von Georgia O'Keeffe, doch die dezent in Pastell gestrichenen Räume vermitteln eine stilvolle Ausstellungsatmosphäre.

Wenn man das Museum nach rechts verlässt und den Eastern Parkway Richtung Osten hinuntergeht, gelangt man zur ❸ **Synagoge** der Lubawitscher Juden (vgl. auch S. 136). Orientiert man sich nach Westen, kommt man am Eingang zum ❹ **Botanischen Garten** und an der neoklassizistischen Public Library vorbei und steht nach wenigen Minuten auf der Grand Army Plaza. Dieser Kreisverkehr wird beherrscht vom ❺ **Memorial Arch**, der eindeutig dem Triumphbogen nachempfunden ist und seit 1890 daran erinnert, dass die Konföderierten im Sezessionskrieg über die Südstaaten (1861–65) gesiegt haben. An Wochenenden kann man kostenlos hinaufsteigen und die Aussicht genießen.

Im Süden des Platzes befindet sich der Haupteingang zum **Prospect Park**. Hier kann man Drachen steigen lassen, picknicken, am Seeufer lesen oder einfach nur spazieren gehen. Auf der Westseite kommt man in ❻ **Park Slope** heraus, ein Viertel das sich allmählich mit jungen Künstlern und Yuppies füllt. Wer hier ein wenig herumwandert, kann einige prachtvolle *brownstones* (vgl. S. 139) sehen, unter anderem eine 1888 errichtete Kirche (St. Augustine Roman Catholic Church, Ecke Sixth Ave. & Sterling Place). Nirgendwo in New York stehen noch so viele der alten Klinkerbauten wie in den Straßen von Brooklyn. Während Brooklyns Seventh Avenue vor allem von Geschäften und Restaurants gesäumt ist, sind es in den Querstraßen hübsche Wohnhäuser.

Die Carroll Street führt von Park Slope über den Gowanus Canal in ein weiteres schönes Wohnviertel: ❼ **Carroll Gardens**. Weiße Madonnen und Heiligenbildchen zeugen heute noch in einigen Vorgärten davon, dass sich in dieser Nachbarschaft vorwiegend Einwanderer aus dem katholischen Italien niedergelassen haben. Im Norden gehen die kleinen Straßen langsam in Cobble Hill über. An manchen Ecken ist es so ruhig wie auf dem Lande – wie damals, als die ersten holländischen Bauern hier siedelten.

Am ❽ **Warren Place** verstecken sich mit die ältesten Häuser New Yorks: die in den Siebzigern des letzten Jahrhunderts gebauten *workingmen cottages*. In zwei Reihen stehen sich die geduckten Häuschen gegenüber, dazwischen Beete und Bäumchen und ein Teich, dahinter jeweils kopfsteingepflasterte Gässchen mit Blumenkübeln und Gartenstühlen – die Idylle wird nur gestört vom Lärm des nahen Expressway. Was heute wie ein Kleinod der Backstein-Architektur anmutet, war Sozialbauweise, für ein Vier-Zimmer-Apartment zahlten Arbeiter nur knapp zwei Dollar die Woche.

Gemütliche Momente im Brooklyn Moon Cafe

Wer sich wieder in den Trubel des Stadtlebens stürzen möchte, geht hinauf bis zur **Atlantic Avenue** und diese ein Stück nach Osten. Die Straße ist zwar stark befahren, aber auf beiden Seiten finden sich viele Lädchen mit Antiquitäten und Krimskrams aus fernen Ländern; Restaurants und Cafés werden von Libanesen, Arabern und anderen Einwanderern aus dem Nahen Osten betrieben. Irgendwann sollte man nach Norden abbiegen und sich auf der ❾ **Fulton Mall** wieder Richtung Westen halten. 1977 wurde die Haupt-

*Schlanke Säulchen: die
Brooklyn Borough Hall,
das Rathaus von Brooklyn*

verkehrsader Brooklyns ab Fox Square in eine Fußgängerzone umgewandelt. Hier geht es lebhaft zu, die Durchschnitts-Brooklyner kommen zum Shoppen her, essen einen Happen in einer der Fastfood-Filialen – die Fulton Mall hat genauso wenig Charme wie die meisten neueren Innenstädte dieser Welt.

Am Ende der Einkaufsstraße steht die ⑩ **Borough Hall**, gebaut 1851 in einer Mischung aus viktorianischem und neugriechischem Stil. In dem ältesten Gebäude Brooklyns regierte einst der Bürgermeister der unabhängigen Stadt. Wenn man um das Gebäude herum in den Columbus Park läuft, sieht man, dass die Justitia auf dem Dach eigenartigerweise keine Augenbinde trägt – was auch immer das zu sagen hat… Rechts erhascht man über den lang gestreckten Cadman Plaza Park und die weiße Columbusstatue hinweg einen wunderschönen Blick auf die Hängekonstruktion der Brooklyn Bridge. Statt dorthin zu gehen, begibt man sich nun aber in das wohl bekannteste Viertel des Borough – die **Brooklyn Heights**. Dies war nicht nur der erste echte Vorort der wachsenden Metropole, sondern später auch der erste denkmalgeschützte Bezirk New

*Brücke mit Erlebniswert:
der hölzerne Fußweg über
die Brooklyn Bridge 1888*

131

Yorks. Die braunen Straßenschilder verraten es: Ganze Straßenzüge wurden als historisch wertvoll eingestuft.

Egal wohin man sich wendet, zwischen Joralemon Street und Cranberry Street lohnt sich überall der Blick an den Backsteinfassaden hinauf. Immer wieder sind kunstvolle Details zu entdecken, besonderen Charme haben die schnörkelig verzierten, schmiedeeisernen Feuerleitern. Was dieses Viertel aber so sehr von allen anderen Vierteln Manhattans unterscheidet, sind seine Sauberkeit und Ruhe. »Man kennt sich, man redet mit dem Krämer, es ist ein echtes Nachbarschaftsviertel«, sagt der ebenfalls im Borough wohnende Schriftsteller Paul Auster. »Was meine Frau und ich an Brooklyn schätzen, ist die Intimität, die Vertrautheit, die Beziehung zu den Menschen, man könnte es beinahe eine Dorfatmosphäre nennen.« Die meisten Lokale in den Heights haben Tische draußen stehen und sorgen für fast südländisch entspanntes Flair; in den näher zum Fluss gelegenen Wohnvierteln sind die Bürgersteige und Vorgärten noch adretter als in Greenwich Village. Kein Wunder, dass sich hier viele Familien mit Kleinkindern niedergelassen haben.

Auch Schriftsteller, so wirbt Brooklyn in offiziellen Broschüren, hätten die entspannte Atmosphäre immer schon geliebt – mit Ruhe zum Schreiben, Restaurants vor der Haustür und Manhattan gleich auf der anderen Seite des Flusses. Tatsächlich haben berühmte Autoren wie Norman Mailor, Truman Capote oder Arthur Miller hier gelebt und geschrieben. Ihr Kollege Auster bezweifelt jedoch, dass die Wahl ihres Wohnsitzes freiwillig war: »Die haben in Brooklyn gewohnt, weil es billiger war oder weil sie hier aufgewachsen sind.« Auch wenn ihm das Viertel mittlerweile ans Herz gewachsen sei – er selbst sei nur aus finanziellen Erwägungen und widerstrebend nach Brooklyn gezogen. »Für die Arbeit an meinem Film ›Lulu on the bridge‹ musste ich ein Jahr lang beinahe jeden Tag nach Manhattan. Und dabei habe ich erkannt, dass es mir fehlt: die besten Buchläden, Museen, Zigarrenläden, Kunstausstellungen, Kinos, Theater direkt vor der Tür. In meiner Nachbarschaft in Brooklyn kann ich nicht mal Jeans kaufen.« Viele mobile, junge – und finanziell gut gepolsterte – Leute nehmen die Pendelei anscheinend dennoch gerne in Kauf: Die *brownstones* in den Brooklyn Heights zählen zu den teuersten Wohnungen in New York.

Man sollte sich die Zeit so einteilen, dass man den Sonnenuntergang an der ⑪ **Brooklyn Heights Promenade** erlebt. Auf einer der vielen Bänke entlang der Promenade kann man es sich mit einem *take away* gemütlich machen und zuschauen, wie sich der Himmel über der Skyline von Manhattan rosa färbt und die letzten Sonnenstrahlen in den verspiegelten Fassaden des Financial District verglimmen. Mit etwas Glück klampft ein Gitarrist auf der Bank nebenan ein paar romantische Akkorde dazu. Direkt unterhalb der Brooklyn Bridge gibt es übrigens angeblich die beste Pizza New Yorks, bei Grimaldi's – dort wo die Leute bis auf die Straße stehen. Was sich in dem wuchtigen Betonbau am Fuß der Brücke verbirgt, wird übrigens schnell klar, wenn man das in riesigen Lettern geschriebene »Watchtower« ins Deutsche übersetzt: »Wachturm« – hier befindet sich das Welthauptquartier der Zeugen Jehovas.

Kaum zu glauben, dass sich unweit von hier der »perfekte Ort für Kammermusik« befindet, so jedenfalls bezeichnen Musiker einen alten Lastkahn im East River. Die Violinistin Olga Bloom gründete schon 1977 **barge music**, fünf Tage die

Brooklyn ist nach der niederländischen Stadt Breuckelen benannt.

37,8 % der Brooklyner wurden im Ausland geboren und 46,7 % sprechen Zuhause eine andere Sprache als Englisch (2008).

Pittoresk: Feuertreppen – »Iron Fire Escapes« – im Borough Brooklyn

*Brückenschläge über den
East River von Brooklyn
nach Manhattan: die
imposante Manhattan
Bridge…*

Woche gibt es dort Kammermusik, manchmal von weltberühmten Musikern. Ein Abstecher führt nun weiter nach Norden, nach **12** **Williamsburg** (Subway-Haltestelle Flushing Avenue). Es ist das boomende Viertel schlechthin, hier gibt es, wie früher im Village, kleine Shops, viele junge Leute, Bars und Galerien. Wer sich für Kunst interessiert, für zeitgenössische oder sogar die Kunst von morgen – sollte nach **Dumbo** pilgern. In Down Under Manhattan Bridge Overpass gab es in den 1990er-Jahren das, was in Manhattan längst nicht mehr bezahlbar war: riesige Lofts.

Der krönende Abschluss eines Ausflugs nach Brooklyn ist der Rückweg über die Fußgängerrampe der **13** **Brooklyn Bridge**. Den zuweilen schneidenden Wind über dem East River vergisst man beim Anblick des Lichtermeeres. Wer auf diesem Weg nach Manhattan zurückkehrt und die beschriebenen Viertel besucht hat, hat jedoch nur das schöne Brooklyn gesehen und das zählt nicht, so würde Hermann Pichler sagen. »Onkel Hermann«, wie er sich selber gerne nennt, lebte über 30 Jahre in Brooklyn und bietet Touren durch sein *borough* an: Er nimmt Touristen mit auf eine Weltreise – von Israel über Afrika nach Russland. Denn in Brook-

… die gewaltige Williamsburg Bridge und …

lyn leben sie alle nebeneinander: Juden und Jamaikaner, Italiener, Araber und Durchschnitts-New-Yorker. Von Multikulti kann allerdings keine Rede sein. Die ethnischen Gruppen bleiben unter sich, und wo sie sich zu nahe kommen, gibt es Spannungen.

Das ethnische Mischmasch beginnt gleich hinter der ⑭ **Williamsburg Bridge**, die auch der *Jewish Highway* genannt wird. Die Brooklyner Juden pendeln hier zwischen ihren *Schtetl*-ähnlichen Wohngebieten und ihren Arbeitsplätzen in der City. Wenn man im Telefonbuch bei typisch jüdischen Namen nachschaut, liest man als Zusatz oft genug Arzt, Rechtsanwalt oder einen anderen angesehenen Beruf. Während sich ein Großteil der Juden in Williamsburg also durch einen hohen Bildungsstand auszeichnet, stehen ihre Nachbarn, schwarze Einwanderer aus Jamaika, meist am untersten Rand der Gesellschaft – Missgunst und manchmal auch gewalttätige Auseinandersetzungen sind da programmiert.

Williamsburg war noch zur Jahrhundertwende mehrheitlich von deutschen Einwanderern bewohnt – über den fast noch dörflichen Straßen lag der Malzgeruch mehrerer Brauereien, und sonntags spielte in den Biergärten Humptata-Musik. 1887 eröffnete der Österreicher Peter Luger sein Landgasthaus, das heute als bestes Steak-Restaurant New Yorks gilt.

… die älteste Verkehrsbrücke der Stadt – Brooklyn Bridge

Am Hafen hatten sich Werften, Raffinerien und Glasfabriken angesiedelt. Auch Eberhard Faber (der mit den Buntstiften) hatte in Brooklyn ein Werk errichtet. Nach dem Zweiten Weltkrieg wanderte die Industrie jedoch ab, und Ende der 1940er-Jahre zogen die ersten Satmar-Juden ein. Sie gehören zu den *Chassidim*, den »Frommen«, eine der konservativsten unter den orthodoxen Gruppierungen. Sie erkennen den Staat Israel nicht an, erst der Messias kann nach ihrem Glauben dem Volk Gottes seine Heimat zurückgeben. Hebräisch, die heilige Sprache, benutzen die Satmar-Juden nur zu Studienzwecken, im Alltag unterhalten sie sich auf Jiddisch. Auf der Hauptstraße des Viertels, der **Roebling Street**, sieht man am Schabbat pelzbemützte Männer in schmuckloser, schwarzer Kleidung – und dazwischen manchmal einen Reggae-Man mit Rastalocken.

Südlich der Flushing Avenue werden Geschäftsschilder in hebräischer Schrift rar. Sie ist die Grenze zu **⑮ Bedford-Stuyvesant**, dem heute größten Schwarzenviertel New Yorks. Etwa 200 000 Amerikaner afrikanischer Abstammung leben hier, die meisten von ihnen in *low-income-projects*, hässlichen Hochhausblocks mit Fürsorgewohnungen des Staates. Zwischendrin liegen Grundstücke brach, eingezäunt mit Maschendraht und zugemüllt. Supermärkte sucht man hier vergebens; die großen Ketten trauen sich nicht, in diesem Viertel Filialen zu eröffnen. Die schwarze Bevölkerung muss ihren täglichen Bedarf in Groceries und Super Delis decken und ist so zusätzlich mit höheren Lebensmittelpreisen gestraft.

Bevor die Gegend entlang der Atlantic Avenue so richtig trostlos wird, kann man aber auch noch ein paar Brownstones entdecken. Barbra Streisand wurde in der Pulaski Street in einem solchen Bürgerhaus aus der Gründerzeit geboren. Die Sängerin zog noch als Kind ins jüdische Flatbush, wo auch der spätere Schachweltmeister Bobby Fisher aufwuchs und auch Allen Königsberg, den heute alle Welt als Woody Allen kennt.

Brooklyn-Graffito: in Brooklyn aufgewachsen – »Scarface« Al Capone

Ein weiteres jüdisches Viertel findet man in **⑯ Crown Heights**. Dort leben die Lubawitscher Juden, die glauben, dass ihr 1994 verstorbener Ober-Rabbiner Menachem Schneerson in absehbarer Zeit als Messias auf die Erde zurückkehrt. Der Grund: Obwohl die meisten der aus Weißrussland eingewanderten Familien zahlreichen Nachwuchs haben, blieb die Ehe des Rabbis kinderlos. Er war nicht einmal mit der Geburt einer Tochter gesegnet, sodass ein Schwiegersohn das Rabbinat hätte weiterführen können. Nach Auffassung der Gemeinde musste also Schneerson der neue Messias sein – sagt die Bibel doch über den künftigen Erlöser, er solle der Letzte seines Stammes sein. Damit der Messias jedoch einziehen kann, müssen möglichst viele Menschen auf den rechten Weg gebracht werden – und nicht nur deshalb sind die Lubawitscher Juden sehr kommunikativ Fremden gegenüber. Schon zu Lebzeiten predigte Schneerson Toleranz und Offenheit nach innen und außen. Ein Besuch der Synagoge bietet sich deshalb geradezu an.

Das Gemeindezentrum liegt nur drei Stationen vom Brooklyn Museum of Art entfernt auf dem Eastern Parkway (Linie 3, Kingston Avenue). Man kann aber auch schon **Nostrand Avenue** aussteigen und einen Spaziergang durch die President Street machen. Vor den Villen stehen gestutzte Hecken, und in den Vorgärten gibt es – ein seltener Anblick in New York – tatsächlich Blumenrabatten. Viele der eleganten Häuser stehen heute allerdings verlassen und verfallen langsam. Mit Al Capone ist eine zweifelhafte Berühmtheit in dieser Gegend aufgewachsen; er kellnerte in Coney Island, bevor er in Chicago als Gangster Karriere machte.

*Street Art: Graffiti-Sprayer
in Brownsville, Brooklyn*

*Einige berühmte
Brooklyner
(hier geboren
und/oder hier gelebt):*

*Woody Allen
Paul Auster
Lauren Bacall
Mel Brooks
Foxy Brown
Neil Diamond
Richard Dreyfuss
Bobby Fischer
George Gershwin
Rudolph Giuliani
Rita Hayworth
Harry Houdini
Michael Jordan
Harvey Keitel
Larry King
Heath Ledger
Spike Lee
Lil Kim
Norman Mailer
Arthur Miller
Henry Miller
Eddie Murphy
Adam Sandler
Jerry Seinfeld
Barbra Streisand
Mike Tyson
Walt Whitman*

Wenn man links in die Kingston Avenue einbiegt, sieht man Leuchtreklamen und Plakate: »Welcome Moshiach«. In den Schaufenstern hängen Fotos eines alten Mannes mit grauem Bart und wachen Augen unter dem schwarzen Hut – das ist er, Melachem Schneerson. Es kann sein, dass man auf dem Weg an bettelnden Mütterchen vorbeikommt. Religiöse Juden sind dazu angehalten, jeden Tag eine Mitzwa, eine gute Tat zu tun; die Bettlerinnen können damit rechnen, dass sich ihre Pappbecher in der Nähe der Synagoge leicht mit Münzen füllen. Die ❸ **Synagoge** selbst ist ein unscheinbarer Quader an der Ecke Eastern Parkway. Männer (Kopf bedecken!) gehen durch den Haupteingang auf Straßenlevel hinein, Frauen gehen die Seitentreppen hinauf und nehmen die mittlere Tür. Es dauert nicht lang, bis man von einem Gemeindemitglied angesprochen wird. Das Gespräch beginnt meist mit denselben zwei Fragen: *Where are you from?* und *Are you Jewish? Ja?* Fremden Juden versuchen die Lubawitscher im intensiven Einzelgespräch ihren Messias nahezubringen. Wenn man die zweite Frage jedoch mit Nein beantwortet, ist man aus dem Schneider. Dann gilt man als unreligiös und somit unbekehrbar. Allenfalls bekommt man eine Kopie mit den Zehn Geboten in die Hand gedrückt und kann sich in Ruhe in den Räumlichkeiten umschauen. Der Frauenbereich besteht zum größten Teil aus Bücherregalen und alten Holzbänken. Durch einen Spalt sieht man in den eigentlichen Gemeindesaal. Auch dort Bücher über Bücher, und Männer, die in kleinen Gruppen diskutieren. Sie haben ihre schwarzen Kaftane abgelegt, sitzen hemdsärmelig, und ziemlich laut ist es auch. Überhaupt sollte man sich über die lockere Atmosphäre nicht wundern. Auch wenn hinter dem Vorhang an der Stirnseite die Thora liegt – die Synagoge ist unter der Woche weniger Gotteshaus als Treffpunkt der Gemeinde.

Wenn man Crown Heights wieder verlässt, sollte man nicht zu weit nach Osten abdriften, denn dann landet man schnell in den gottverlassenen Straßen von ⓱ **Brownsville**. Bei jedem zweiten der garagenähnlichen Läden sind die Metallrollos auch tagsüber unten. Immer wieder sieht man ausgebrannte Häuser, nur mehr abbruchreife Ruinen. Die wenigen Häuser, die besser aussehen, sind mit Stacheldraht geschützt. Brownsville kann als *no-go zone* bezeichnet werden. Die Kriminalitätsrate ist die höchste von New York.

Also steigt man besser wieder in die U-Bahn ein und fährt entweder bis ins »schönere« Brooklyn zurück oder nimmt an der Atlantic Avenue die Linie B, um die »Weltreise« bis nach Brighton Beach fortzusetzen. Wer noch einmal Schtetl-Atmosphäre erleben möchte, steigt an der 50th Street aus und findet sich in der dritten – neben Williamsburg und Crown Heights – wichtigen jüdischen Enklave Brooklyns wieder, in **⑱ Borough Park**. Bei den orthodoxen Juden dieses Viertels sind die Sitten streng: Die Männer tragen Schläfenlocken, verheiratete Frauen müssen konsequent ihre Haarpracht verstecken – weil Eitelkeit Sünde ist. Manche gehen dabei so weit, dass sie sich den Kopf ganz rasieren und darüber ein Kopftuch oder eine Perücke tragen. Wenn man die Utrecht Avenue herunterläuft, kommt man an einigen Schaufenstern vorbei, in denen die sogenannten »Scheitel« ausliegen, billigere Ausführungen aus Kunsthaar, teurere – da spielt der Status dann doch eine Rolle – aus echten Haaren. Was hier in den Läden verkauft wird, ist alles koscher – nicht nur Lebensmittel, sondern auch Zahnpasta und Geschirrspülmittel tragen den Vermerk, dass sie den jüdischen Reinheitsgesetzen entsprechen. In Bäckereien gibt es Bagels und eine Riesen-Auswahl an jüdischem Kleingebäck aus mürbem Blätterteig mit Schokolade oder Zimt.

An der 62nd Street geht es wieder in die U-Bahn, die auf dem ganzen Abschnitt – Industrieromantiker werden ihre Freude haben – oberirdisch auf einer Trasse mit nietenbesetzten Stahlstreben fährt. Mit der Linie B geht es bis nach Coney Island, dort muss man noch einmal umsteigen, um mit der Linie D nach **⑲ Brighton Beach** zu kommen (von der Atlantic Avenue gelangt man auch direkt auf den Linien D und Q dorthin).

Das nach dem englischen Seebad Brighton benannte Viertel trägt heute den Spitznamen Little Odessa. Die ersten Russen siedelten sich hier nach der Oktoberrevolution an; der nächste große Schwung von Immigranten kam mit dem Zusammenbruch der Sowjetunion. Die Geschäfte und Restaurants preisen ihre Angebote in kyrillischer Schrift an, wenn man genauer hinsieht und ein wenig rätselt, kann man einzelne Wörter wie »Möbel« oder »Hamburger« herauslesen. In den Straßen parken auffallend viele deutsche Autos: Deutsche Marken gelten bei Russen als Statussymbol – und wasserstoffblonde Haare bei ihren Frauen offensichtlich als Schönheitsideal. Dick geschminkt gehen die Russinnen an der Promenade spazieren, und alte Männer sitzen im Freien und spielen Schach. Den Atlantik immer zur Linken, kann man von Brighton Beach aus am Aquarium (vgl. S. 185) vorbei bis nach Coney Island gehen; mit der U-Bahn kommt man direkt zurück nach Manhattan.

Fastfood in Brighton Beach (Brooklyn)

Mehr Infos zu Coney Island (Brooklyn) finden Sie auf S. 156 f.

Eher Normalität: kyrillische Schriftzeichen in »Little Odessa« (Brighton Beach, Brooklyn)

Service & Tipps:

(i) Brooklyn hat eine **eigene Tele-fonvorwahl**, nicht 212 wie Manhattan, sondern 718.

(i) **Brooklyn Information & Culture**
45 Main St., NY 11201 (Brooklyn)
✆ 1 (718) 683-5600
www.bricartsmedia.org
Das Touristenbüro gibt vierteljährlich den Veranstaltungskalender »Meet me in Brooklyn« heraus, am Telefon kann man aktuelle Informationen erfragen.

(U) Mehrere **Subway-Wege** führen von Manhattan nach Brooklyn: Die Linien 4, 5 (grün) und 2, 3 (rot) halten Downtown an der Borough Hall, bringen Besucher aber auch bis zum Museum of Arts (Easter Pkwy.). Mit den (braunen) Linien J, M, Z kommt man nach Williamsburg in die Nähe der Roebling Street (Marcy Ave.); die (orangfarbenen) Linien B, D, F, Q fahren bis nach Coney Island und Brighton Beach. Leider gibt es kaum Querverbindungen zwischen den einzelnen, meist oberirdisch verlaufenden Trassen, weshalb größere Strecken in Ost-West-Richtung nur per Bus oder Taxi zu überbrücken sind.

🏛 ⓴ **Brooklyn Children's Museum**
145 Brooklyn Ave. & St. Marks Ave., NY 11213 (Brooklyn)
✆ 1 (718) 735-4400
www.brooklynkids.org, tägl. außer Mo 10–17 Uhr, Eintritt $ 9, 3. Do im Monat 16–19 und am ersten Wochenende im Monat 14–17 Uhr frei
Das Museum gilt als das erste Kindermuseum der Welt; es wurde 1899 gegründet. Vgl. auch S. 183.

🏛 ㉑ **Brooklyn Historical Society**
128 Pierrepont St. & Clinton St.
NY 11201 (Brooklyn), ✆ 1 (718) 222-4111
www.brooklynhistory.org
Mi–Fr, So 12–17, Sa ab 10 Uhr
Eintritt $ 6/Kinder unter 12 Jahren frei
Wer sich intensiver für die bewegte Geschichte des Borough interessiert, sollte dieses Museum besuchen. Unter anderem gibt es einen Raum voll mit Erinnerungen an die Dodgers, die »wonderful bums« der Brooklyner Baseballmannschaft. Witzig sind die Karussellpferde und andere Reminiszenzen an die Vergnügungsstätte Coney Island.

🏛 **Brooklyn Museum of Art**
200 Eastern Pkwy.
NY 11238 (Brooklyn)
Anfahrt: Subway 2 oder 3 bis Eastern Pkwy./Brooklyn Museum, 4 bis Franklin Ave., ✆ 1 (718) 638-5000
www.brooklynmuseum.org
Mi–So 11–18, Do bis 22, 1. Sa im Monat bis 23 Uhr
Eintritt $ 12/Kinder unter 12 Jahren frei
Das BMA hat das Pech, dass es immer in Konkurrenz zum Metropolitan Museum betrachtet wird. Dabei brauchen die Sammlungen ägyptischer, afrikanischer und asiatischer Kunst hinter dem großen Bruder aus Manhattan keineswegs zurückzustehen. Die Design-Ausstellung im vierten Stock zeigt altbekannte Gebrauchsgegenstände, die aus der eigenen Wohnung längst verbannt wurden.
Rodin-Fans freut die Cantor-Gallery: Im strahlend weißen Oktogon stehen Bronzegestalten aus der Hand des französischen Meisters. Zwar besteht der Großteil der Sammlung aus Fragmenten und Vorarbeiten von Skulpturen wie »Die Bürger von Calais«, aber Kunstinteressierte erfahren einiges über die Arbeitsweise des berühmten Bildhauers.

👁 ⑪ **Brooklyn Heights Promenade**
U-Bahn-Linie 4, 5, M, R (Borough Hall) oder 2, 3 (Clark St.), vgl. S. 146 f.

👁 ㉒ **Greenwood Cemetery**
Fifth Ave. & 25th St.
NY 11232 (Brooklyn)
✆ 1 (718) 768-7300
www.green-wood.com
Hinter dem Torhaus (gebaut 1861) befindet sich eine Art Promi-Friedhof. Die Stadtoberen sind hier begraben, aber auch Leonard Bernstein, Samuel Morse und die flatterhafte Sängerin Lola Montez, die nach Amerika ausgewanderte Geliebte des Bayernkönigs Ludwig. Wer ein Faible für bemooste Mausoleen hat, sollte sich einen Spaziergang über das riesige Areal nicht entgehen lassen.

⚽ ❹ **Brooklyn Botanic Garden**
990 Washington Ave.
NY 11225 (Brooklyn)
Anfahrt: Subway 2 oder 3 bis Eastern Pkwy./Brooklyn Museum, 4 bis Franklin Ave.
✆ 1 (718) 623-7200, www.bbg.org
Mitte März–Okt. Di–Fr 8–18, Sa/So 10–18, Nov.–Mitte März Di–Fr 8-16.30, Sa/So 10-16.30 Uhr
Eintritt $ 10/Kinder unter 12 Jahren frei,

Di, Sa 10–12 Uhr frei
Der 1910 eröffnete botanische Garten ist Teil des Prospekt Park; u.a. mit Japanischem Garten, Bonsai-Museum.

 ⑩ Brooklyn Borough Hall
209 Joralemon St. & Court St. NY 11201 (Brooklyn)
Das 1851 von Gamaliel King im Renaissance-Stil erbaute Rathaus ist heute das älteste öffentliche Gebäude Brooklyns. Die viktorianische Kuppel wurde 1898 aufgesetzt, in dem Jahr, als die Stadt ihre Unabhängigkeit aufgeben musste.

 ㉓ Brooklyn Academy of Music
30 Lafayette Ave. & Ashland Place
Vgl. S. 181.

 barge music
Fulton Ferry Landing
✆ 1 (718) 624-2083, www.bargemusic.org
Kammermusik in einem »schwimmenden Konzertsaal«, inkl. Blick auf Manhattan.

 Just Brooklyn Tours
Hermann Pichler

Brownstones
So werden Stadthäuser mit rötlichbrauner Sandsteinfassade (keine Ziegelsteine) aus der Mitte des 19. Jh. bezeichnet, die nicht mehr als fünf Stockwerke haben dürfen. Die Ein- und Aufgänge sind reich verziert, auf der Rückseite des Hauses liegen Miniaturgärten.

hpichler@aol.com
✆ 1 (570) 839-8221
Dieses Tourunternehmen ist ein Erlebnis für sich: Mit einem Kleinbus kutschiert Hermann Pichler, der seit 20 Jahren in Brooklyn lebt, Touristen durch »Das andere New York«, sprich durch Brooklyn (und auf Anfrage durch die Bronx). Seine Erklärungen gibt der gebürtige Österreicher auf Deutsch oder Englisch, und er redet ununterbrochen – 5,5 Stunden lang.

Weitere Informationen zu Brooklyn finden Sie auf S. 156 f., zusätzliche Serviceadressen im Kapitel Enjoy & Relax ab S. 158.

Große Kunst in stilvoller Atmosphäre: das Brooklyn Museum of Art

Surfen in Queens

von Hannah Glaser

Flushing Meadows Corona Park: die riesige Weltkugel »Unisphere« ist das Wahrzeichen von Queens

Hochbahnstation der legendären Subway 7: Die beste Art, die Vielfältigkeit von Queens kennen zu lernen, ist die Fahrt mit dieser auch »International Express« genannten U-Bahn-Verbindung

Wer die »Vereinigten Staaten« mit ihren Küchen und Gerüchen, ihren Moden und ihrer Musik live erleben will, der muss Manhattan verlassen. Denn New Yorks wahrer Melting Pot liegt jenseits vom East River im multiethnischen Stadtteil Queens.

Kaum ein Tourist kommt auf die Idee, sich am Times Square in die Subway zu setzen und nach Queens zu fahren. Wieso auch? Selbst die Einwohner von Manhattan kennen vom Stadtteil auf der anderen Seite des East River meist nur Flushing Meadows, wo alljährlich das US Open Tennis Grand Slam Turnier ausgetragen wird. Wer gerne *fancy* essen geht, kennt vielleicht noch das Nobel-Restaurant »Water's Edge« in Queens, was aber nicht wirklich gilt, denn es ist ein exklusiver Logenplatz am Wasser mit Blick auf die magische Skyline von Manhattan – mit Queens hat es rein gar nichts zu tun. Wer sich also mit dem Wassertaxi des Restaurants von Manhattans 34th Street gratis über den East River zum »Water's Edge« schippern lässt (im Menüpreis inbegriffen), sucht den spektakulären Blick auf die schönste Skyline der Welt.

Tatsächlich ist es aber dieser ungeliebte Borough, der in der Realität hält, was Manhattan verspricht. Viel mehr als das teure Pflaster der Hochhausschluchten ist das unglamouröse und bei Weitem preiswertere Queens der multikulturelle Melting Pot: Auf 313 Quadratkilometern leben 2,2 Millionen Menschen aus 200 Nationen – nirgendwo sonst auf dem Globus sind so viele Kulturen so eng vereint. Queens ist fast sechsmal so groß wie Manhattan, belegt ein Drittel der Gesamtfläche von New York City und wurde 1898 aus mehreren Ortschaften wie Newtown, Long Island City, Flushing und Jamaica zusammengestoppelt.

Heute ist es ein gewaltiger Flickenteppich unterschiedlichster Kulturen. Keine noch so exotische Bevökerungsgruppe, die hier nicht ihre Alltagskultur lebt – von Usbeken bis zu Letten, Serben, Immigranten aus Kasachstan, aus Indonesien und Mexiko, Italiener, Japaner, Kolumbianer, Inder, Puertoricaner, Israelis, Malayen, Malteser. In den Supermärkten findet man Berge von Datteln aus Ägypten, Feigen aus dem Jordantal, Brot aus Odessa. Kein kulinarisches Extrem, das in Queens nicht zu haben ist: Der eine Schnellimbiss verkauft gebratene Schafsköpfe, der andere in Salz eingelegte Pflaumen, der dritte Mokka mit Kardamom.

Denkt man sich Manhattan von der Landkarte weg, denn wäre Queens auch die Restaurant-Metropole der Ostküste. Die Wunder der Küchen von Queens füllen seit Jahren die Spalten der Lokalseiten der *New York Times*. Die kulinarischen Schwerpunkte sind dabei wie die ethnischen Gemeinschaften über ganz Queens verteilt: So gilt **Flushing**, New Yorks zweitgrößte Chinatown, als erste Adresse für glasierte Ente, für Nudelsuppen, aber auch für taiwanesische und koreanische Küche. Und natürlich ist es nur ein übler Nachbarschaftsscherz, dass so einiges, was hier auf den Teller kommt, seine besten Tage im **Queens Zoo** gesehen hat. Die Alpakas und Papageien, die Schwäne und Seelöwen sind die Attraktion für den sonntäglichen Familienausflug, Streichelgehege inklusive; für die Kleinsten gibt es Schafscher-Wochenenden und Story Telling.

In **Astoria** ist die große griechische Gemeinde zu Hause mit Moussaka, Stifado und eingelegtem Oktopus (im »Omonia Café« wurde der Hochzeitskuchen für den Film »My Big Fat Greek Wedding« gebacken); inzwischen haben sich hier auch Marokkaner und Brasilianer angesiedelt. In Astoria liegt auch das Mekka für Filmfans, das **American Museum of the Moving Image**.

Jackson Heights schließlich ist die kulinarische Anlaufstelle für Liebhaber der indischen und südamerikanischen Landesküche. In **Corona** wartet mit dem **Louis Armstrong House** in der 107th Street eine Pilgerstätte für Jazzfans und in der 108th Steet mit dem »Lemon Ice King« ein Wahrzeichen des alten Queens. **Elmhurst** – von Manhattans Central Station nur drei Metrostopps mit dem E- oder F-Train entfernt – ist das asiatische Geschmacksparadies mit malaysischen, thailändischen, tibetischen, vietnamesischen und indonesischen Restaurants.

Doch wer die Metro aus Manhattan an der Elmhurst Avenue verlässt, bleibt unter Umständen – wie *New York Times*-Reporter Seth Kugel – bereits zwei Blocks weiter bei **Sabay Thai** hängen, wo in modernem Ambiente und mit den Werken lokaler Künstler an den Wänden köstliche Thaiküche für weniger als zehn Dollar frisch aus dem Wok serviert wird.

Queens: Blick auf die Long Island City Skyline

Einen detaillierten Stadtplan von New York City, inkl. des Stadtteils Queens, erhält man in den Tourismusbüros (vgl. S. 197) oder in Buchläden. Auf der Übersichtskarte in der vorderen Umschlagklappe sind einige Highlights von Queens eingezeichnet.

Queens hat eine Fläche von 283 km² und 2 230 725 (2012) Einwohner. Es ist der flächenmäßig größte Stadtteil und liegt im Osten der Stadt.

Queens gilt auch im Kunstbetrieb als spannendes Pflaster. Wer Manhattans Museum of Modern Art besucht, hat in der Eintrittskarte das Ticket für **P.S.1** eingeschlossen, ein Zentrum für zeitgenössische Kunst und eine der ältesten Kunstinstitutionen in Queens. Das P.S.1 ist der kleine, wilde Bruder des MoMA – mit weit mehr Avantgardefeeling – und residiert in einem alten Schulgebäude in schönstem Hopper-Rot. Etliche Künstler haben Ateliers im selben Bau, und der modern designte Beton-Innenhof ist im Sommer eine beliebte Party-Location.

Ebenfalls in **Long Island City** liegt das stille **Isamu Noguchi Museum**, eines der schönsten kleinen Museen New Yorks, dass den Werken des modernen Bildhauers Isamu Noguchi gewidmet ist. Nicht weit weg liegt der **Socrates Sculpture Park** – im Freien und mit Blick auf Manhattan. Ohnehin hat sich der nördlichste Teil von Queens, Long Island City, längst zum Geheimtipp der New Yorker Kunstszene entwickelt, allerdings nicht ohne gesellschaftliche Verwerfungen. Früher wirkte die Gegend dank flacher Gebäude weit und offen. Kleine Ateliers gehörten schon in den 1980er-Jahren zur Nachbarschaft, aber auch Medienmogule wie die Silvercup-Studios, in denen Hits wie »Sex and the City« und die »Sopranos« produziert wurden. Die Künstler, die in Long Island City leben und arbeiten, sorgen von jeher für das besondere Flair.

Ein Mekka für Graffiti-Künstler: das Five-Pointz-Graffiti-Haus am Court Square in Queens, hier findet man die »Tags« der besten Graffiti-Künstler New Yorks

Wie überall in New York verändert aber auch hier die Gentrification das Gesicht des Viertels. Vor einigen Jahren wuchsen die ersten Apartmenthochhäuser am Ufer des East River in den Himmel, sie versperren heute den Blick auf die Skyline von Manhattan und sorgten für Streitigkeiten um den Zugang zum Ufer. Trotzdem finden sich immer noch innovative Kunstprojekte direkt neben Fabriken und Läden. Gegenüber vom Court Square Diner leuchtet das **Five-Pointz-Graffiti-Haus** in bunten Farben, ein Playground für diese Kunstform, und ein paar Straßen weiter liegt **The Space**, eine Ateliergemeinschaft, die ansässige Künstler unterstützt.

Ein anderes kulturelles Zentrum wartet am Ende der Subway-Linie 7 im **Flushing Meadows Park**. Auf dem Gelände zweier Weltausstellungen hat das **Queens Museum of Art** etwas Einzigartiges zu bieten, das Panorama of the City of New York: New York im kleinen Maßstab ist gleichzeitig das größte Architekturmodell der Welt. Es ist aus 895 000 verschiedenen Strukturen aufgebaut, wobei einem Zentimeter im Modell 300 Meter in der Realität entsprechen.

Fern davon, am anderen, dem südlichen Ende von Queens, wo die lang gezogene **Halbinsel Rockaway** wie eine Hutnadel in die Bay sticht, sieht die Welt wieder ganz anders aus. Hier ist New Yorks Surfparadies – kilometerlange, einsame Sandstrände, mit dem A-Train der Subway zu erreichen. Und an manchen Tagen, speziell im Winter und bei starkem Wind, rollen mächtige Atlantikwellen an den Strand. Dann stürzen sich athletische Gestalten in schwarzen Neoprenanzügen in die graue Brandung – die Surfer von New York City.

Leider hat Hurrican Sandy hier entsetzlich gewütet und noch im April 2013 waren die Trümmer nicht alle beseitigt. Der zehn Meilen lange (!) hölzerne **Boardwalk**, der zwischen 16th und 125th Streets am weiten Sandstrand entlangführte, ist nur noch Geschichte. Niemand weiß, ob der hölzerne Weg auf Stelzen wieder aufgebaut werden wird und ob und wann die Halbinsel zurückfinden wird zu dem einstigen unbeschwerten Alltagsidyll am Atlantik. 130 000 New Yorker leben auf der Halbinsel, eine Mischung aus *Lower*, *Middle* und *Upper class*-Nachbarschaften. In den 1960er-Jahren waren die Rockaways eine Nobeladresse der reichen New Yorker, die sich hier ihr Wochenendhaus mit Meerblick leisteten.

Honest Ethnic Eats: Per Subway von Irland nach Indien
Restaurants in Queens – entlang der Subway 7

Die Subway Nummer 7 fährt als Hochbahn über einige der originellsten und besten Ess-Adressen in Queens. Sie startet am Times Square, fährt über Grand Central Terminal von Manhattan hinüber nach Long Island City, Jackson Heights und Corona, vorbei am Citi Field Stadion und endet schließlich in Flushing. Für die gesamte Fahrstrecke bis zur Endstation braucht sie 40 Minuten. Die Bahn ist meist voll besetzt und als Local-Bahn für New Yorker Verhältnisse langsam unterwegs, es gibt viel zu schauen und zu erleben.

Region Long Island City

Subway-Station Vernon Blvd./ Jackson Ave.

 Tournesol Bistro Francais
50-12 Vernon Blvd., zwischen 50th und 51st Sts., Hunters Point NY 11101, ✆ 1 (718) 472-4355
http://tournesolnyc.com
Mo-Do 17.30–23, Fr/Sa 17.30–23.30, Di-Fr auch 11.30–15, Sa auch 11–15.30, So 11–15.30 und 17–22 Uhr
Das ist der erste Stopp der 7 in Queens und schon kostet alles nur noch die Hälfte, auch in diesem französischen Upscale-Bistro mit Brunch am Wochenende. $

 **Lounge 47**
47-10 Vernon Blvd., zwischen 47th Ave. & 47th Rd., NY 11101
✆ 1 (718) 937-2044, www.lounge47.com
So-Do 12–1, Fr/Sa 12–2 Uhr
Hip im Stil der 1970er-Jahre eingerichtet, laut *New York Times* gibt es hier die besten Burger von Queens, lauschiger Gastgarten für den Sommer. $$

Region Woodside

Subway-Station 52 St./Roosevelt Ave.

 La Flor Bakery and Cafe
53-02 Roosevelt Ave. & 53rd St. NY 11377, ✆ 1 (718) 426-8023
www.laflorrestaurant.com
Tägl. 9–22 Uhr
Schöner kann man nirgendwo in Queens den Tag beginnen, als mit einem Frühstück (bis 14 Uhr) in diesem charmanten und sonnendurchfluteten Café unter der

Hochbahn, und am besten kommt man abends zum Dinner zurück. Mexikanische Spezialitäten, aber auch französische und Fusion-Küche, köstliche Süßspeisen (aus der eigenen Bäckerei) und Desserts – ein echter Geheimtipp. $

Subway-Station Woodside/61st St.

 Sripraphai Thai Restaurant
64-13 39th Ave., NY 11377
✆ 1 (718) 899-9599
www.sripraphairestaurant.com
Tägl. außer Mi 11.30–21.30 Uhr
Beste, authentische Thai-Küche, oft sehr voll, deshalb ist das ein Platz um zu essen, aber nicht um zu bleiben. Unbedingt den Salat mit Brunnenkresse versuchen *(watercress)*. $$

 Sweet Basil Thai
39-28 61st St., NY 11377
✆ 1 (718) 205-0080
www.sweetbasilwoodside.com
Mo-Fr 11.30–22.30, Sa/So bis 23.30 Uhr
Neben dem Sripraphai (vgl. oben) die beste Thai-Küche in Queens, sehr gut und sehr scharf, niedrige Preise. Superschneller Service. $

 Donovan's Irish Pub
57-24 Roosevelt Ave., NY 11377
✆ 1 (718) 429-9339
www.donovansny.com
Mo-Mi 11–24, Do-So bis 2 Uhr
Gemütlicher Irish Pub mit besten Burgern und kühlem Guinness. Super Preise, heimelige Atmosphäre. $

Region Jackson Heights

Subway-Station 74th St./Broadway

The Jackson Diner
37-47 74th St. (nördlich von Roosevelt Ave.), NY 11372
✆ 1 (718) 672-1232, tägl. 11.30–22 Uhr
Eine Institution seit über 25 Jahren und ein Wahrzeichen von Little India. Im Jackson Diner kommt beste indische Küche auf den Tisch, Lunchbuffet für 9 Dollar. Nur Bargeld, oft sehr laut. $

Arunee Thai
37-68 79th St., NY 11372
✆ 1 (718) 205-5559, www.aruneeny.com
Mo-Fr 11–22.30, Sa/So 12–22.30 Uhr
Klassische Thai-Adresse für eine ent-

In Queens werden Adressen auf eine ganz eigene Art angegeben: Die erste Zahl vor dem Bindestrich gibt die zum Gebäude nächst gelegene kreuzende Straße (cross street) an. Die zweite Zahl, nach dem Bindestrich, bezeichnet die Hausnummer von dieser Cross Street aus gesehen, danach folgt der eigentliche Straßenname. Zum Beispiel: Sweet Basil Thai hat die Adresse 39-28 61st St. Das bedeutet, dass sich das Restaurant an der Kreuzung von 39th und 61st Sts. befindet. Es ist das Gebäude Nr. 28. Nicht ganz so einfach!

spannte und unkomplizierte Mahlzeit; zur Mango-Saison unbedingt das Mango-Reis-Dessert bestellen. $

Region Elmhurst

Subway-Station 82nd St./ Jackson Heights

 Sabay Thai
75-19 Broadway, NY 11373
✆ 1 (718) 424-9054
www.sabaythai.com
Köstliche Thai-Küche. $

 Nusara
82-80 Broadway, NY 11373
✆ 1 (718) 898-7996
www.nusarathaikitchen.com
Tägl. 11.30–23 Uhr
Thailänder mit hervorragenden Nudelsuppen. $$

 La Fusta Restaurant & Steak House
80-32 Baxter Ave., zwischen Ketcham & Layton Sts., NY 11373
✆ 1 (718) 429-8222
www.lafustanewyork.com
Mo–Fr 11–23.30, Sa bis 24, So 14–23 Uhr
Fantastische argentinische Steaks, ideale Adresse für Fleischfresser und solche, die Angst vor ethnischer Küche haben. $$

Region Corona

Subway-Station 103rd St./ Corona Plaza

 Leo's Latticini
46-02 104th St., NY 11368
✆ 1 (718) 898-6069
Di–Sa 11–18, So 10–12 Uhr
Mo geschl.
Ein sympathischer, italienischer Deli für das, was die Amis *a quick bite* nennen, einen schnellen Happen. Hier verpflegen sich auch die Spieler der Mets. Alles zum Mitnehmen, aber auch zum gleich Essen, in Mama's Patio. $

Subway-Station 111th St./ Roosevelt Ave.

 Lemon Ice King of Corona
52-02 108th St. & Corona Ave. NY 11368
✆ 1 (718) 699-5133
Tägl. 10–24 Uhr

Typischer kann es kaum noch werden, in diesen lakonischen Ort verlieben sich selbst New Yorker, denen Queens zu gewöhnlich und zu uncool ist. Das Eis ist köstlich, mit Glück gibt es auch eine Papierserviette dazu, und dann spaziert man durch Latino Corona, ein Italianoviertel, in dem die Gentrification noch nicht angekommen ist. $

Region Flushing

Subway-Station Flushing/Main St.

 Spicy and Tasty
39-07 Prince St., NY 11354
✆ 1 (718) 359-1601
www.spicyandtasty.com
Tägl. 11–23 Uhr
Ein Paradies der authentischen, würzig und scharfen Sezuanküche. *Spicy food,* das glücklich macht, wer sich nicht traut, wählt die *tea smoked duck.* $$

 Pho Vietnamese Restaurant
38-02 Prince St., NY 11354
✆ 1 (718) 461-8686
Tägl. 11–24 Uhr
Keine tolle Atmosphäre, alles simpel und einfach, aber köstliche vietnamesische Küche, beste Nudelsuppen und Frühlingsrollen für wenig Geld. $

 Green Papaya Thai Cuisine
38-04 Prince St., NY 11354
✆ 1 (718) 353-1888
Tägl. 11–24 Uhr
Im Herzen von Flushings Chinatown wird fantastische Thaiküche (köstliche *daily specials*) zu unschlagbar niedrigen Preisen serviert. $

Sehenswürdigkeiten in Queens

 American Museum of the Moving Image
36-01 35th Ave., zwischen 36th & 37th Sts., NY 11106 (Astoria)
Anfahrt: Subway R oder V (V nicht Sa/So) bis Steinway St.
✆ 1 (718) 777-6888
www.movingimage.us, Di–Do 10.30–17, Fr 10.30–20, Sa/So 10.30–19 Uhr
Eintritt $ 12/6
In zwei Kinos werden Retrospektiven zusammengestellt. Der Fundus ist eine Wonne für Filmenthusiasten: 60 000 Einzelstücke, von Kostümen über Plakate bis zu Zeitschriften. Das Museum wurde kürzlich erweitert und saniert.

Isamu Noguchi Garden Museum
Eingang: Vernon Blvd., zwischen
10th St. und 33rd Rd.
NY 11006 (Long Island City)
Anfahrt: Mo–Fr Subway (gelb) N oder W,
Sa/So N bis Broadway
✆ 1 (718) 204-7088
www.noguchi.org
Mi–Fr 10–17, Sa/So 11–18 Uhr, Mo/Di
geschl., Eintritt $ 10
Werke des japanisch-amerikanischen
Bildhauers und Designers.

Louis Armstrong House
34-56 107th St., NY 11368 (Corona)
Anfahrt: Subway 7 bis 103rd St./Corona
Plaza, dann Richtung Norden, nach
zwei Blocks rechts in die 37th Ave.,
nach vier Blocks links in die
107th St.
✆ 1 (718) 478-8274
www.louisarmstronghouse.org
Di–Fr 10–17, Sa/So 12–17 Uhr
Eintritt $ 10/7
Die Besichtigung ist nur im Rahmen
einer 40-minütigen Führung möglich,
die jeweils zur vollen Stunde beginnt.
Die Jazzlegende Louis Armstrong und
seine Frau Lucille wohnten selbst zu
Zeiten seines größten Ruhmes in einem
einfachen roten Backsteinhaus in
Corona – heute ein Museum.

New York Hall of Science
47-01 111th St.

NY 11368 (Flushing Meadows)
Anfahrt: Subway 7 bis 111th St.,

dann drei Blocks Richtung Süden
✆ 1 (718) 699-0005
www.nysci.org
Juli/Aug. Mo–Fr 9.30–17, April–Juni Mo–
Do 9.30–14, Fr 9.30–17, Sept.–März
Di–Do 9.30–14, Fr 9.30–17, Sa/So
ganzjährig 10–18 Uhr
Eintritt $ 11, Kinder (2–17 Jahre) $ 8
Museum zum Anfassen mit hunderten
interaktiven Exponaten. Wissenschafts-
und Technologiezentrum.

P.S.1 Contemporary Art Center
22-25 Jackson Ave. & 46th Ave.

NY 11101 (Long Island City)
Anfahrt: Subway 7 bis 45th

Rd./Court House Sq.
✆ 1 (718) 784-2084
www.ps1.org
Do–Mo 12–18 Uhr, Di/Mi geschl.
Eintritt mit MoMA-Ticket frei, sonst $ 10/5
Außenstelle des MoMA. P.S.1 bedeutet
Primary School One, da sich in dem
Gebäude früher eine Grundschule
befand.

Queens Museum of Art
Flushing Meadows Corona Park
NY 11368 (Flushing Meadows)
Anfahrt: Subway 7 bis Willets Point/
Shea Stadium und dann 10 Min. zu Fuß
durch den Park, ✆ 1 (718) 592-9700
www.queensmuseum.org
Mi–So 12–18 Uhr, Mo/Di geschl.
Eintritt $ 8/4
Das bekannteste Exponat ist ein von
Robert Moses gebautes Panorama der
Stadt New York, das alle (vor 1992
gebauten) Gebäude von NYC zeigt.

*Berühmter Sightseeing-
Stop: Modell von New York
City im Queens Museum of
Art*

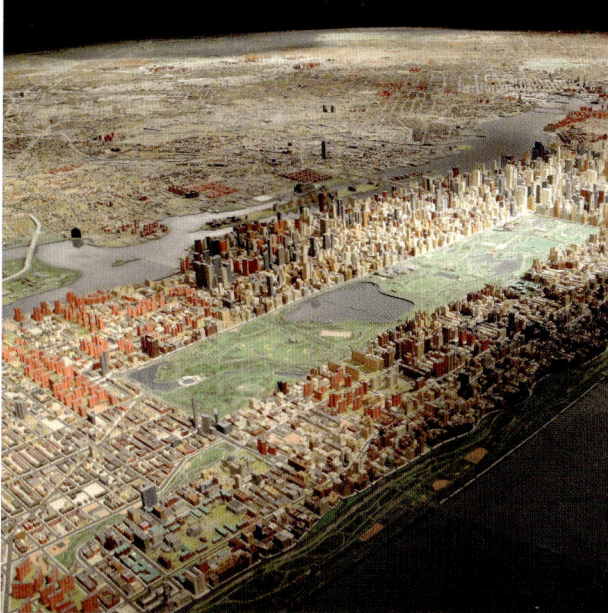

Socrates Sculpture Park
32-01 Vernon Blvd.

NY 11106 (Long Island City)
Anfahrt: Mo–Fr Subway (gelb) N
oder W, Sa/So N bis Broadway und dann
acht Blocks westl. zu Fuß auf Broadway
✆ 1 (718) 956-1819
www.socratessculpturepark.org
Tägl. 10 Uhr bis Sonnenuntergang
Skulpturengarten.

Queens Zoo
53-51 111th St., NY 11368 (Flushing)
Anfahrt: Subway 7 bis 111th St.
✆ 1 (718) 271-1500
www.queenszoo.com
Winter tägl. 10–16.30, Sommer Mo–Fr
10–17, Sa/So bis 17.30 Uhr, Eintritt $ 8/5
Vor allem nordamerikanische Tiere.

*Weitere Infos zu
Queens unter:
www.discoverqueens.
info*

Oasen in der Stadt

Plätze zum Entspannen

New Yorks Energie ist mitreißend, die Stadt sprüht geradezu vor Leben. Es gibt unendlich viel Spannendes zu sehen, so viel Aufregendes zu tun, alle Bewohner legen ein wahnsinniges Tempo vor. Doch selbst (oder gerade) während eines Kurzurlaubs passiert es, dass man irgendwann nicht mehr mithalten will. Dann dröhnen die Straßen schlimmer als ein Migräne-Anfall, die Menschen wuseln wie Ameisen (nur planloser), und alle Häuser scheinen abbruchreif. Was tun, wenn man anfängt, den Moloch zu hassen? Sich ins Hotelzimmer verziehen (und selbst da sind die Hupen und Sirenen laut)? Flucht aus Manhattan (vgl. »Vor den Toren der Stadt«, S. 150 f.)? Oder man hält Ausschau nach Plätzen und Ecken, die sich als Orte der Entspannung entpuppen. Diese Oasen machen New York mitten im Chaos immer wieder liebenswert.

Abendstimmung: ▷
Central Park Lake und
Midtown Manhattan
Skyline

Wenn man von der Megacity genug hat: »The Cloisters« im Fort Tryon Park

Service & Tipps:

Barnes & Noble Bookstore
33 East 17th St., Union Square
NY 10003 (Greenwich Village)
✆ 1 (212) 253-0810
www.barnesandnoble.com
Tägl. 10–22 Uhr
Die Vorzüge dieser Filiale: Man darf beliebig lang lesend auf dem Teppichboden herumlungern, und im Café gibt es sündhaft leckere *chocolate fudge brownies*. Der Nachteil der riesigen Buchhandelskette ist sicherlich, dass der Bestand nicht gerade exquisit und das Personal oft schlecht informiert ist. Aber wo sonst kann man ein nagelneues Buch (versehentlich!) mit Schokolade beschmieren und es anschließend ungestraft ins Regal zurückstellen? Vgl. auch S. 193.

Brooklyn Heights Promenade
Subways 4, 5, M, R (Borough Hall) oder 2, 3 (Clark St.)
Wenn man sich über das Geländer beugt, sieht man Hafenanlagen und direkt unter sich eine dreistöckige Straßentrasse. Wenn man jedoch ein paar Schritte zurücktritt, bemerkt man die rasenden Autos kaum noch, weil einem bei dem Ausblick wohl das Hören, nicht aber das Sehen vergeht: links

11 Oasen in der Stadt

Kunst von Weltrang in der Frick Collection (Upper East Side): Hans Holbein d. J. »Porträt des Thomas Morus« (1527) und…

Zu einer ganz neuen Großstadtoase entwickelt sich der High Line Park in Chelsea (vgl. S. 72, 73 f.)

… Rembrandts »Selbstporträt« von 1658

die Freiheitsstatue, rechts die Wolkenkratzer und Piers von Manhattan. Der ideale Platz für einen Sonnenuntergang in New York. Vgl. auch S. 132.

 The Cloisters
Fort Tryon Park, NY 10040
 (Washington Heights)
Eingang: 99 Margaret Corbin Dr.
Anfahrt: Subway A bis 190th St. oder Bus M4 bis Endstation
✆ 1 (212) 923-3700
www.metmuseum.org
März–Okt. tägl. außer Mo 9.30–17.15,
Nov.–Feb. tägl. außer Mo 9.30–16.45 Uhr
Eintritt $ 25/Kinder unter 12 Jahren frei
Weit im Norden Manhattans gelegen, inmitten eines verträumten Parks. Das Metropolitan Museum bewahrt hier Teile seiner mittelalterlichen Sammlung auf. Das wirklich Besondere aber ist, dass das Gebäude aus fünf französischen Kreuzgängen und Fragmenten europäischer Kirchen zusammengestückelt wurde. Auch wenn der Sinn dieses architektonischen Unterfangens aus europäischer Sicht etwas fraglich ist – die Mauern strahlen klösterlichen Frieden aus.
Tipp: Die Anfahrt per Bus ab Madison Avenue/83rd St. dauert eine Stunde und führt durch das weiße, hispanische und schwarze New York; Endstation ist Fort Tryon Park.

 Grounded
28 Jane St., zwischen Greenwich Ave. & W. 4th St., NY 10014 (West Village)
✆ 1 (212) 647-0943
www.groundedcoffee.com
Der Kaffee ist frisch gemahlen und dazu noch *fair trade*. Die Milch vom Bauern aus der Gegend. In diesem gemütlichen Café erholt man sich mit einer Zeitung oder einem Buch von der Großstadt. Danach macht das Shoppen gleich wieder mehr Spaß. $

 Frick Collection
1 East 70th St., zwischen Fifth & Madison Aves.
NY 10021 (Upper East Side)
✆ 1 (212) 288-0700, www.frick.org
Di–Sa 10–18, So 11–17 Uhr
Eintritt $ 18/10, So 11–13 Uhr ist Betrag freigestellt, Kinder unter 10 Jahren dürfen nicht hinein
Der Stahlbaron Henry Clay Frick ließ die Villa 1913 im Louis-XIV-Stil bauen, um seinen kostbaren Gemälden eine angemessene Umgebung zu bieten. In der privaten Atmosphäre der original

möblierten Zimmer lassen sich die Meisterwerke von Turner, Rembrandt, Holbein und Goya besser genießen als in irgendeinem anderen Museum. Während des Rundgangs wird man immer wieder wie magisch von den Steinbänken im Colonnade Court angezogen: Unter einer Glaskuppel glitzert ein großer Teich, umstanden von üppigen Palmen und Orchideen – ein Wintergarten der Superlative. Vgl. auch S. 103 und 105.

 Jacques Marchais Museum of Tibetan Art
 338 Lighthouse Ave.
NY 10306 (Staten Island)
Anfahrt: Überfahrt mit Staten Island Ferry, dann Bus S74 bis Lighthouse Ave., dann zu Fuß
✆ 1 (718) 987-3500
www.tibetanmuseum.org
April–Nov. Mi–So 13–17, Dez.–März Fr–So 13–17 Uhr
Eintritt $ 6/Kinder unter 6 Jahren frei
Nach einem 10-minütigen Spaziergang von der Bushaltestelle steht man plötzlich vor einem perfekten tibetischen Tempel. Im Garten flattern bunte Fähnchen, und zwischen Goldfischteichen kann man dem Gezwitscher tibetischer Bergvögel lauschen. Drinnen befindet sich eine Privatsammlung mit außergewöhnlichen Kunstgegenständen, deren kultureller Hintergrund auf Informationstafeln erläutert wird.

 The Lake
Central Park, Eingang West 77th St.
Der Central Park wird ohnehin als die »grüne Lunge« New Yorks gepriesen. Ein besonders idyllisches Fleckchen in dem riesigen Areal ist der See. Wenn man sich auf einem der flachen Felsen am nördlichen Ufer niederlässt, kann man tief durchatmen und sich fühlen wie in der freien Natur. Und der Blick auf die Skyline sagt einem trotzdem immer, wo man gerade ist. Vgl. Central Park S. 99 ff.

 Museum of Modern Art (MoMa)
11 West 53rd St., zwischen Fifth & Sixth Aves., NY 10019 (Midtown)
✆ 1 (212) 708-9400, www.moma.org
Sa–Mo, Mi/Do 10.30–17.30, Fr 10.30–20, Juli/Aug. Do bis 20.45 Uhr, Di geschl.
Eintritt $ 25/Kinder unter 16 Jahren frei
Wie wär's, mal vor dem riesigen Monet-Gemälde im 2. Stock sitzen zu bleiben? Die pastellfarbenen Seerosen haben einfach etwas Meditatives. Wer dabei die

frische Luft vermisst, kann sich ein sonniges Plätzchen im Sculpture Garden suchen und befindet sich dabei immer noch in bester Gesellschaft: Hier steht unter anderem Rodins berühmter »Balzac«. Das gefiel schon Max Frisch. In »Montauk« schreibt er: »Ich schwänze die Kunst und sitze im Gartenhof einen ganzen Vormittag. Es kann sein, daß mich Kunst nichts angeht, wenn ich allein bin. Ich genieße es, hier unter den paar Bäumen zu sitzen. Ich sitze in diesem Gartenhof (Moore, Picasso, Calder etc.) seit zwanzig Jahren und länger.« Vgl. »New York in der Literatur«, S. 20.

 New York Public Library
Fifth Ave. & 42nd St., NY 10018 (Midtown), Di/Mi 10–20, Mo, Do–Sa 10–18 Uhr, So geschl.
Im Sommer stehen Getränkepavillons und Tische vor der neoklassizistischen Fassade, durch einen Grünstreifen abgeschirmt vom Trubel der Fifth Avenue. Man kann auch um das Gebäude herumgehen und sich in den Bryant Park zurückziehen. Die Vorstellung, dass unter dem Rasen (im Regallager der Bibliothek) Tausende von Büchern schlummern, hat was. Vgl. auch S. 86 und 94.

Riverside Park
72nd bis 153 St.
www.nycgovparks.org
1873 bis 1910 legte entlang des Hudson Rivers der Landschaftsarchitekt Frederick Law Olmsted, der schon den Central Park entworfen hatte, diesen Uferpark an. Er ist wenig bekannt, doch nach dem Central Park und der High

Seerosen im Central Park

Line die drittgrößte Grünfläche Manhattans. Der Riverside Park liegt auf den stillgelegten Gleisen der New York Central Railroad. Es gibt auch einen kleinen Vergnügungshafen an der 79th Street.

 St.-Mark's-in-the-Bowery
Stuyvesant St. & 131 East 10th St. NY 10003 (East Village)
Auf dem Friedhof dieser Kirche stehen ein paar Bänke im Schatten alter Ahornbäume und Platanen. So kann man mitten im quirligen East Village – bei schönem Wetter – etwas abschalten. Vgl. auch S. 59.

Vincent van Goghs »Sternennacht« (1889) im Museum of Modern Art

Vor den Toren der Stadt

Hamptons, Fire Island, Hudson Valley, Coney Island

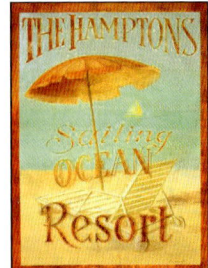

Hamptons

Ein Ferienhaus in den Hamptons auf Long Island gilt in New York als das Statussymbol schlechthin. Künstler wie Roy Lichtenstein und David Hockney, Models, Bankiers und reiche Autohändler – sie hatten oder haben hier ihren privaten Zugang zum Meer. 30 000 Dollar Monatsmiete für eine Villa in East oder South Hampton muss man dafür hinlegen. Wer das Geld nicht so locker sitzen hat, begnügt sich mit dem überfüllten öffentlichen Strand. Oder versucht, wenigstens auf Zeit in den Genuss einer Sommerresidenz am Atlantik zu kommen: In der Vorweihnachtszeit füllen sich die Anzeigenspalten der *New York Times* und der *Village Voice* mit House-Share-Angeboten. 2000 Dollar ist es ambitionierten Pärchen wert, ihre Adresse für ein, zwei Wochenenden in einem der Nobelörtchen zu haben.

Wer sich das feudale Strandleben anschauen möchte, kann die Badeorte problemlos mit dem Zug erreichen. Bei mehreren Personen lohnt es sich, ein Auto zu mieten. Für einen Tagesausflug ist Long Island zu groß (180 Kilometer lang) und zu weit von New York entfernt. Die Hoffnung, ein billiges Hotel oder Motel zu finden, kann man allerdings gleich aufgeben: Die Hamptons sind noch teurer als Manhattan. Früher waren es vor allem Künstler und Intellektuelle, die sich zwischen tosenden Wellen und sanften Dünen im Süden der Insel entspannten und inspirieren ließen.

Max Frisch siedelte in **Montauk** seine gleichnamige Liebesgeschichte an. Doch von der romantischen Atmosphäre der 1920er-Jahre ist nicht viel übrig geblieben: New Yorker Neureiche, Stars und *Wanna-*

*Strandhaus in den
Hamptons*

bes haben die weißen Sandstrände zu ihrer Spielwiese gemacht. Im Sommer sind Staus auf den Brücken und in den Tunnels zwischen Manhattan und Long Island freitagnachmittags die Regel. Doch die da aus den schwülen Häuserschluchten flüchten, suchen weniger Erholung als Connections: In den Strandbars werden hektisch Kontakte geknüpft, und das Sehen-und-Gesehen-werden ist dabei mindestens genauso wichtig wie ein gebräunter Teint.

Wenn das Sonnenbaden zu langweilig wird, kann man einen Ausflug nach **Sag Harbor** machen. Die alte Walfängerstadt liegt malerisch am Meer und hat ein paar schöne Häuser aus dem 18. und 19. Jahrhundert. Lohnenswert ist außerdem ein Besuch im **Sag Harbor Whaling and Historical Museum**. Edle Boutiquen für einen gemütlichen Einkaufsbummel findet man vor allem in South Hampton. Allerdings sind die Preise an das größtenteils betuchte Publikum angepasst. Dasselbe gilt für die Restaurants, deren Spezialitäten meist Lobster oder andere frische Meerestiere sind.

Service & Tipps:

 Die **Long Island Railroad** (LIRR, www.mta.info/lirr) bringt Urlauber in gut zwei Stunden von der Penn Station nach South Hampton. Luxuriöser ist die Fahrt im **Minibus** (Reservierung unter ☎ 1-212-936-0440).

 Autotour: Auf dem Long Island Expressway Richtung Montauk, bei Exit 70 (Manorville Road) abfahren und auf der Route 27 bis West Hampton Beach. Von dort geht es weiter nach South Hampton, East Hampton, Amagansett und Montauk.

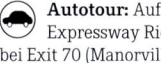 **Sag Harbor Whaling and Historical Museum**
200 Main St.
Sag Harbor, NY 11963
☎ 1 (631) 725-0770
www.sagharborwhalingmuseum.org
Mitte Mai–Okt. Mo–Sa 10–17, So ab 13 Uhr, Eintritt $ 6/2
In den vier Galerien wird die Historie der kleinen Hafenstadt präsentiert. Überblick über die Walfang-Ära.

 Gurney's Inn
290 Old Montauk Hwy.
Montauk, NY 11954
☎ 1 (631) 668-2345
www.gurneysinn.com
Teuer, aber mit Fitnesscenter und direkt am Strand gelegen. Der Schriftsteller Max Frisch übernachtete hier. $$$

 **The American Hotel**
Main St.

Sag Harbor, NY 11963
☎ 1 (631) 725-3535
www.theamericanhotel.com
Historisches Hotel mit antiken Möbeln und Kamin. Unter der Woche sind die Zimmer halb so teuer wie am Wochenende. $$$

 Bassett House
128 Montauk Hwy.
East Hampton, NY 11937
☎ 1 (631) 324-6127
www.bassetthouseinn.com
Kleines Gästehaus mit schönem Garten. Lange im Voraus reservieren. $$$

Auch in den Hamptons richtete Sandy massive Verwüstungen an, überflutete Villen und ließ ganze Strandabschnitte vorübergehend verschwinden.

Die Auflösung der bei den Hotels angegebenen $-Preiskategorien finden Sie auf S. 159.

Leuchtturm von Montauk an der Ostspitze von Long Island

Fire Island

Einen Mietwagen kann man für einen Ausflug nach Fire Island getrost vergessen – Autos sind auf dem schmalen Inselriff verboten. Nur Feuerwehr und Müllabfuhr sind motorisiert. Gegen Pläne, Long Island und Fire Island mit einer Straße zu verbinden, wehrten sich die Bewohner erfolgreich. So besteht der Inselverkehr weiterhin nur aus Fahrrädern und Handkarren.

Die unaufhörlich der donnernden Atlantikbrandung und immer wieder tropischen Stürmen ausgesetzte Feuerinsel konnte ihre natürliche Schönheit bewahren, obwohl es bis nach New York keine 40 Meilen sind. Die Insel ist Long Island wie eine Barriere vorgelagert und nur eine Viertelmeile breit, aber entlang ihrer 32 Meilen langen Küste gibt es weite Sandstrände. Zwischen den Dünen ducken sich einzigartige Wäldchen. Von **Sailors Haven** aus kann man etwa einen einstündigen Spaziergang durch den **Sunken Forest** machen.

Holzbohlen weisen den Weg durch einen knorrigen Märchenwald, in dem 200 Jahre alte Palmen neben Zedern und Eichen stehen. Kein Baum wächst hier gerade in den Himmel. Im Herbst fügen Efeuranken dem ohnehin surrealen Anblick ein leuchtendes Rot hinzu. In Sailors Haven gibt es einen Picknickplatz und eine Snackbar. Wer etwas Richtiges essen oder auf Fire Island übernachten möchte, muss eine halbe Meile nach Osten laufen. In **Cherry Grove** gibt es mehrere (zum Teil sehr teure) Restaurants und Hotels.

Wer zum Baden nach Fire Island kommt, hat die Wahl zwischen 17 kleinen Sommerurlaubsorten. Von einem Dorf ins nächste gelangt man ausschließlich per Boot oder zu Fuß, deshalb sollte man sich schon auf dem Festland entscheiden, welchen Strand man mit der Fähre ansteuern will. Beliebt sind **Ocean Beach** und **Fair Harbor**, zwei ruhige, recht brave Badeörtchen. **The Pines** und Cherry Grove gelten als Schwulenparadiese, dort findet man die einsamsten Buchten.

Service & Tipps:

Mit der **Long Island Railroad** (LIRR, www.mta.info/lirr) von Penn Station nach Sayville, von dort verkehren zwischen Mitte Mai und Ende Okt. Fähren nach Fire Island.

Fahrplanauskunft erteilt der **Sayville Ferry Service** (✆ 1-631-589-0810, www.sayvilleferry.com).

Die Überfahrt dauert etwa 20 Minuten und kostet rund $ 14 hin und zurück.

 **Fire Island National Shore** 120 Laurel St. Patchogue, NY 11772 ✆ 1 (631) 687-4750, www.nps.gov/fiis

Fire Island Tourism Bureau 49 Main St., Sayville, NY 11782 ✆ 1 (631) 563-8448, www.fireisland.com

Hudson Valley

Passionierte Wanderer könnten New York City zu Fuß verlassen und sich über einen 240 Meilen langen Weg durch das Flusstal des Hudson bis hoch in die Seen- und Berglandschaft der Catskills vorarbeiten. Der türkis markierte **Long Path** beginnt direkt hinter der George Washington Bridge und führt aus der Stadt überraschend schnell in die Natur. Die meisten New-York-Urlauber werden das Hudson Valley jedoch bei einem Tagesausflug erkunden wollen. Es empfiehlt sich, mit dem Bus in eines der Dörfer zu fahren und von dort in die nähere Umgebung zu spazieren. Über alte Farm- und Waldwege gelangt man zu hübschen Herrenhäusern, von Pfaden oberhalb der Klippen ergeben sich traumhafte Blicke ins Tal.

Eine Dreiviertelstunde von Manhattan entfernt, an der Mündung des Sparkill, liegt das Städtchen **Piermont**. Hier ging 1609 Henry Hudson vor Anker, als er mit der »Half Moon« den später nach ihm benannten Fluss heraufsegelte, um die Nordwest-Passage nach Indien zu finden. Wenig später bauten die ersten Holländer ihre Farmhäuser in der Wildnis des **Rockland County**. Sie wurden erbittert von Indianerstämmen bekämpft, die in den Sommermonaten ungestört an den Flussufern von Fischfang und einer reichen Austern-Ausbeute gelebt hatten. Auch heute kann man in vielen Restaurants des Hudson Valley hervorragend Muscheln, Krebse und Fisch essen – zu weitaus niedrigeren Preisen als in der Stadt.

Die Einsamkeit des Tals zog zu Beginn des letzten Jahrhunderts viele New Yorker Industrielle an, die ihre Millionen in feudale Familiensitze steckten, von denen viele heute zu besichtigen sind. Zu den beeindruckendsten zählt die schlossähnliche **Vanderbilt Mansion**, die sich Frederick Vanderbilt in Hyde Park errichten ließ. Auch vier Generationen von Rockefellers genossen die Sommerfrische auf dem Lande: Ihre Residenz heißt **Kykuit**, beherbergt eine moderne Kunstsammlung und kann über »Historic Hudson Valley« (✆ 1-914-631-8200, www.hudsonvalley.org) besichtigt werden.

Neben den Reichen entdeckten im letzten Jahrhundert auch Maler die romantische Landschaft vor den Toren New Yorks für sich. Die »Hudson River School« um den Künstler Cole war fasziniert von der rauen Schönheit der Berge und den steilen Flussufern. Einige ihrer Bilder zeigt das wenige Kilometer südlich von Irvington gelegene **Hudson River Museum**.

Hudson Valley: das schlossähnliche Vanderbilt Mansion in Hyde Park

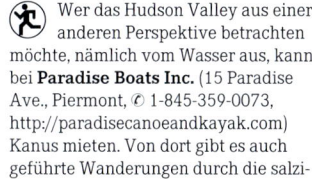

Service & Tipps:

 Vom **George Washington Bridge Bus Terminal** an der 178th St. fahren mehrere Buslinien Richtung Hudson Valley, z.B. die Nummer 9A nach Piermont (Red and Tan Lines, www.redandtan.com). Man kann auch den Zug von der **Grand Central Station** nach Irvington-on-Hudson nehmen. Die **Metro North Hudson River Line** (℡ 212-532-4900, http://mta.info) führt direkt am Flussufer entlang.

 Irvington Chamber of Commerce
64 Main St., Irvington, NY 10533
℡ 1 (914) 473-4819
www.irvingtonnychamber.com

 Rockland County Office of Tourism
18 New Hempstead Rd.
New City, NY 10956
℡ 1 (845) 708-7300
www.rocktourism.org

 Hudson River Museum
511 Warburton Ave.
Yonkers, NY 10701
℡ 1 (914) 963-4550, www.hrm.org
Mi–So 12–17 Uhr
Eintritt $ 5/3
Das Museum sammelt amerikanische Kunst des 19. und 20. Jh. und regionale Kunst des Westchester County sowie der Region um das Hudson River Valley.

 Wer das Hudson Valley aus einer anderen Perspektive betrachten möchte, nämlich vom Wasser aus, kann bei **Paradise Boats Inc.** (15 Paradise Ave., Piermont, ℡ 1-845-359-0073, http://paradisecanoeandkayak.com) Kanus mieten. Von dort gibt es auch geführte Wanderungen durch die salzigen Sümpfe, die sich unterhalb der Klippen am Flussufer entlangziehen.

 Crabtree's Kittle House
11 Kittle Rd.
Chappaqua, NY 10514
℡ 1 (914) 666-8044
www.kittlehouse.com
In einem restaurierten Kutschenhaus von 1790 werden ausgefallene Gerichte und feine Weine serviert. $$$

Xaviar's at Piermont
506 Piermont Ave.
Piermont, NY 10968
℡ 1 (845) 359-7007, www.xaviars.com
Jacket und Krawatte sind angebracht, wenn man sich hier ein exzellentes Fünf-Gänge-Menü gönnen möchte. Die **Freelance Cafe and Wine Bar** nebenan gehört ebenfalls Peter Xaviar Kelly, ist aber etwas lockerer und nicht ganz so teuer. Am Wochenende heißt es Anstehen vor der Tür. $$$

Blick auf das herbstliche Hudson River Valley von den Bear Mountain aus

Die Auflösung der bei den Restaurants angegebenen $-Preiskategorien finden Sie auf S. 215.

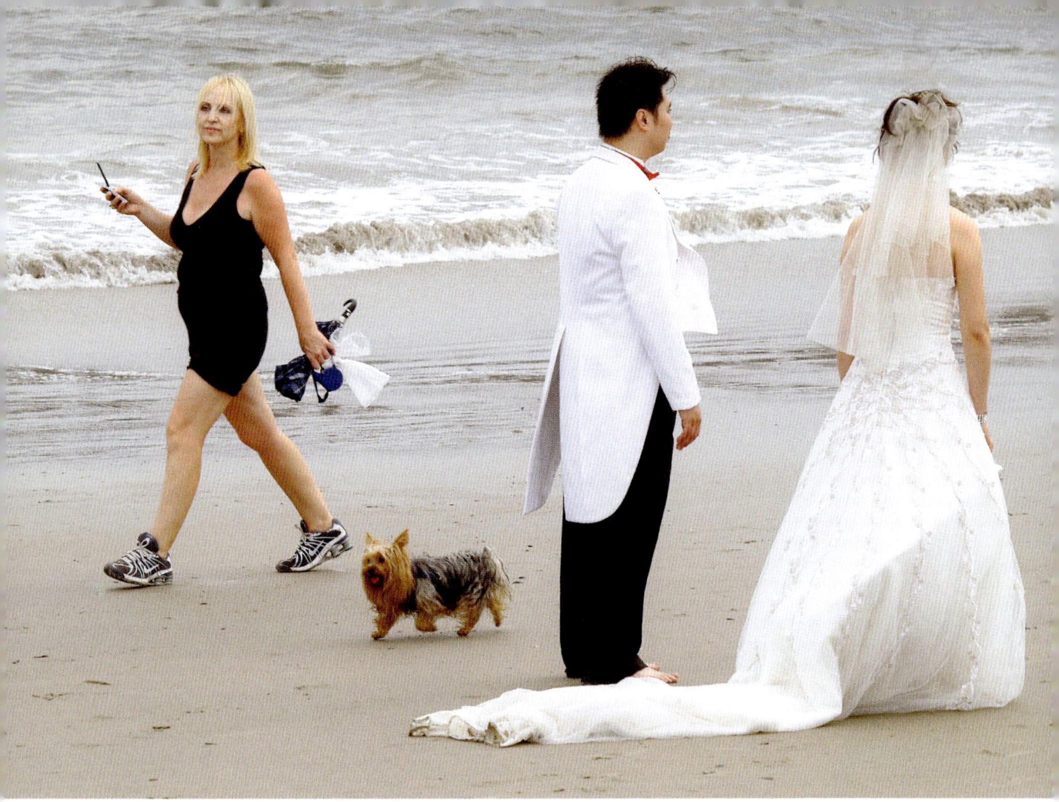

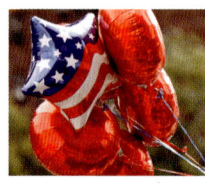

Hochzeit direkt an der Atlantikküste am Coney Island Beach

Ⓤ Die Atlantikküste Brooklyns erreicht man von Manhattan nach etwa einer Dreiviertelstunde Fahrt mit den Subway-Linien B, D, F.

Weitere Informationen zu Brooklyn finden Sie auf S. 128 ff.

Im Vergnügungspark von Coney Island

Coney Island

Im Sommer sieht es am Atlantikufer von Brooklyn, dem Vergnügungsviertel Coney Island, oft aus wie auf einem berühmten Foto des New Yorker Fotografen Weegee: Man sieht den Strand vor lauter Menschen nicht. Doch in den anderen Jahreszeiten kann man hier seine Ruhe haben oder finden. Dann ist der Strand leer, jedenfalls verglichen mit den Straßen Manhattans. Auf der teakhölzernen Promenade flanieren russische Senioren, ein paar Jogger rennen entlang. Nur auf dem Pier ist am Geländer kein Meter mehr frei, hier wird geangelt. Spanisch sprechende Väter zeigen ihren Söhnen, wie man die Rute auswirft. Ein jüdischer Vater, erkennbar an seiner Kopfbedeckung, geht mit seinen beiden Söhnen, die ebenfalls die Kippa tragen, ans Meer. Einige *African-American*-Frauen mit verzöpfelter Haarpracht sitzen zusammen auf einer Bank, sehr voluminös und ganz Körperlichkeit.

An einem herrlichen Herbsttag machte Coney Island in den letzten Jahren einen leicht ramponierten, aber schönen Eindruck. Vom Luna Park, dem pulsierenden Vergnügungsviertel der vorigen Jahrhundertwende, waren Stände von Billigheimern geblieben mit Plastikramsch und Sonnenbrillen, einige Spielhöllen mit Automaten, Fahrgeräte für Kinder und ein Riesenrad. Die Aufschrift Freak-Show, die schon fast von der Fassade purzelte, erinnerte noch an die Zeiten, als hier »menschliche Attraktionen« ausgestellt wurden: Affenmenschen, Raupenmenschen, Indianer, der Elefantenmann, und *Il Gigante*: Hugo Baptiste, 1879–1916, Zirkus-Riese, angebliche Größe 269 Zentimeter, tatsächliche Größe: 230 Zentimeter, so stand es im Guinnessbuch.

Das Areal, das seit Ende des 19. Jahrhunderts Millionen von Besuchern als erschwingliches Amüsier- und Ausgehviertel anzog, beherbergte bis vor Kurzem nur noch vereinzelte Fahrgeschäfte, darunter eine rostige, seit Urzeiten stillgelegte Achterbahn, schön wie eine Industrieruine. Vielleicht ist an der Stelle der beklagenswerte Alvy Singer aufgewachsen, Woody Allens Alter Ego im »Stadtneurotiker«: »... großer Schwur: Ich bin aufgewachsen unter einer Achterbahn in Coney Island, Brooklyn.« Während der letzten Jahrzehnte verkam das Gebiet immer mehr, die größten Vergnügungsparks schlossen, der Luna Park bereits in den 1940er-Jahren, und die Nachbarschaft litt unter den Veräußerungen und der sinkenden Lebensqualität.

»Dreamland« hieß ein anderer dieser Vergnügungsparks von Coney Island, in denen Hugo Baptiste auftrat. In einer romanhaften Biographie von Nico Orengo heißt es dazu: »Todd erzählte ihm vom Leben in den Vergnügungsparks, von der Schwermut, von der alle menschlichen Attraktionen befallen werden. Sie sind unersetzbar, aber nicht geliebt. Das spürt man in Amerika manchmal stärker, machmal schwächer, denn hier zählt Tüchtigkeit, Professionalität und der Mythos des Geldes. Wer anders ist, muss anders bleiben.«

Die Zeit der Vernachlässigung ist nun aber vorbei. Die Stadt New York kaufte im November 2009 ein Grundstück in Coney Island für umgerechnet rund 70 Millionen Dollar und will dieses ordentlich aufmöbeln. Dafür wurde die Coney Island Development Corporation (CIDC) gegründet, die die Umsetzung der ehrgeizigen Pläne vorantreibt. Entstehen sollen ein neuer, elf Hektar großer Vergnügungspark und ein 60 Hektar großes Ausgehviertel entlang dem Coney Island Beach, der Promenade und den angrenzenden Straßen wie Surf Avenue und Bowery.

Einige Attraktionen des neuen Luna Park eröffneten bereits 2010, weitere folgen schrittweise. Nicht nur namentlich ist der Park an den ersten Luna Park angelehnt, auch optisch soll sich der Eingang nur wenig unterscheiden. Das B&B Carousell (sic), das letzte von Coney Islands historischen Karussells, wird außerdem komplett restauriert und an einer prominenten Stelle wieder errichtet.

Die Vision ist modern, bunt und schillernd, und manchen Bürgern Brooklyns zu viel des Guten: Sie fürchten um das einzigartige Flair von Coney Island und Brighton Beach. ❖

Superstorm Sandy hat Coney Island schwer getroffen. Viele Schausteller reagieren mit Galgenhumor und hoffen trotzdem auf Kundschaft nach dem Motto: »We're almost dead, but we're open!«

Das berühmte B&B Carousell (sic) wird saniert und findet im Luna Park einen prominenten Platz

Enjoy & Relax

Schlafen in New York
Hotels, Hostels, B&Bs

Der Durchschnittspreis eines Zimmers liegt in New York bei 300 Dollar, nach oben keine Grenzen, die Tarife variieren stark nach Saison. Ein gutes und zugleich billiges Hotel zu finden gleicht der Quadratur des Kreises. Entweder sind die Zimmer einigermaßen in Ordnung, dann kosten sie mindestens 150 Dollar pro Nase; oder sie sind billig, dann muss man pfeifende Heizkörper und durchgelegene Betten in Kauf nehmen. Da man jedoch im Hotelzimmer nicht allzu viel Zeit verbringen wird, kann das das kleinere Übel sein.

Wenn die Unterbringung aber Teil des Urlaubserlebnisses sein soll und Geld keine große Rolle spielt, hat man in New York eine riesige Auswahl an eleganten und traditionsreichen Häusern. Baden mit Blick aufs Empire State Building? Schlafen im ehemaligen Apartment von John F. Kennedy? Beim Frühstück möglicherweise eine Begegnung mit Clooney? Alles ist möglich.

Hotelturm im Zentrum Manhattans

Und wo die Preise nach oben offen sind, kennt auch der Luxus keine Grenzen. Frühzeitige Reservierung ist ein Muss, besonders in der Weihnachtszeit und im Frühjahr.

Eine Alternative zu den Hotels bieten Hostels und Bed & Breakfasts, letztere sind allerdings mit europäischen Standards meist nicht zu vergleichen. Die Lage der Unterkunft ist für das Gelingen des Urlaubs nicht unbedingt ausschlaggebend. Zwar würden Nachteulen vielleicht lieber Downtown absteigen, Kulturinteressierte sollten sich eher Richtung Central Park orientieren, dann liegen die Museen und der Theater-Distrikt nahebei; doch solange man in Manhattan wohnt, befindet man sich immer im Zentrum von irgendwas, und größere Entfernungen sind mit U-Bahn oder Taxi schnell überwunden.

Hostels

YMCA
224 East 47th St., NY 10017 (Midtown)
✆ 1 (212) 912-2500, www.ymcanyc.org
Betten ab $ 50 pro Nacht
Die überall in der Stadt verteilten Hotels der »Young Men's Christian Association« sind sehr begehrt und sollten zwei Monate im Voraus gebucht werden. Auch wenn es der Name anders vermuten lässt, gibt es keine Altersbegrenzung, Frauen und Paare sind willkommen, und nach Kirchenzugehörigkeit wird auch nicht gefragt.

New York International HI
891 Amsterdam Ave. & 103rd St.
NY 10025 (Upper West Side)
✆ 1 (212) 932-2300
www.hinewyork.org
Mit Jugendherbergsausweis Übernachtung ab $ 55 im Schlafsaal. Wer sich nicht scheut, Zimmer und Bad mit anderen Reisenden zu teilen, findet in der offiziellen Jugendherberge eine saubere Unterkunft, deren Preis kaum zu schlagen ist.

Bed & Breakfasts (B&Bs)

New York Habitat
✆ 1 (212) 255-8018
www.nyhabitat.com
Einzel- und Doppelzimmer ab $ 85, ohne eigenes Bad. 7000 Adressen hat NY Habitat unter Vertrag, ein Drittel B&Bs, außerdem Apartments. Die Website ist gut mit

Fotos bestückt. Am günstigsten ist die Kategorie
»sleeping space in the living room« – der Platz auf dem
Gästesofa im Wohnzimmer.

City Lights Bed and Breakfast
✆ 1 (212) 737-7049
www.citylightsbedandbreakfast.com
Gut eingeführte Vermittlungsagentur, Übernachtun-
gen in möblierten Appartments oder als Untermieter
ab etwa $ 80.

Hotels

Die Hotels sind in folgende Kategorien eingeteilt:

$ – günstig, unter 150 Dollar
$$ – moderat, 150 bis 280 Dollar
$$$ – gehoben, 280 bis 350 Dollar
$$$$ – luxuriös, über 350 Dollar
Alle Preise beziehen sich auf *double rooms* mit *private
bath* (Doppelzimmer mit Bad); *tax* (15 %) ist noch hin-
zuzurechnen.

The Carlton Arms Hotel
160 East 25th St.
NY 10010 (Chelsea)
✆ 1 (212) 679-0680
www.carltonarms.com
Dieses Hotel ist Kunst: Alle Wände und Decken sind
bemalt, hinter jeder Zimmernummer durfte sich ein
anderer (unbekannter) Künstler austoben. Die Räume
sind spärlich eingerichtet, aber einigermaßen sauber.

Das legendäre New Yorker Künstlerhotel »Chelsea«

Nachts kann es wegen des überwiegend jungen Pub-
likums ziemlich laut werden. $

Hotel 17
225 East 17th St.
NY 10003 (Gramercy)
✆ 1 (212) 475-2845
www.hotel17ny.com
Die meisten Gäste zahlen hier Monatsraten, und wenn
man sie auf ihren Beruf anspricht, sind sie Musiker,
Schauspieler, Künstler, aber »not working right now«.
Die Zimmer sind schmuddelig, die Partys auf dem
Dach legendär. Und Madonna soll auch schon hier
übernachtet haben. $

Off SoHo Suites
11 Rivington St.
NY 10002 (SoHo)
✆ 1 (212) 979-9815 oder 1-800-633-7646
www.offsoho.com
Die Nachbarschaft ist heruntergekommen, dafür sind
es nur wenige Schritte bis zu den Szenevierteln. Wer
nicht früh morgens von den Arbeitern im Lager
gegenüber geweckt werden will, sollte eines der hinteren Zimmer nehmen. In den Suiten ist Platz für zwei
bis vier Personen, zur Ausstattung gehört jeweils eine
kleine Küche mit Mikrowelle. $–$$

The Pod Hotel
230 East 51st St.
NY 10022 (Midtown)
✆ 1 (212) 355-0300
www.thepodhotel.com
Eher ein schickes Hostel, junges Publikum, hippes Ambiente. Neu und sehr beliebt. Komplett renoviert, im ehemaligen Pickwick Arms.
$–$$

Chelsea Pines Inn
317 West 14th St.
NY 10014 (Chelsea)
✆ 1 (212) 929-1023
www.chelseapinesinn.com
Charmantes kleines Hotel, *gay owned*, aber allen Gästen offen. Das Gebäude wurde als privates Wohnhaus 1850 erbaut, 1980 als Hotel eröffnet. Sehr freundlicher Empfang.
$$

Hotel Chelsea
222 West 23rd St.
NY 10011 (Chelsea)
✆ 1 (212) 243-3700
www.hotelchelsea.com
Mit elf Stockwerken war das Chelsea einst das höchs-te Gebäude New Yorks und auch das erste, das unter Denkmalschutz gestellt wurde. Doch darauf gründet sich nicht sein heutiger Ruhm. Das Gästebuch liest sich wie ein Who's Who der Künstlerszene: Mark Twain, Dylan Thomas, Andy Warhol. Die Bohemiens bezahlten ihre Unterkunft meist mit Kunstwerken, und so zeigt sich der kreative Geist, der an diesem Ort seit fast hundert Jahren weht, schon an den reich bebilderten Wänden im Foyer. Nach gründlicher Renovierung wurde das Chelsea als Boutique-Hotel wieder neu eröffnet. $$$

Washington Square Hotel
103 Waverly Pl.
NY 10011 (Greenwich Village)
✆ 1 (212) 777-9515
www.washingtonsquarehotel.com
Eine gemütliche Unterkunft à la Paris der 1930er-Jahre mitten in Greenwich Village. Die ältesten Bäume Manhattans wachsen fast vor der Tür und tragen nicht zuletzt zur erholsamen Atmosphäre bei. Manche Zimmer sind etwas dunkel, dafür ist der Service umso freundlicher. $$–$$$

Paramount Hotel
235 West 46th St.
NY 10036 (Theater District)
✆ 1 (212) 764-5500, 1-877-692-0803
www.nycparamount.com
Von den Stühlen bis zum Waschbecken trägt hier alles die Handschrift des Design-Gurus Philippe Starck. Am Eingang und auf der Toilette duften jeden Tag frische rote Rosen. $$$–$$$$

Nahe dem Ground Zero gelegen: das Millenium Hotel

Gramercy Park Hotel
2 Lexington Ave., NY 10010 (Gramercy)
℡ 1 (212) 920-3300
www.gramercyparkhotel.com
Wer hier logiert, ist privilegiert: Der Park ist der
Öffentlichkeit normalerweise versperrt, doch Hotel-
gäste dürfen hinein, um im Grünen einmal durchzu-
atmen. Die Nachbarschaft ist elegant und somit
sicher – ruhiger geht's kaum. $$$$

King & Grove
29 East 29th St., NY 10016 (Midtown)
℡ 1 (212) 689-1900
www.kingandgrove.com
Hier war bis 2003 das legendäre Martha Washington
Hotel fast bis zum Schluss nur für Frauen geöffnet.
Viel schicker und moderner, aber ohne den alten
Charme zeigt sich das King & Grove, ein elegantes
Hotel mit für New Yorker Verhältnisse gutem Preis-
Leistungs-Verhältnis. $$

The Mansfield Hotel
12 West 44th St., NY 10036 (Midtown)
℡ 1 (212) 277-8700
www.mansfieldhotel.com
Ein altertümlich eingerichtetes Boutiquehotel, char-
mant geführt, bestens in Midtown gelegen. Zum Früh-
stück gibt es die *New York Times*, in der Hotelbar
kann man abends noch den letzten Absacker nehmen.
$$-$$$$

The Algonquin Hotel
59 West 44th St., NY 10036 (Theater District)

℡ 1 (212) 840-6800
www.algonquinhotel.com
Literaten und Intellektuelle trafen sich hier, um beim
Mittagessen zu diskutieren. Wegen der Nähe zu verschiedenen Verlagshäusern und der Redaktion des
New Yorker wird das Hotel auch heute von Schreibern
bevorzugt. Die Zimmer sind im viktorianischen Stil
gehalten, und die Badezimmer liebenswert altmodisch. $$-$$$

Doubletree Guest Suites Times Square
1568 Broadway, zwischen 47th St. & Seventh Ave.
NY 10036 (Theater District)
℡ 1 (212) 719-1600
http://doubletree3.hilton.com
Die ideale Unterkunft für reisende Familien, denn das
Haus, das zur Hilton-Gruppe gehört, hat auf 45 Stockwerken ausschließlich Suiten mit zwei Zimmern, Bad
und Küchenzeile mit Kühlschrank und Mikrowelle. Der
Blick hinab auf den Times Square ist unbezahlbar. Die
Broadway-Theater liegen nur Schritte entfernt, Rockefeller Center und Central Park sind leicht zu Fuß zu
erreichen. Fitnesscenter, Business-Center und Restau-
rant im Haus. $$$-$$$$

The Carlton on Madison Avenue
88 Madison Ave., NY 10016 (Gramercy)

Aus Neu mach Alt: das SoHo Grand Hotel, ein Neubau im Cast-Iron-Gewand

☎ 1 (212) 532-4100
www.carltonhotelny.com
Die Zimmer halten ausnahmsweise, was der Marmor-
fußboden in der Empfangshalle verspricht. Frisch
renoviert, ist das Übernachten im Carlton zwar teurer
geworden, Wochentarife gibt es nicht mehr, doch die
Viererzimmer sind immer noch relativ bezahlbar.
$$–$$$$

Millenium Hilton
55 Church St., NY 10007 (Lower Manhattan)
☎ 1 (212) 693-2001, www3.hilton.com
Im Namen fehlt zwar ein »n«, ansonsten stimmt aber
alles hinter der blitzeblanken Fassade dieses moder-
nen Hotels – vom Service bis zum Pool mit Blick über
New York. Im Financial District gelegen, steigen hier
vor allem Businessleute unter der Woche ab. Urlauber
können deshalb auf günstige Wochenendraten
spekulieren. $$$

SoHo Grand Hotel
310 West Broadway, NY 10013 (SoHo)
☎ 1 (212) 965-3000
www.sohogrand.com
Im schicken *cast iron district* steht dieses feine Hotel.
Es wurde wunderbar in die Umgebung integriert – auf
den ersten Blick meint man, in einem alten Gebäude
zu wohnen, es ist aber ein Neubau. Auch die Einrichtung ist im Stil vergangener Tage, ohne allerdings
plüschig zu sein. $$$–$$$$

The Shoreham Hotel
33 West 55th St., zwischen Fifth & Sixth Aves.
NY 10019 (Midtown)
☎ 1 (212) 247-6700
www.shorehamhotel.com
Stylish-modernes Boutique-Hotel, beim Einchecken
gibt es Champagner. Die Zimmer haben offene Bäder,
was Großzügigkeit vermittelt, mit fantastischem Blick
warten die Penthouse-Suiten auf. Nettes Frühstücks-
buffet in der Hotelbar mit dem auffällig grasgrünen
Mobiliar. $$$–$$$$

The Carlyle
35 East 76th St., NY 10021 (Upper East Side)
☎ 1 (212) 744-1600
www.rosewoodhotels.com
Der elegante Wolkenkratzer steht mitten auf New
Yorks längster Shoppingmeile und ist auch wegen sei-
nes exzellenten Services erste Adresse des Jetset. Das
Café ist bekannt für die Auftritte des Jazz-Pianisten
Bobby Short; im Film »Hannah und ihre Schwestern«
führt Woody Allen seine Liebste dorthin aus. $$$$

Hotel Gansevoort
18 Ninth Ave. & 13th St.
NY 10014 (Meatpacking District)
☎ 1 (212) 206-6700
www.hotelgansevoort.com
Edles, neues, cool gestyltes Hotel mitten im modernen
Meatpacking District. Bereits Kult ist der Pool auf der
Dachterrasse, nur für Hotelgäste geöffnet. Für alle, die
es sich leisten können, ist hingegen die Plunge Bar –
ebenfalls ganz oben. $$$$

JW Marriott Essex House New York
160 Central Park South, NY 10019 (am Central Park)
☎ 1 (212) 247-0300
www.marriott.de
Die Lage ist schlicht genial: direkt am südlichen Ende
des Central Parks, und zu Fuß ist alles in Midtown zu
erreichen. Von vielen Zimmern schaut man einfach
nur ins Grüne, die Einrichtung orientiert sich am Art-
déco-Stil, unlängst renoviert für $ 90 Millionen. Die
Hotelbar South Gate wird auch von New Yorkern
lebhaft besucht. $$$$

The Mercer
147 Mercer St., NY 10012 (SoHo)
☎ 1 (212) 966-6060
www.mercerhotel.com
Wer nach New York reist, um sein Geld in den Gale-

rien und Modeläden SoHos auszugeben, muss die Einkaufstüten nicht weit tragen: Mit dem Mercer hatte 1998 das erste Luxushotel im Avantgarde-Viertel eröffnet – damals ein weiteres Zeichen dafür, dass das Pflaster teurer wurde. Es ist bis heute das luxuriöseste Hotel von SoHo. $$$$

Peninsula

700 Fifth Ave. & 55th St., NY 10019 (Midtown)
℃ 1 (212) 956-2888
www.peninsula.com
Sollten einen nicht schon die edlen Suiten umhauen, dann bleibt einem spätestens im *health club* die Luft weg: Ganze drei Stockwerke mit Blick auf die Skyline sind für das wohl berühmteste Hotel-Fitnesscenter der Welt reserviert. $$$$

The Plaza

Fifth Ave. & Central Park South
NY 10019 (Upper West Side)
℃ 1 (212) 759-3000
www.fairmont.com/theplaza
Wenn ein Hotel aus Filmen bekannt ist, dann das Plaza. Seine exponierte Lage an der Südwestecke des

Central Park ist nicht zu überbieten, und nicht nur die Wasserfontäne auf dem Vorplatz schindet mächtig Eindruck. Das Grand Hotel wird von der Fairmont-Kette betrieben und gehört immer noch zu den feudalsten der Stadt. Gerade unter den älteren Häusern haben nur wenige so geräumige Zimmer zu bieten. $$$$

Waldorf Astoria

301 Park Ave., NY 10022 (Midtown)
℃ 1 (212) 355-3000, www.waldorfastoria.hilton.com
Das Astoria ist ein Meisterwerk des Art déco. Gracia Patricia alias Grace Kelly liebte die fürstliche Atmosphäre, und in der Lobby steht heute noch der Steinway-Flügel Cole Porters. Der Komponist lebte 25 Jahre lang im Turm des Hotels, dessen über hundert Suiten immer noch der Inbegriff des Luxus sind. Es gehört heute zur Hilton-Gruppe. $$$$ ❄

Eine der feudalsten Adressen der Stadt: The Plaza

Essen und Trinken
Die Küchen des Schmelztiegels

Von Afghanistan bis Vietnam, von Aal bis Zucchini, von Alphabet City bis West Broadway – in New York gibt es fast alles fast überall. Wenn auch die Bevölkerung nicht, wie oft behauptet, im Schmelztiegel vereint lebt – in der gigantischen Garküche Manhattan vermischen sich die Kulturen tatsächlich. Eine New Yorker Küche gibt es im Einzelnen nicht, sondern nur als Mosaik, als Fusion. Den Mischungen sind dabei keine Grenzen gesetzt, ob koscher-chinesisch, muslimisch-chinesisch oder Italiener mit Steakkarte.

Die Auswahl an Lokalen ist schlicht erschlagend. Meist entscheidet man sich zunächst für die *neighborhood*, in der man den Abend verbringen möchte, dann überlegt man sich, nach welcher Nationalitätenküche einem der Sinn steht. Dementsprechend sind die nachfolgenden Restaurants nach Stadtvierteln sortiert.

Wenn nicht anders angegeben, liegen die Restaurants in der mittleren Preisklasse von 40 bis 50 Dollar für ein Dinner, inklusive ein Getränk und Trinkgeld. Kleine Richtschnur fürs Trinkgeld: *double tax* ... Die *tax* (Steuer) ist auf der Rechnung aufgeführt, das Doppelte dieses Betrags ist ein ganz normales Trinkgeld. War der Service speziell, darf es auch mehr Trinkgeld sein (vgl. S. 201 f.). Einen Platz in einem (besseren) Restaurant zu reservieren ist bei Amerikanern nicht nur üblich, in New York auch hilfreich. Bedenken Sie, dass einige Häuser über einen *dress code* verfügen. Ob eine Kleiderordnung besteht, kann man im Vorfeld telefonisch erfragen. In der Regel wird einem der Platz von einem Kellner zugewiesen. Darauf weist auch das Schild »Please wait to be seated« hin.

Die Auflösung der $-Kategorien finden Sie auf S. 215.

Upper East Side

L'Absinthe
227 East 67th St., NY 10065
✆ 1 (212) 794-4950, www.labsinthe.com
Die Einrichtung erinnert an eine französische Brasserie, die Küche ist entsprechend ausgefeilt. Hierher fährt man, wenn man etwas zu feiern hat. Gehoben. $$$

Beyoglu
1431 Third Ave. & 81 St., NY 10028
✆ 1 (212) 650-0850
Benannt nach einem Stadtteil von Istanbul gibt es hier gehobene türkische Küche wie Joghurtsuppe, aber auch Döner. Alles in Lounge-Atmosphäre – gut geeignet nach einem langen Museumsbesuch. $$

J.G. Melon
1291 Third Ave. & 74th St., NY 10021

Im gigantischen Grand Central Terminal richtete Basketballstar Michael Jordan sein »Steak House N.Y.C.« ein

Gediegen Austern schlürfen in der »Oyster Bar«

✆ 1 (212) 744-0585
Seit der Eröffnung 1972 saß hier schon jeder Bürgermeister und Gouverneur von New York. Was Prominenz, Nachbarn und Touristen anzieht, sind die üppigen Burger. Die schmecken nach gutem Fleisch und nach nichts sonst, wie es sich gehört. $$

Tony Dragonas
62nd St. & Madison Ave., NY 10065
✆ 1 (917) 299-1550, Mo–Fr 10.30–18, Sa 11–17 Uhr
Gute und günstige Bistros schlagen südlich der 12th Street keine großen Wellen, aber hier oben sind sie rar. Tony bereitet seine Burger, Bratwürste, Hühnerbrüste, Sandwiches etc. an seinem mobilen Stand. Die Schlange davor sieht man von Weitem. $

Zócalo
109 East 42nd St., in Grand Central Terminal, NY 10017
✆ 1 (212) 687-5666, www.zocalonyc.com/grand
Hier wird mexikanische Küche serviert, aber Meilen entfernt vom üblichen Taco-Fast-Food. Da gibt es Schweinerippchen in Bananenblätter … $$

Midtown

Europa Café
1700 Broadway & 53rd St., NY 10019
www.europacafe.com
Nichts gegen Starbucks, die machen guten Kaffee und Co. Aber wenn man mal genug hat von der allgegenwärtigen Starbucks-Versuchung: Das hier ist eine kleinere Kette mit 12 Filialen in Manhattan. Es gibt auch eine Auswahl an Mittagsgerichten. $

Fig & Olive
10 East 52nd St., zwischen Fifth und Madison Aves. NY 10022, ✆ 1 (212) 319-2002, www.figandolive.com
Der dritte, kleinere Ableger dieser mediterranen Küche. Kein Schnellimbiss, aber perfekt, wenn man nur eine Kleinigkeit essen möchte. $$

L'Express
249 Park Ave. South & 20th St., NY 10003
✆ 1 (212) 254-5858, www.lexpressnyc.com
Restaurant, Bouchon, Bar nennt sich dieses im Stil eines gediegenen Caféhauses eingerichtete Etablissement. Für ein ruhiges Stündchen im Trubel der Großstadt. Es gibt auch französische und belgische Biere. $$$

Michael Jordan's The Steak House N.Y.C.
23 Vanderbilt Ave., NY 10017
✆ 1 (212) 655-2300, www.michaeljordansnyc.com
In der renovierten stilvollen Grand Central Station residiert dieses gediegene Restaurant. Besitzer ist der Basketballstar Michael Jordan, aber Star-Memorabilia werden nur im Eingangsbereich verkauft. Edel sitzt man im Wine Salon, legerer an den Tischen im Freien. $$$

The Oyster Bar
Grand Central Terminal, im Untergeschoss
89 East 42nd St. & Park Ave., NY 10017
✆ 1 (212) 490-6650, www.oysterbarny.com
Die klassische Adresse für feinsten Austerngenuss. Mit-

165

tags hoffnungslos überfüllt, aber warum sollte man sich nicht mal schon am frühen Nachmittag eine Platte mit sechs Austern auf Eis servieren lassen? Gehoben. $$$

Papillon Bistro & Bar
22 East 54th St., zwischen Madison & 5th Aves. NY 10022, ✆ 1 (212) 866-0111, www.papillonbistro.com Opera Nights Sa 21–0 Uhr, unbedingt reservieren Das gibt es nur in New York: Beim Italo-Amerikaner Leopoldo Mucci treffen sich alle, die verrückt nach Oper sind: Stars und Fans, Agenten und Künstler, Intellektuelle und Bohèmiens. Zum Saltimbocca werden Arien von Verdi und Puccini geschmettert, Iya Fedotova, Mitte 80, begleitet am Klavier. Man muss keinen Eintritt bezahlen, aber die Rechnung fürs Dinner sollte nicht unter 35 Dollar liegen. $$

Pax Wholesome Food
80 West 40 St. & Sixth Ave., NY 10018 www.paxfood.com Ein gesunder Schnellimbiss mit viel Bio-Kost, frischem Orangensaft statt Limonade, Wraps statt Burger und Gourmet-Sandwiches. $

South Gate
154 Central Park South, NY 10019 ✆ 1 (212) 484-5120, www.marriott.de

Kerry Heffernan bietet im gestyltem Ambiente des JW Marriott Essex House moderne amerikanische Küche, das ist Fusion vom Feinsten, etwa Thunfisch mit Limetten-Streifen und knusprigem Knoblauch oder als Special Steinpilz-Martini: ein Süppchen im Cocktailglas. Der Hit ist aber vor allem die Location – direkt am Central Park. Gehoben. $$$

SoHo

Blue Ribbon Sushi
119 Sullivan & Prince Sts., NY 10012 ✆ 1 (212) 343-0404, www.blueribbonrestaurants.com Unermessliche Auswahl an Sushi-Gerichten. Wer sich nicht entscheiden kann, nennt den Meistern den Preis und lässt sie ihre Kreationen rollen. Der neueste Hit: Samstag und Sonntag kann man von 11.30–16 Uhr beim Sushi Bar & Grand Buffet Brunch für $ 29.50 schlemmen. Unbedingt reservieren (auch online). $$

Boyd Thai
210 Thompson St., zwischen Bleecker & West 3rd. Sts. NY 10012, ✆ 1 (212) 533-7290, www.boydthainyc.com Thai Fusion vom Feinsten, aber bezahlbar. Schickes, angenehmes Ambiente, köstlich das Ananas-Curry. $$

Café Habana
17 Prince & Elizabeth Sts., NY 10012 ✆ 1 (212) 625-2001, www.cafehabana.com Als Leckerbissen des Hauses gelten die gegrillten Maiskolben, scharf gewürzt und golden glänzend. Dazu passend die Nachspeise: Eier-Karamel-Flan. Und wer nicht

Liebhaber der berühmten Peking-Ente kommen in Chinatown auf ihre Kosten

auf einen Platz warten mag – eine Türe weiter ist der hauseigene *Take away* – Mais am Stil auf die Hand. $$

Café Noir

32 Grand St. & Thompson St., NY 10013
✆ 1 (212) 431-7910, www.cafenoirny.com
Französisch-marokkanische Küche zu vernünftigen Preisen, freundliche Bedienung, und das alles mitten in SoHo – was will man mehr? Tisch vorbestellen. $$

Café Loup

105 West 13th St., NY 10011
✆ 1 (212) 255-4746, www.cafeloupnyc.com
Französisch angehauchte, bezahlbare Küche, großzügige Atmosphäre und Jazz-Klänge, manchmal auch live. Jeden Sonntag von 12.30 bis 15.30 Uhr Jazz-Brunch mit Livemusik, Eintritt frei. $$

Ceci-Cela

55 Spring St., zwischen Lafayette & Mulberry Sts. NY 10012, ✆ 1 (212) 274-9179, www.cecicelanyc.com
Patisserie mit herrlichen französisch inspirierten Backwaren. Zum Mitnehmen oder hinten im kleinen Café entspannt sitzen. $

Le Pain Quotidien

100 Grand St., zwischen Mercer & Greene Sts. NY 10013, ✆ 1 (212) 625-9009
www.lepainquotidien.com
Ein Bioladen und -Restaurant, der überhaupt nicht so aussieht. Es gibt kräftiges Landbrot, belegt mit Wurst, Käse, Salat. Alles sehr lecker. Man sitzt an langen Tischen, bunt zusammengewürfelt, für New York sehr ungewöhnlich. Viele weitere Filialen in der Stadt. $$

Lovely Day

196 Elizabeth St., zwischen Prince & Spring Sts. NY 10012, ✆ 1 (212) 925-3310
Thailändisch angehauchte Küche, auch wenn die Inneneinrichtung eher an einen Diner erinnert. Angesagt. Aber Vorsicht: Das *spicy curry* ist tatsächlich sehr scharf, thailändisch eben. $

Pravda

281 Lafayette St., zwischen Houston & Prince Sts. NY 10012, ✆ 1 (212) 226-4944, www.pravdany.com
Das ist die »Wahrheit«: Als Bar (70 Wodka-Sorten) und als Restaurant gleichermaßen beliebt. Schließlich gibt es nicht so viele russische Lokale in der Stadt wie Wodka-Freunde. Im Untergeschoss. $$

Chinatown

Bo Ky

80 Bayard St., zwischen Mott & Mulberry Sts., NY 10013
✆ 1 (212) 406-2292, www.bokynyc.com
Nudelküche im Herzen von Chinatown. Hervorragende Suppen! Und alles unglaublich günstig. $

Golden Bridge Restaurant

50 Bowery, zwischen Bayard & Canal Sts., NY 10013

Chinatown New York City: auf Verkaufsständen in engen Straßen türmen sich Krabben und anderes Meeresgetier

✆ 1 (212) 227-8831
Nicht jeder traut sich einfach so in ein x-beliebiges China-Restaurant. Hier hingegen kann man vertrauensvoll eintreten, auch Büro-Menschen aus SoHo tun das, es gibt Fisch, Meeresfrüchte und jede Art von *dim-sum*. $$

Nyonya Cuisine Penang

194 Grand St., zwischen Mott & Mulberry Sts., NY 10013
✆ 1 (212) 334-3669, www.penangusa.com
An der Grenze zwischen Little Italy und Chinatown liegt dieses feine malaysische Restaurant, die Sarong tragenden Kellnerinnen lächeln freundlich, das Essen ist fein, gut und nicht teuer. $$

Little Italy

Da Nico

164 Mulberry St., zwischen Broome & Grand Sts. NY 10013
✆ 1 (212) 343-1212, www.danicoristorante.com
Das Lokal ist noch gar nicht so alt, wirkt aber wie der klassische Italiener um die Ecke schlechthin. Sogar Ex-Bürgermeister Giuliani, Sohn italienischer Immigranten und mit der heimischen Küche also vertraut, wurde hier schon öfter gesehen. Gefüllter gegrillter Hummer und Lamm gehören zu den Spezialitäten. Gehoben. $$$

Ferrara

195 Grand St., zwischen Mott & Mulberry Sts., NY 10013
✆ 1 (212) 226-6150, www.ferraracafe.com
Man zahlt ein bisschen für den bekannten Namen mit: 1892 schon gab es das erste Ferrara in New York, seit vier Generationen führt die Familie dieses kleine Restaurant. Eis wird tatsächlich schon seit Beginn in diesen Räumen hergestellt. $$$

Italian Food Center

189 Grand & Mulberry Sts., NY 10013

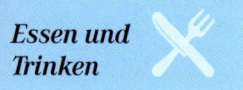
✆ 1 (212) 925-2954
Die günstige Variante im teuren Little Italy: Sandwiches mit allen Herrlichkeiten Italiens *to go*. $

East Village und Lower East Side

Angelica Kitchen
300 East 12th St., zwischen First & Second Aves., NY 10003, ✆ 1 (212) 228-2909, www.angelicakitchen.com
Makrobiotisch, vegetarisch, gesund – und das schon seit den 1970er-Jahren. Teilweise trifft sich hier noch das Publikum von damals, gemischt mit den East-Villagern von heute. Gilt als eines der besten vegetarischen Restaurants der Stadt. $$

Brick Lane Curry House
306–308 East 6th St. & Second Ave., NY 10003
✆ 1 (212) 979-8787, www.bricklanecurryhouse.com
Indische Spezialitäten. Wer hier die sogenannte Phaal Challenge eingeht, also das wohl schärfste Curry der Welt, das Phaal Curry, verspeist, erhält eine Flasche Bier aufs Haus. $

ChikaLicious Dessert Bar
203 East 10th St., zwischen Second & First Aves. NY 10003, ✆ 1 (212) 475-0929, www.chikalicious.com
New Yorks erste und einzige Dessert-Bar. Hier gibt es ganze Menüs aus Süßspeisen, Erdbeersorbet mit Minzsirup, Zitronengras-Pannacotta, Dialog von frischen Früchten mit Honig-Parfait, warmer Schokoladenkuchen und so weiter – und zu allem den passenden Wein. $$

Katz's Deli
205 East Houston & Ludlow Sts., NY 10002
✆ 1 (212) 254-2246, www.katzdeli.com
Eine Institution seit 1888. Es sieht zwar aus wie eine Bahnhofshalle, hat aber diverse Auszeichnungen für Hotdog und Pastrami bekommen. Letzteres ist eine Mahlzeit für den ganzen Tag: Unmengen von Fleisch, notdürftig bedeckt von einem Scheibchen Brot. Im Fenster hängen Dankesbriefe diverser Präsidenten. Trotzdem einfach geblieben. Ein Muss. Die Sandwiches und Hot Dogs machen begreiflich, warum sich Sally – im Film »Harry und Sally« – so eigenartig aufführte. $$

Khyber Pass
34 St. Marks Pl., zwischen Second & Third Aves., NY 10003, ✆ 1 (212) 473-0989, www.orderkhyberpass.com
In dem afghanischen Restaurant kann man stilecht mit untergeschlagenen Beinen von niedrigen Tischchen essen – aber auch ganz mitteleuropäisch sitzend. Die Portionen sind üppig, die Gerichte immer gut gewürzt. Spezialität sind hausgemachte Nudeln und Lamm. $$

Nori
129 Second Ave., zwischen St. Marks Place & 7th St. NY 10003, ✆ 1 (212) 677-4825, www.norinyc.com
So etwas hätte es noch vor ein paar Jahren in dieser Ecke nicht gegeben: Edle japanische Küche, natürlich hauptsächlich Sushi. Da mag man dann gar nicht mehr meckern, dass sich das East Village so verändert hat ... $$$

Sobaya
229 East 9th St., zwischen Second & Third Aves. NY 10003, ✆ 1 (212) 533-6966, www.sobaya-nyc.com
Soba ist die japanische Schwester der italienischen Spaghetti. Im Sobaya wird sie liebevoll serviert, warm oder kalt. Dazu am besten grünen Tee. $$

Stage Restaurant
128 Second Ave., zwischen East 7th St. & St. Marcs Place,

Das dickste und beste Pastrami der Stadt serviert Katz's Deli

NY 10003, ✆ 1 (212) 473-8614, Mo–Sa 7–21.30 Uhr
Der kleine Coffeeshop direkt neben dem Orpheum
Theater (»Stomp« läuft hier schon seit Ewigkeiten) ist
immer vollgepackt mit originellen Gestalten aus der
Nachbarschaft, denn hier gibt es nicht nur den ganzen
Tag lang Frühstück, sondern auch eine große Auswahl
köstlicher Suppen und Sandwiches, dazu tägliche Speci-
als und alles zu freundlichen Preisen. $

Takahachi
85 Ave. A, zwischen 5th & 6th Sts., NY 10009
✆ 1 (212) 505-6524, www.takahachi.net
Ein kleines Sushi-Lokal, gar nicht steif. Viel junges
Publikum. Mittlerweile gibt es ein Schwesterlokal in
Tribeca, 145 Duane St. $$

Greenwich Village

Cafe Condesa
183 West 10th St. & Seventh Ave. South, NY 10014
✆ 1 (212) 352-0050, www.cafecondesa.com
In dem kleinen, kubanisch inspirierten Lokal gibt es
gute Weine, da der Wirt auch Sommelier ist, die Salate
sind so üppig, dass man richtig satt davon wird. Mittags
eine breite Auswahl an Omeletts. $$

Caliente Cab Co.
61 Seventh Ave. South, zwischen 7th & Bleeker Sts.
NY 10014, ✆ 1 (212) 243-8517, www.calientecab.com
Riesige Margaritas in abenteuerlichen Geschmacksrich-
tungen und eine reiche Auswahl an Enchiladas, Tacos,
Burritos etc. Große Portionen, vernünftiges Preis-Leis-
tungs-Verhältnis in reichlich touristischer Atmosphäre. $

Colors
417 Lafayette St., NY 10003, ✆ 1 (212) 777-8443
www.colors-newyork.com, tägl. 17.30–21.45 Uhr
Sie sind Überlebende von 9/11 und haben einst im 110.
Stock des Nordturms im »Windows on the World« gear-
beitet. Seither betreiben sie das einzige Restaurant der
Stadt, das all denen gehört, die dort arbeiten. Die
Menüs entstanden nach Familienrezepten aus aller
Welt. $–$$$$

Taïm
222 Waverly Pl. & Perry St., NY 10014
✆ 1 (212) 691-1287, www.taimfalafel.com, tägl. 11–22 Uhr
Taïm heißt auf Hebräisch schmackhaft. Dieser freundli-
che Laden bietet ebensolche Falafel. $

Union Square Cafe
21 East 16th St., zwischen Fifth Ave. & Union Sq., NY
10003, ✆ 1 (212) 243-4020, www.unionsquarecafe.com
Etwas nördlich vom Village, zwischen Chelsea und Gra-
mercy liegt eines der besten Lokale der Stadt. Gilt als
Lieblingsrestaurant der New Yorker, nicht ganz billig,
aber viel billiger, als es bei dieser Qualität sein könnte.
Ohne Reservierung aussichtslos. $$$

Waverly Restaurant
385 Sixth Ave. & Waverly Pl., NY 10014

✆ 1 (212) 675-3181
Alteingesessener Diner mit langer Speisekarte: Frühstück, Burger, griechische Spezialitäten. $

Chelsea

Blossom Vegan Restaurant
187 Ninth Ave., zwischen 21st & 22nd Sts., NY 10011
✆ 1 (212) 627-1144, www.blossomnyc.com
Hier gibt es wohl alles, was Vegetarier und Veganer lie-
ben: Tofu-B.L.T. (Bacon, Lettuce, Tomato), *fake chicken
wings*, Nudeln ohne Ei und natürlich viel Gemüse. $$

Chipotle Mexican Grill
283 Seventh Ave. & West 26th. St., NY 10001
✆ 1 (212) 645-6270, www.chipotle.com
Sympathischer mexikanischer Schnellimbiss. Hier tref-
fen sich die Studentinnen vom nahen Fashion Institut. $

Elmo
156 Seventh Ave. & West 19th St., NY 10011
✆ 1 (212) 337-8000, www.elmorestaurant.com
Eine Mischung aus Hausmannskost und gehobener
amerikanischer Küche. Ein Diner mit Nightclub-Atmo-
sphäre, cool und stylish. $$$

Murray's Bagels
500 Sixth Ave., zwischen 12th &West 13th Sts., NY
10011, ✆ 1 (212) 462-2830, www.murraysbagels.com
Der ideale Frühstücks-Spot für Bagel-Fans, Bohème und
Studenten. Morgens gibt's hier meist lange Warteschlan-
gen, denn das liebenswerte Restaurant, das der ehemalige Vizepräsident von Merrill Lynch 1996 im Andenken
an seinen bagel-vernarrten Vater gegründet hat, ist eine
Top-Adresse für den Start in den Tag.

Naka Naka
458 West 17th St. & Tenth Ave., NY 10011
✆ 1 (212) 929-8544, www.nakanakany.com
Natürlich gibt es auch im schicken Chelsea jede Menge
japanischer Restaurants. Das Naka Naka serviert nicht
nur Sushi, sondern traditionelle Küche aus Fernost.
Sehr ruhige, entspannte Atmosphäre. $$

Paradise Cafe
139 Eighth Ave. & 17th St., NY 10011
✆ 1 (212) 647-0066, www.paradisecafenyc.com
Das kleine Selbstbedienungs-Café hat eine gute
Kuchenauswahl. Meistens voll, aber vor dem Café steht
auch noch eine kleine Bank. Fair-Trade-Kaffee. $

Pastis
9 Ninth Ave. & Little West 12th St., NY 10014
✆ 1 (212) 929-4844, www.pastisny.com
Schon von außen sieht dieses schwer angesagte Restau-

Essen und Trinken

Sa/So Mittag geschl.
Chef Nobu Matsuhisa führt dieses Nobelrestaurant, das Robert de Niro gehört. Fernöstliche Kostbarkeiten unter Birkenholz – unbedingt reservieren. Gehoben. $$$

rant aus wie eine französische Bohème-Kaschemme. Es heißt Pastis, es gibt Pastis und ansonsten alles von Hors d'œuvres bis Crêpes Suzette. Gehoben. $$$

Whole Foods Market

250 Seventh Ave. & West 25th St., NY 10001
☎ 1 (212) 924-5969, www.wholefoodsmarket.com
Riesiger Bio-Supermarkt mit weiteren Fillialen, u.a. am Union Square. Fantastisches Angebot, aber ein Einkaufskorb voller Leckereien kostet so viel wie ein gediegenes Dinner. $$

Lower Manhattan

Adrienne's Pizza Bar

54 Stone St. & Hanover Sq., NY 10004
☎ 1 (212) 248-3838, www.adriennespizzabar.com
Sehr gute Wahl, wenn man Lust auf Pizza hat. Auch Antipasti, Salate und Sandwiches im Angebot. Sa/So Brunch ab 11.30 Uhr. $$

Harbour Lights

Pier 17 (3rd Floor), South Street Seaport, NY 10038
☎ 1 (212) 227-2800, www.harbourlightsrestaurant.com
Der Panoramablick auf Brooklyn Bridge und East River von der Terrasse ist kaum zu toppen. Wenn in den Hochhäusern die ersten Lichter angehen und die Brücke ihre Lichter aufsetzt wie ein Kreuzfahrtschiff, kann der Abend kaum noch besser werden. $$–$$$

Nobu

105 Hudson & Franklin Sts., NY 10013
☎ 1 (212) 219-0500, www.noburestaurants.com

TriBeCa

Acapella

1 Hudson St., zwischen West Broadway & Chambers St., NY 10023
☎ 1 (212) 240-0163, www.acappellarestaurant.com
Sergio Acapella stand schon mit 12 Jahren am Herd, heute ist er Chef eines der besten italienischen Restaurants in Manhattan. Atmosphäre und Design sind so perfekt, dass die erste Staffel der Sopranos-Serie hier gedreht wurde. Sergios Team ist professionell, die norditalienische Küche ein Traum. Unbedingt reservieren. $$$

Bouley

163 Duane & Hudson Sts., NY 10013
☎ 1 (212) 964-2525, www.davidbouley.com
Stammhaus des Starkochs David Bouley. Hier gibt es exquisite, französisch angehauchte Küche, im Danube (Duane & Hudson St., ☎ 1-212-791-3771) wird österreichisch gekocht, und nebenan bei Bouley Bakery, Café & Market (120 West Broadway) kann man fertige Gerichte oder die feinsten Zutaten kaufen. $$$

Landmarc

179 West Broadway & Leonard St., NY 10013
☎ 1 (212) 343-3883, www.landmarc-restaurant.com
Ein guter Tipp für Eltern – hier gibt es Kindermenüs, so bleibt Zeit für die Großen, ihr eigenes Essen, etwa Lammkotelett, zu genießen. Auch eine gute Idee: Dessert-Happen für $ 3, für den Preis gibt es winzige Crème brulées oder Blaubeer-Küchlein. $$

Tribeca-Grill

375 Greenwich St. & Franklin St., NY 10013

Lower Manhattan: Lunch hinter Glas

© 1 (212) 941-3900
www.myriadrestaurantgroup.com
Schwarze Limousinen stehen davor wie andernorts
Taxis: Noch ein Lokal von Robert de Niro; das Restaurant ist beliebt wie eh und je. Nicht ganz billig, dafür
bekommt man aber nicht nur gutes Essen, sondern
auch was fürs Auge. Hoher Promi-Anteil. $$$

Harlem

Amy Ruth's
113 West 116th St. & Lenox Ave., NY 10026
© 1 (212) 280-8779
www.amyruthsharlem.com
Der Besitzer, so geht jedenfalls die Geschichte, verbrachte als Kind jeden Sommer bei der Großmutter im
Süden, bei ihr lernte er kochen, nach ihr nannte er sein
Restaurant. Große Auswahl an Waffeln, außerdem deftige Soulfood-Küche. $$

Covo Restaurant
701 West 135th St. & 12 St., NY 10031
© 1 (212) 234-9573
www.covony.com
Ein Italiener in West Harlem. Es gibt Pizza ab acht
Dollar und – als Fusion zwischen New-York-Style und
italienischer Tradition – einen Mascarpone-Karamel-Cheese-Cake. Hin und wieder finden auch Flamenco-Auftritte statt oder Livemusik wird gespielt. $

Londel's Supper Club
2620 Frederick Douglass & 139th Sts., NY 10030
© 1 (212) 234-6114
www.londelsrestaurant.com
Elegantes Restaurant. Soul- und Seafood, gut sortierte
Bar. Freitag- und Samstagabend Live-Jazz, dann kostet
es $ 5 Eintritt. Sonntags Gospel Brunch, da sollte man
reservieren. $$$

Settepani Bakery
196 Lenox Ave. & 120 St., NY 10026
© (917) 492-4806
www.settepani.com
Kleiner Coffeeshop mit italienischem Brot und Gebäck,
schick aufgemacht, dennoch ein Nachbarschaftstreff.
$

Sylvia's
328 Lenox Ave. & 125th St., NY 10027
© 1 (212) 996-0660
www.sylviassoulfood.com
Selbsternannte »Queen of Soulfood«. Bekanntestes
Harlem-Restaurant, Busladungen von Touristen sind
deshalb manchmal unvermeidlich. $$

Außerhalb Manhattans

Chart House
1700 Harbor Blvd., Weehawken, NJ 07086
Anfahrt: Mit der Fähre der New York Waterway Ferry

Nichts für trübe Tassen: das Harlem-Soulfood-Restaurant »Sylvia's«

in sieben Minuten von Pier 11 (38th St. & 12th Ave.)
zum Lincoln Harbor, einfache Fahrt $ 9.25
© (201) 348-6628, www.chart-house.com
Drüben auf der anderen Seite in New Jersey liegt an der
Spitze des Piers im Hudson River das Chart House mit
einer großen Terrasse und spektakulärem Blick auf die
Skyline von Manhattan. Die Küche ist amerikanisch
mit Highlights wie »Herb Crusted Salmon«, »Chicken
BLT« und dem neuenglischen Suppen-Klassiker »Clam
Chowder«; jede Sünde wert ist die Nachspeise »Hot Chocolate Lava Cake«, die immer frisch gemacht wird und
auf die man deshalb auch 30 Minuten warten muss.
Währenddessen kann man sich an der Szenerie erfreuen und lauschen wie das Wasser des Hudson an die
Planken der Pier plätschert. Sonntags Brunch 11–14
Uhr, Erwachsene $ 34.99, Kinder bis 12 Jahren $ 14.99,
Menü im Internet, unbedingt reservieren.

Peter Luger Steak House
178 Broadway & Driggs Ave., NY 11211 (Brooklyn)
© 1 (718) 387-7400, www.peterluger.com
Wenn Manhattans nach Brooklyn zum Essen fahren –
dann hat das einen Grund. Peter Luger gilt als das beste
Steakhaus der Stadt. Laut »Zagat«, dem ultimativen
Essensführer New Yorks, »würde ein Stier sein Leben
dafür geben, hier serviert zu werden«. $$$

Water's Edge in Queens
The East River at 44th Dr., NY 11101 (Long Island City)
Anfahrt: Subway Court Sq., jeweils Fr und Sa ab 18 Uhr
fährt auch das Boot des Restaurants die Gäste jede volle
Stunde gratis und sehr romantisch von Manhattan (Skyport Marina East 23rd St.) zur privaten Pier
© 1 (718) 482-0033
www.watersedgenyc.com, So geschl.
Atemberaubender Blick auf Midtown Manhattan und den
East River, elegante Räume, professioneller Service, amerikanische Küche vom Feinsten; an lauen Sommerabenden Tische im Freien. Elegante Citykleidung wird vorausgesetzt, keine Jeans und keine Turnschuhe. $$$

»Nighthawks« (Nacht-schwärmer, 1942, Chicago) von Edward Hopper

»Manhattan« im Glas
Bars und Lounges

Wenn man an einer Bar tatsächlich so einsam seinen Drink kippen kann, wie auf dem berühmten Gemälde »Nighthawks« von Edward Hopper, dann ist man entweder zur falschen Zeit am falschen Ort oder die Adresse war schlicht nie angesagt oder nur bis gerade gestern noch. Oder aber man hat genau das gesucht: eine lange Theke, ein paar einsame Mittrinker und eine große Fensterfront, durch die man das Leben auf den Straßen der Nacht beobachten kann.

Midtown

Campbell Apartment
Grand Central Terminal, 15 Vanderbilt Ave. & 43rd St., NY 10017
✆ 1 (212) 953-0409, www.hospitalityholdings.com
Außergewöhnliche, holzvertäfelte Bar im ehemaligen Büro und Salon des 1920er-Moguls John W. Campbell. Unter der Woche sehr voll. Nicht zu leger kleiden.

The Empire Room
Empire State Building, 350 Fifth Ave., NY 10118
✆ 1 (212) 643-5400, www.hospitalityholdings.com
Mo-Sa 15–1 Uhr
Glitzernde Bar im Erdgeschoss des Empire State Buildings. In der ehemaligen Post herrscht Art-déco-Eleganz, aus den Lautsprechern schallt Frank Sinatra. Der Dresscode verbietet Sneaker, Jeans und Flipflops. Empfehlenswerte Cocktails: Bertha und Clover Club.

SoHo

The Ear Inn
326 Spring St., zwischen Greenwich & Washington Sts. NY 10013, ✆ (212) 431-9750, www.earinn.com
Vermutlich die älteste Bar in Manhattan, 1830 eröffnet. Das Ambiente ist etwas düster und retro, dunkles Holz, wenig Licht, doch das Publikum ist modern und hip.

Pegu Club
77 West Houston St., zwischen Laguardia Pl. & Wooster St. NY 10012, ✆ 1 (212) 473-7348, www.peguclub.com
Berühmt für seine Cocktails trifft sich im Pegu Club eine etwas erwachsenere Fan-Gemeinde als in manch anderen *hangouts*. Sprich: Hier sollen schon Leute gesehen worden sein, die über 35 Jahre alt sind.

Pravda
281 Lafayette St., zwischen Houston & Prince Sts. NY 10012, ✆ 1 (212) 226-4944, www.pravdany.com
Wie der Name vermuten lässt, gibt es hier – auch – Wodka. Darüber hinaus aber Kreationen wie eine »Leninade«, ein Cocktail mit, logisch, Wodka und zerstoßener Minze, also so etwas wie ein russischer Mojito.

East Village und Lower East Side

Five Points
31 Great Jones St., zwischen Bowery & Lafayette St. NY 10012,
✆ 1 (212) 253-5700, www.fivepointsrestaurant.com
Für fünf Dollar bekommt man einen Martini und für je drei Dollar Austern. Kein Wunder, dass hier immer viel los ist. Hinten ein Restaurant, vorne eine entspannte Bar.

Grassroots Tavern
20 St. Marks Pl., zwischen Second & Third Aves. NY 10003, ✆ 1 (212) 475-9443
Ein Überbleibsel aus Zeiten, als das Village noch nicht angeschickt war. Simple Bierpinte mit den Yankees im Fernsehen, langer Theke und rauchgebräunten Wänden.

Nuyorican Poets Cafe
236 East 3rd St., zwischen Aves. B & C, NY 10009
www.nuyorican.org
Der Name ist eine Zusammensetzung aus New York und Puertorican. Hier findet immer freitags Poetry Slam statt.

Odessa Café
119 Ave. A, zwischen 7th St. & St. Marks Pl., NY 10009
Rund um die Uhr geöffnet, hat sich dieses ehemalige russische Restaurant nun in eine Bar verwandelt.

Pink Pony
176 Ludlow St., zwischen Houston & Stanton Sts. NY 10002, ✆ 1 (212) 253-1922, www.pinkponynyc.com
Café littéraire und Cine Club nennt sich diese mit Intellektuellen immer gut gefüllte Bar. Mit Laptops und Notizbüchern sitzen hier die Schriftsteller von morgen und solche, die nur so aussehen.

Greenwich Village

Art Bar
52 Eighth Ave., zwischen Horatio & Jane Sts., NY 10014
✆ 1 (212) 727-0244, www.artbar.com
An der Theke kann man Drinks zu sich nehmen, essen und ein paar ziemlich schlechte Bilder betrachten – ohne zu bemerken, dass dahinter noch ein kuscheliger Raum ist.

Bar Six

502 Sixth Ave., zwischen 12th & 13th Sts., NY 10011
℘ 1 (212) 691-1363, www.barsixny.com
In dem französisch angehauchten Bistro gibt es Weine
zu vernünftigen Preisen; man kann auch essen – sofern
die Teller auf den winzigen Tischchen Platz finden.

Union Square Coffee Shop

29 Union Sq. West & 16th St., NY 10003
www.unionsquarecafe.com
Gut und beliebt. Drinnen sitzt man wie in einem Diner,
draußen wie in einem italienischen Straßencafé. Cocktails und kleine Gerichte. Sa/So 11–14.30 Uhr Brunch.

Chelsea

Lounge G

225 West 19th St., zwischen Seventh & Eighth Aves.
NY 10011, www.glounge.com
An den runden Tresen der Bar schließt sich ein langer
Raum an. Dort sitzt die schwule Szene auf niedrigen
Lederpolstern; dezentes Licht, dezente Stimmung.

The Frying Pan

Pier 66, NY 10001, www.fryingpan.com
Das 1929 erbaute Feuerschiff dient heute als Bar. Vom
Deck lässt sich das Treiben auf dem Hudson beobachten.

Meatpacking District

APT

419 West 13th St., zwischen Ninth Ave. & Washington St.
Nicht leicht zu finden, es gibt kein Schild. Im Obergeschoss kann man in einem eingerichteten Apartment
chillen, angesagte DJs legen im Kellergeschoss auf.

Hudson Bar & Books

636 Hudson & Horatio Sts., NY 10014
℘ 1 (212) 229-2642 , www.barandbooks.cz
Schon ein Klassiker unter den Cigar Bars, auch wenn
erst 1990 gegründet. Man kann natürlich eines der
Bücher aus dem Regal nehmen und lesen. Viel schöner
ist es aber, die Getränkekarte zu studieren: große Whis-
key-Auswahl. Fr und Sa mit kleiner Jazz-Band. Sehr stil-
voll, zum Abhängen.

Rooftop Bars – Bars mit Aussicht

230 Fifth

230 Fifth Ave. & 27th St., NY 10001 (Midtown)
℘ 1 (212) 725-4300, www.230-fifth.com
Tägl. 16–4 Uhr
Blick über Midtown.

AVA Lounge at Dream Hotel

210 West 55th St., NY 10019 (Midtown)
℘ 1 (212) 956-7020
www.avaloungenyc.com
Blick von Hudson River bis Times Square.

Roof Garden Café

Auf dem Metropolitan Museum of Art, 1000 Fifth Ave.
& 82th St., NY 10028 (Upper East Side)
www.metmuseum.org, Mai–Herbst (bei gutem Wetter)
Di–Do, So 10–16.30, Fr/Sa 10–20 Uhr
Blick über den Central Park. 🌣

Wenn es Nacht wird in Manhattan

Clubs
Anything goes

Wenn abends die Metallrollos vor den Schaufenstern runterrasseln – manche halb aus der Verankerung gerissen, die meisten wild besprüht –, dann strahlt New York Hinterhof-Atmosphäre aus. Doch in denselben Straßen der Lower East Side, in denen Ratten im Müll rascheln, stöckeln Frauenbeine auf Prada-Schuhen über dunkle Bürgersteige. Noch mehr als sonst gilt beim Bar- und Clubleben das *anything goes*, alles geht: Männer in engen Corsagen, Girlies mit Piercings und Tattoos, Leder-Fetischisten und *club-kids*, denen die Hosen in den Kniekehlen hängen – Clubbing kommt in Manhattan einer Sightseeing-Tour gleich. Nachts

Ganz oben in Club-Rankings: »Cielo«

schlüpfen die Menschen aus ihren Ein-Zimmer-Apartments, um zu tanzen, zu trinken, Dampf abzulassen, jemanden kennenzulernen – nirgendwo sonst leben so viele Singles wie in der Millionen-Metropole – für die Nacht oder fürs Leben.

»No civilized man goes to bed the day he wakes up« – New Yorker halten sich an diese Devise, ausgegeben von Jimmy Walker; der legendäre Bürgermeister der Jazz-Ära hatte ein Faible für New Yorks Nachtleben. Vor allem Clubs mit Livemusik verlangen Eintritt *(cover charge),* die Getränkepreise sind oft deftig, selten bekommt man für fünf Dollar ein Getränk. Da Bier genauso viel kostet wie ein Cocktail, steigt man schnell auf *Cosmopolitan* oder *Whisky sour* um. Wer im Frühclub weiterzechen will, muss oft mit 20 Dollar Eintritt rechnen. Und er muss zusehen, dass er einen Insider-Tipp bekommt oder eine der Visitenkarten erwischt, die zu fortgeschrittener Stunde in manchen Discos verteilt werden.

Egal, ob man auf 80er-Jahre-Disco steht oder auf TripHop, Jungle und House – bei über 200 Clubs sollte für jeden etwas dabei sein. Allerdings erfordert die Suche nach der besten Party ein wenig Recherche vorab. In einer Disco, in der mittwochs die Hölle los ist, macht sich am Donnerstag vielleicht gähnende Leere breit. Die Wochenenden sind nicht sehr beliebt, weil dann B & T angesagt ist: Bridge & Tunnel – dann fallen die »Provinzler« aus den Vororten in die Discos ein, diejenigen eben, die über Brücken und Tunnel nach Manhattan kommen. Locals gehen am liebsten donnerstags und sonntags aus, Montag ist nach einem ungeschriebenen Gesetz der Ruhetag.

Was wann wo los ist, erfährt man am besten aus Stadtmagazinen und natürlich deren Websites, wie *The Village Voice* (www.villagevoice.com), *Time Out New York* (www.timeout.com/newyork), oder – für die schwul-lesbische Szene – aus dem *HX-Magazin* (www.hx.com). Einen guten Überblick gibt der hosentaschengroße Club-Guide *Flyer.* Das kostenlose Heftchen erscheint alle vierzehn Tage und liegt in Klamottengeschäften oder Plattenläden aus. Dort lohnt es sich auch nach echten Flyern, postkartengroßen Flugblättern, Ausschau zu halten, die Partys aktuell ankündigen.

In vielen Clubs wechseln die Musikstile täglich – und damit auch der Dresscode. Will man sich den Frust ersparen, vom Türsteher abgewiesen zu werden, liegt man mit der Modefarbe Schwarz meistens richtig. Noch besser ist es, sich entsprechend des Party-Mottos zu kleiden. Deshalb sollte man sich nicht zu schade sein, den Club vorher anzurufen und vermeintlich dumme Fragen zu stellen: Wie sollte man sich anziehen? Um wie viel Uhr geht's los? Muss man Eintritt zahlen?

Manchmal gelingt es auch, sich auf die Gästeliste *(guest list)* setzen zu lassen. Das verschafft einem oft freien Eintritt oder den Zutritt zum VIP-Bereich. Der Anruf vorab ist aber auch noch aus einem anderen Grund angebracht: Club-Besitzer haben ein *»hard life«,* wie es das Intellektuellenblatt *The New Yorker* formuliert – eine Location, die gestern noch *in* war, kann heute schon für immer geschlossen haben ...

Cielo

18 Little West 12th St., zwischen Ninth Ave. &
Washington St.
NY 10014 (Meatpacking District)
✆ 1 (212) 645-5700
www.cieloclub.com

Kleiner Club im Meatpacking District mit einem
traumhaften Soundsystem und den weltbesten DJs. Die
Musik reicht von Soul bis House und allen elektronischen Spielarten. Seit 2003 taucht das Cielo immer
wieder ganz oben in Club-Rankings auf – und immer
verdient.

Es ist nicht ganz leicht Einlass zu bekommen, aber
wer einmal drin ist, ist ein VIP. Angesichts der Menge
von Menschen, die hier reinströmt, darf man sich
aber an einer dennoch entspannten Atmosphäre
erfreuen.

Gaslight

400 West 14th St. & Ninth Ave.
NY 10014 (Meatpacking Disctrict)
✆ 1 (212) 807-8444
www.gaslightnyc.com

Hier gibt es viel Flaschenbier, sogar aus Italien, aber
auch starke Drinks. Die Atmosphäre ist etwas ent-

Clubs

spannter, dafür ist der Club nicht ganz so super hip wie
andere Läden im Meatpacking District.

Greenhouse

150 Varick St., SoHo
NY 10013 (Lower West Side)
✆ 1 (212) 807-7000
www.greenhouseusa.com

New Yorks erster Öko-Nightclub mit Wasserfall, Wänden aus Bambus, einem Dach aus lebenden Pflanzen,
und auch die meisten Möbel sind recycelt und trotzdem
bequem. Der Wodka ist organisch, die Säfte allesamt
köstlich und frisch gepresst. Sehr gut besucht, meist
Hip-Hop.

Lit Lounge

93 Second Ave., zwischen 5th & 6th Sts.
NY 10003 (East Village)
✆ 1 (212) 777-7987

Gay-Liberation-Bewegung

Als Zivilpolizisten 1969 im »Stonewall Inn«, einer Schwulenbar in Greenwich Village,
eine Razzia durchführten, hatten sie nicht mit dem gewalttätigen Widerstand der Besitzer und der Gäste gerechnet. Die Stonewall-Unruhen gelten als Beginn der Gay-Libera-
tion-Bewegung. Dreißig Jahre nach dem Befreiungsschlag müssen sich die Homosexuellen kaum noch im Untergrund ausleben, in ihrer Szene tobt das bunteste Nachtleben
der Stadt (vgl. auch S. 69).

New York hat eine der größten *gay communities* (Schwulengemeinden) der USA: Männer-
pärchen im regenbogen-beflaggten Greenwich und Muscle-Boys in Chelsea sind ein gewohntes Straßenbild.
Aufregend wird es nachts, wenn sich Transvestiten, Drag Queens und Drag Kings in den Clubs blicken lassen.
Längst bleibt die Gay Community beim Feiern nicht mehr unter sich: Heterosexuelle Nachtschwärmer fühlen
sich in den einschlägigen Clubs wohl, weil dort die Tanzfläche immer voll ist – die stark körperbetonte Szene
scheint beim Partymachen die größere Ausdauer zu haben. Oft gibt es spezielles Entertainment in den Clubs,

manche Drag Shows (z. B. »Wigstock«, ein Frei-
luftspektakel am ersten Wochenende im September) sind legendär.

Auch New-York-Besucher, die zu Hause nie mit
der Szene in Berührung gekommen sind, können
ruhig mehr als einen Blick riskieren. Das Publikum ist im Allgemeinen gemischt. Stadtmagazine
unterscheiden in ihren Clubspalten oft schon gar
nicht mehr zwischen *straight* (hetero-) und *queer*
(homosexuell) – es sei denn, nur Männer oder ausschließlich Frauen haben Zutritt. Unter der Über-
schrift »Gay Life« finden sich dann vor allem die
Aufreißer-Schuppen, in denen *cruisen* die Haupt-
sache ist – Frischfleischbeschau, mit anderen
Worten. Während *dykes* (Lesben) in dieser Beziehung allmählich aufdrehen, sind die Männer
etwas ruhiger geworden. Ein Großteil der Szene
steht unter dem Schock der AIDS-Epidemie, viele
Darkrooms sind verschwunden. Am Virus sind
inzwischen mehr Amerikaner gestorben als im
Korea-, Vietnam- und Irakkrieg zusammen.

www.litloungenyc.com
Tägl. 17–4 Uhr
Angefangen hat das Lit mit einer Gruppe Musiker und
Künstler, die ihr eigenes Ding machen wollten, heute
werden hier die Trends gesetzt. Man hängt in schwarzen
Ledersesseln ab, es gibt Livemusik mit DJs, aber auch
Karaoke und Post Punk Bands, außerdem eine Kunstga-
lerie. Tägl. Happy Hour von 17–21 Uhr.

Mercury Lounge
217 East Houston St. & Ave. A
NY 10002 (Lower East Side)
✆ 1 (212) 260-4700
www.mercuryloungenyc.com
Viel Platz gibt es nicht, trotzdem treten hier manchmal
mehrere Newcomer-Bands in einer Nacht auf. Die
Mercury Lounge erscheint insgesamt weniger abge-
rockt als andere Bars der Art, es gibt sogar eine Ecke
mit Kerzen und altmodischer Theke, dann aber wieder
Indie-Rockmusik. Und eine große Bühne für Live-Auf-
tritte.

Professor Thoms
219 Second Ave., zwischen 13th & 14th Sts.

NY 10003 (East Village)
✆ 1 (212) 260-9480
www.professorthoms.com
Eine Sports-Bar, auf Großbildschirmen werden Groß-
ereignisse übertragen. Hier kann man auch unauffällig
alleine herumhängen. Gefürchtet bis beliebt ist die
»Reverse Happy Hour« sonntagnachts: Da gibt es ab
22 Uhr bis vier Uhr morgens Billig-Bier.

The Pyramid Club
101 Ave. A, zwischen 6th & 7th Sts.
NY 10009 (Lower East Side)
✆ 1 (212) 228-4888
www.thepyramidclub.com
Am Sonntag Hip-Hop, donnerstags 80er-Jahre New
Wave, mal ein Depeche-Mode-Special, mal Electro
Beats – das Programm dieser Dancehall ist breit
gefächert, der Eintritt mit 5 bis 10 Dollar bezahlbar
und die Türsteher sind nicht allzu kritisch.

Rehab
25 Ave. B, zwischen 2nd & 3rd Sts.
NY 10003 (East Village)
✆ 1 (212) 253-2595
Der zweistöckige Club ist berühmt für gute Partys, frei-
tags ist Electro-Punk-Night, an anderen Tagen gibt es
Indie Shows. Im oberen Stockwerk dramatisches
Roter-Samt-Ambiente und schummrige Lampen. Außer
Bier aus aller Herren Länder gibt es auch Burger und
Pommes.

Für das Nachtleben in New York City braucht es einen langen Atem: Clubs und Discos sind bis in die Morgenstunden geöffnet

Jazzmusiker gaben der Stadt einst ihren Spitznamen »Big Apple«

Santos Party House

96 Lafayette St, zwischen Walker und White Sts.
NY 10013 (Chinatown)
☏ 1 (212) 584-5492
www.santospartyhouse.com
Eine gelungene Mischung aus Konzerthalle, Dance Club und Lounge mit den besten DJs, einem Killer-Soundsystem und freakigem Publikum im Herzen von Chinatown

S.O.B.'s

200 Varick St., bei W. Houston St.
NY 10014 (Lower West Side)
☏ 1 (212) 243-4940
www.sobs.com
Tägl. 18–2 Uhr, Fr/Sa 19–5 Uhr
Der Name ist das Kürzel für »Sound of Brazil« und so spielen hier samstags die besten Sambabands des Kontinents, außerdem jede Version südamerikanischer, afrikanischer und karibischer Musik. Entweder kommt man frühzeitig (mit Tischbestellung) zum Dinner (brasilianische und karibische Küche) oder man ist die ganze Nacht schweißtreibend auf den Beinen. Jede Nacht Livemusik von Hip-Hop über Salsa bis World Beat. Supergute Stimmung, begeistertes Publikum.

Sapphire Lounge

249 Eldridge & Houston Sts.
NY 10002 (Lower East Side)
☏ 1 (212) 777-5153
www.sapphirenyc.com
Im Sapphire wird, auch wenn der Name das verspricht, wenig »geloungt«. Hier wird getanzt, und das bis morgens um 4 Uhr zu Disco, R&B und Funk.

Sullivan Room

218 Sullivan St., zwischen Third & Bleecker Sts.
NY 10012 (Greenwich Village)
☏ 1 (212) 252-2151
www.sullivanroom.com

Tägl. außer Mo 22–5 Uhr
Eine Kellerkneipe, die man nur findet, wenn man sie sucht. Sehr versteckt, aber sehr angesagt, DJ-Partys locken Insider an. Vor 1 Uhr braucht man hier nicht aufzuschlagen.

Webster Hall

125 East 11th St., zwischen Third & Fourth Aves.
NY 10003 (East Village)
☏ 1 (212) 353-1600
www.websterhall.com
Ab 22 Uhr
Mit Soul-Musik im edlen Keller, Mainstream-Disco im Erdgeschoss, einer Techno-Halle im Obergeschoss und etlichen Bars dazwischen ist dies ein Ort, an dem man sich verirren kann – aber auch genau der richtige Platz zum Abtanzen. Wer trotz der Vielfalt Langeweile spürt, kann sich Tarotkarten legen oder ein Tattoo aufmalen lassen. Die Warteschlange zieht sich nicht selten einen ganzen Block lang die Straße hinunter, darunter viele Aufreißertypen aus den Vororten. Damit es für die was zu holen gibt, haben Frauen am Donnerstag freien Eintritt.

Jazzclubs
Von Swing bis Acid Jazz

Die Bandbreite ist groß: Nur weniges in Harlem ist übrig geblieben von jener legendären Club- und Subkultur, die in den 1920er-Jahren Weiße in Scharen ins Schwarzenviertel lockte, wo sie sich an der Musik der Schwarzen ergötzten. Heute werden unter Musikern noch zwei, drei Adressen in Harlem gehandelt, so etwa das St. Nicks Pub, ein schmuckloses Kellerloch. Ein paar Schwarze lehnen lässig rauchend an der langen Theke, an den Tischen quetschen sich schon mal zwei Dutzend Japaner, die sich im Bus von Downtown ins verruchte Harlem kutschieren ließen. Auf der Bühne drängt sich ein halbes Dutzend Musiker um die Mikrofone, und zwei heisere Boxen husten jedes Solo mit rasselnden Membranen ins Publikum.

Ganz anders die Clubs im schicken Greenwich Village, jene, in die jeder erst einmal tappt, wenn er die definitiven New Yorker Jazzclubs sucht. Das »Village Vanguard« etwa: Große Namen zieren die Historie des Clubs, und noch heute kommt, wer Stars hören will, am »Vanguard« nicht vorbei. Das Programm der Etablierten lockt jene, die Jazz ohne Risiko suchen. Auch das »Blue Note«, der bekannteste Club der Stadt, ist ein Jazz-Vergnügungspark mit Trinkzwang und Souvenirshop. Die wenigsten, die ins »Blue Note« kämen, verstünden den Jazz, behaupten Insider. Aber tolle Musik gibt es hier natürlich schon.

Aber Jazz ist nicht retro in New York, die Szene lebt und vibriert. Für manchen Musiker ist das »Smalls« eine

letzte Fluchtburg vor der alles erobernden Kommerzialisierung – ein Club zum Ausprobieren, Experimentieren: »Der ganze Modern Jazz wurde nur deshalb in New York geboren, weil es damals zwanzig Clubs wie das »Smalls« gab«, meint Paul, ein junger Saxofonist.

Und dann ist Jazz noch das Fauchen der Achtzylinder in den Straßen, rhythmisch an- und abschwellend im Stop and Go, das Kreischen der Subway, das aus den Schächten hochsteigt wie ein Geist, das Rasseln der Stahlgitter, wenn sie abends vor den Läden heruntergelassen werden, das Pfeifen des Windes, der nachts um Häuserecken streicht, der blecherne Singsang der Araber im Taxifunk – die ganze Stadt wird beherrscht von Rhythmen und Geräuschen, von Klängen und Gesängen, die nie verstummen. Das ist der Rhythmus der Stadt, flatternd, unruhig und immer einen Tick zu schnell und zu laut. Jazz ist in New York überall, jederzeit.

Beachten Sie, dass häufig eine *cover charge* (ab $ 10) und ein Mindestverzehr an den Tischen (mind. $ 10) erhoben werden. Die Beträge variieren stark.

Die Klassiker

Blue Note
131 West 3rd St., zwischen MacDougal St. & Sixth Ave. NY 10012 (Greenwich Village)
✆ 1 (212) 475-8592, www.bluenote.net
Mit einer Woche Oscar Peterson nahm der Club 1984 seinen Aufschwung, seitdem spielten fast alle Größen der jüngeren Jazzgeschichte hier: Herbie Hancock, Michael Brecker, Michel Petrucciani, Donald Byrd, Wayne Shorter, Wynton Marsalis. Knallharter Geschäftsbetrieb, viele Touristen.

Café Carlyle
The Carlyle Hotel, 35 East 76th St.
NY 10021 (Upper East Side)
✆ 1 (212) 744-1600, www.thecarlyle.com
Eine Institution für Generationen von Jazz-Musikern. Hier tritt auch Woody Allen mit seiner Band The Eddie Davis New Orleans Jazz Band auf. Hohe Eintrittspreise.

Village Vanguard
178 Seventh Ave. & West 11th St., NY 10014 (West Village)
✆ 1 (212) 255-4037
www.villagevanguard.com
Einer der traditionsreichsten Clubs in der Stadt. Große Namen, teils hochkarätiges Programm, das über die etwas gestylte Atmosphäre hinwegtrösten kann. Zu essen gibt es hier nichts: »Wir haben noch nie Essen serviert, seit 25 Jahren nicht.«

Die »Newcomer«

Birdland
315 W. 44th St. & Eighth Ave., NY 10036 (Midtown)
✆ 1 (212) 581-3080, www.birdlandjazz.com
Das New York Magazine nennt die Musik im Birdland, benannt nach Charlie Parker (Bird), »high-caliber jazz«.

Vielleicht der populärste Jazzclub von New York City: »Blue Note« (Greenwich Village)

Hier treten die Stars auf: Village Vanguard

Cleopatra's Needle

2485 Broadway & 92nd St.
NY 10025 (Upper West Side)
✆ 1 (212) 769-6969, www.cleopatrasneedleny.com
Weltbekannter Laden, der nach dem Obelisken im Central Park benannt ist. Die *open mic nights* (So ab 16 und Mi ab 19 Uhr) und Jamsessions ziehen aufstrebende Jazz-Musiker an. Aber auch gestandene Größen des Jazz sind hier zu hören. Mindestverzehr: $ 10 Dollar.

Iridium

1650 Broadway & 51 St., NY 10019 (Midtown)
✆ 1 (212) 582-2121, www.theiridium.com
Schon das Restaurant gegenüber vom Lincoln Center lohnt einen Besuch. Der Bau des Chicagoer Architekten Jordan Moser übersetzt Musik in Architektur: tanzende Wandschränke, beschwipste Barhocker, groovende Sofas, allesamt *candy*-farben. Das Iridium gibt vor allem jungen Musikern eine Chance, die eher traditionellen Jazz spielen.

Smalls

183 West 10th St. & Seventh Ave.
NY 10014 (West Village)
✆ 1 (212) 929-7565, www.smallsjazzclub.com
Die Zeiten, als man sich in einem *liquor store* Bier in braunen Tüten holte und ins Smalls die Treppe runterschlich, sind vorbei. Heute ist das Smalls voll lizenziert, es gibt Alkohol, aber nichts mehr zu essen – und immer noch gute Musik von inspirierten Musikern. Man zahlt 20 Dollar Eintritt, dafür gibt es ein Getränk freier Wahl. Jede Nacht Jamsession von zwei bis acht Uhr früh, relaxte Atmosphäre.

Smoke

2751 Broadway, zwischen 105th & 106th Sts.
NY 10025 (Upper West Side)
✆ 1 (212) 864-6662, www.smokejazz.com
1999 öffnete dieser Jazzclub mit Modern Jazz. Recht abwechslungsreiches Programm, es gibt auch einen Restaurant-Bereich.

Die Harlem-Clubs

Apollo Theater

235 West 125th St. & Adam Clayton Powell Jr. Blvd.
NY 10027
✆ 1 (212) 531-5305, www.apollotheater.org
AOL-Time-Warner hat das Apollo Theatre übernommen, das alte Flair ist dahin. Doch noch immer gibt es die Amateur Night, jeden Mittwoch um 19.30 Uhr.

The Cotton Club of Harlem

656 West 125th St., unter der Riverside Drive Bridge
NY 10027
✆ 1 (212) 663-7980, www.cottonclub-newyork.com
Die Harlem-Version des Blue Note – teuer, etwas steril, berühmt für seine Dinner-Buffets ($ 50) und Sunday Gospel Brunches ($ 37, jeweils inklusive Eintritt).

Lenox Lounge

288 Lenox Ave. & 125th St., NY 10012
✆ 1 (212) 427-0253, www.lenoxlounge.com
Musik am Wochenende, gut sortierte Bar, zauberhafte Atmosphäre in unvergänglichem Art-déco-Ambiente. Und noch ein Plus: Man muss nicht weit gehen, direkt neben der U-Bahn gelegen.

St. Nick's Jazz Pub

773 St. Nicholas Ave. & 149th St., NY 10031
www.stnicksjazzpub.net
Z. Zt. wegen Renovierung geschl.
Keine großen Namen, aber jede Nacht von 22 bis 4 Uhr Jazz auf durchgehend hohem Niveau. Einer der wahrhaftigsten Clubs in der Stadt, unaufdringlich, atmosphärisch.

Showman's Cafe

375 West 125th St., zwischen St. Nicholas & Morningside Aves., NY 10027, ✆ 1 (212) 864-8941
Traditionsreicher Club, gelassene Atmosphäre, Treffpunkt vieler altgedienter Musiker. Musik ab 20.30 Uhr ✦

Musicals und Met

Allein 40 Broadway-Bühnen bieten fast täglich Programm. Musicals wie »West Side Story« eroberten von hier aus die Welt oder setzten hier neue Rekorde wie das »Phantom der Oper«: Der Klassiker läuft seit 1988 im Majestic Theatre und ist inzwischen das am längsten am Broadway gespielte Stück. Hinzukommen Off- und Off-Off-Bühnen, 600 Galerien, nicht zu vergessen die Metropolitan Opera und die Carnegie Hall, dort treten die internationalen Stars des Musikgeschäfts auf.

Die Möglichkeiten für einen unterhaltsamen Abend scheinen unerschöpflich, deshalb bietet die folgende Auflistung nur eine Auswahl. Über das aktuelle Programm informiert man sich am besten mit einem der Stadtmagazine *Village Voice* oder *Time Out* oder im *New Yorker*.

Tickets

Kostenlose **two-fer-coupons** (Gutscheine für zwei Personen zum halben Preis) liegen im Visitor Information Center (Broadway & 59th St.) aus. Generell kann man Tickets für die großen Shows schon (Wochen im Voraus) in Deutschland im Reisebüro kaufen. Außerdem bieten einige lizenzierte Ticket-Broker in den Stadtmagazinen, Tageszeitungen und online ihre Dienste an.

The Broadway Line
☎ 1 (212) 541-8457, www.broadway.com
Für Broadway- und Off-Broadway-Shows.

On Stage Hotline
☎ 1 (212) 768-1818
Für Theater-, Tanz- und Musikveranstaltungen.

TKTS
Times Square: tägl. 15–20, Di 14–20 Uhr; South Street Seaport, Pier 17: Mo–Sa 11–18, So bis 16 Uhr
Stark ermäßigte Tickets gibt es am Tag der Aufführung.

Tele-Charge
☎ 1 (212) 239-6200, www.telecharge.com

Ticketmaster
☎ 1 (212) 307-7171, www.ticketmaster.com

Broadway-Musicals

Einen guten Überblick, welche Musicals gespielt werden, während man in New York sein wird, gibt diese Internet-Seite: www.broadwaymusicalhome.com. Viele Broadway-Musicals laufen jahrelang.

Off- und Off-Off-Broadway

In den Theatern der alternativen Szene wird experimentiert, oft vermischen sich die Genres Tanz, Theater und Gesang. Einen guten Überblick gibt auch: www.bestofoffbroadway.com. Hier einige der bekannteren Bühnen:

Actors' Playhouse
100 Seventh Ave. South, NY 10014 (West Village)
☎ 1 (212) 255-6452, www.nyactorsplayhouse.com

Astor Place
434 Lafayette St., NY 10003 (East Village)
☎ 1 (212) 254-4370

La MaMa
74A East 4th St., NY 10003 (East Village)
☎ 1 (212) 475-7710, www.lamama.org

Lucille Lortel Theatre
121 Christopher St., NY 10014 (West Village)
www.lortel.org

Vineyard Theatre
108 East 15th St., NY 10003 (Gramercy/Flatiron)
☎ 1 (212) 353-0303
www.vineyardtheatre.org

Konzerte

Alice Tully Hall
10 Lincoln Center Plaza
(zwischen West 62nd & 65st Sts. und Amsterdam & Columbus Aves.), NY 10023 (Upper West Side)
Tickets: ☎ 1 (212) 671-4050
Die Konzerthalle ist Teil des Lincoln Center for the Performing Arts. Hier wird Kammermusik gegeben. 2009 nach aufwendiger Renovierung wieder eröffnet.

Avery Fisher Hall
Adresse vgl. Alice Tully Hall
Tickets: ☎ 1 (212) 875-5030
In der Konzerthalle, ebenfalls Teil des Lincoln Center, spielen die **New York Philharmonic** (www.nyphil.org). Chefdirigent des ältesten Symphonieorchesters der USA war u.a. Kurt Masur (1991–2002). 2009 übernahm diese Aufgabe Alan Gilbert, der erste New Yorker in dieser Position.

Carnegie Hall
154 West 57th St., NY 10019 (Midtown)
☎ 1 (212) 247-7800
www.carnegiehall.org
Veranstaltungsort für klassische und zeitgenössische Musik, 1891 eröffnet. Der große Saal, das Isaac Stern

Auditorium, gilt wegen seiner Akustik als einer der besten Konzertsäle der Welt.

Radio City Music Hall
1260 Sixth Ave. & 50th St.
NY 10020 (Midtown)
Tickets: ✆ 1 (212) 307-7171, www.radiocity.com
Der Konzertsaal gehört zum Rockefeller Center. Das Gebäude wurde in den 1920ern im Art-decó-Stil erbaut. Bekannt ist die Music Hall heute u.a. aufgrund der hier stattfindenden »MTV Video Music Awards«. Tickets gibt's direkt am Box Office vor Ort.

Oper

Brooklyn Academy of Music (BAM)
30 Lafayette Ave. & Ashland Pl.
NY 11217 (Brooklyn)
Tickets: ✆ (718) 636-4100, www.bam.org
Die Academy ist eines der ältesten Opernhäuser der USA. Hier sang Caruso, dirigierte Toscanini, Mahler-Symphonien wurden uraufgeführt. Heute tobt sich hier die Avantgarde aus, stets sind spannende Tanz-, Musik- und Theateraufführungen im Programm.

Metropolitan Opera (Met)
Adresse vgl. Alice Tully Hall S. 180
Tickets: ✆ 1 (212) 362-6000, www.metoperafamily.org
Eines der weltweit führenden Opernhäuser, umgangssprachlich *Met* genannt. Musikalische Leitung: James Levine. Backstage-Touren durch das Opernhaus Mo–Fr 15, So 10.30 und 13.30 Uhr.

New York City Opera
75 Broad St., NY 10004 (Verwaltung)
Tickets: ✆ 1 (212) 870-5600
www.nycopera.com
Die 1943 gegründete City Opera, die auf Avantgarde-Aufführungen spezialisiert ist und weitaus geringere Umsatz- und Besucherzahlen hat als die MET, ist aus dem Lincoln Center ausgezogen, weil sie die 4,5 Mio. Dollar Pacht nicht mehr zahlen kann. Aufführung finden nun im New York City Center und im BAM Howard Gilman Opera House statt.

Galerien

Die Anzahl der Galerien in Manhattan ist gigantisch, über 600 wurden gezählt. Unmöglich, diese alle zu nennen. Deshalb anbei nur eine kleine Liste der bekanntesten Galeristen. War SoHo jahrzehntelang eine sichere Adresse für Kunstfreunde, so sollten diese mittlerweile das samstägliche *gallery hopping* nach Chelsea ausdehnen, dem neuen Kunstviertel der Stadt. Welche Ausstellung wann wo läuft, darüber informiert man sich am besten in einschlägigen Stadtmagazinen wie *Village Voice* oder *The New Yorker*.

Atlantic Gallery
135 West 29th St., Suite 601, NY 10001 (Chelsea)

✆ 1 (212) 219-3183
Di–Sa 12–18 Uhr, www.atlanticgallery.org

Greenberg Van Doren Gallery
730 Fifth Ave. & 57th St., NY 10019 (Midtown)
✆ 1 (212) 445-0444, www.gvdgallery.com

Leo Kesting Gallery
812 Washington St., NY 10014 (Meatpacking District)
✆ (917) 650-3760, www.caplakesting.com

Pace Wildenstein Gallery
32 East 57th St., NY 10022 (Midtown)
✆ 1 (212) 421-3292, www.pacegallery.com

Paula Cooper Gallery
- 534 West 21st St., NY 10011 (Chelsea)
- 521 West 21st St. NY 10011 (Chelsea)
✆ 1 (212) 255-1105, www.paulacoopergallery.com

Paul Kasmin Gallery
- 293 Tenth Ave., NY 10001 (Chelsea)
- 515 West 27th St., NY 10001 (Chelsea)
✆ 1 (212) 563-4474, www.paulkasmingallery.com

Yossi Milo Gallery
245 Tenth Ave., zwischen 24th & 25th Sts.
NY 10001 (Chelsea)
✆ 1 (212) 414-0370, www.yossimilogallery.com

Kino

Die meisten Kino-Weltpremieren finden in New York statt und sind große gesellschaftliche Ereignisse. Grundsätzlich gibt es zwei Schlangen vor den Kinos: eine für Ticketkäufer und eine für jene, die ihre Eintrittskarten haben und auf Einlass warten.
Eine Übersicht über aktuelle Streifen bietet:
http://newyork.mrmovietimes.com oder
www.nyc.com/movies.

Mit Kindern in New York

Wer mit Kindern nach New York reist, kann jede Menge Spaß haben. Denn neben allen Überraschungen und Verrücktheiten, die in New York zum Alltag gehören und die alle Kinder begeistern, gibt es etliche spezielle Hits für die Jüngsten.

Aktuelle Tipps findet man im Magazin *Time Out New York* und auf der Webseite www.gocitykids.parentsconnect.com/region/new-york-ny-usa. Wer einen deutschsprachigen Babysitter braucht: Die geprüften Mitarbeiterinnen der **Baby Sitter's Guild** (✆ 1-212-682-0227, www.babysittersguild.com) kommen ins Hotel; Anmeldung auch online.

Einkaufen

Ein Gang durch **Chinatown** macht auch Kindern Spaß. Und praktisch für Eltern: es gibt so viel bunten Plastikkram zu kaufen, für so wenig Geld ...

American Girl Place
609 Fifth Ave. & 49th St., NY 10017 (Midtown)
www.americangirl.com
Mo–Do 10–19, Fr 10–21, Sa 9–21, So 9–19 Uhr
Ein Traum vieler Mädchen: ein Puppenladen mit riesiger Auswahl. Außerdem: Buchladen, Café, Fotostudio, Puppenfriseur.

The Disney Store
1540 Broadway, NY 10036 (Midtown)
www.disneystore.com
Tägl. 10–1, Mi bis 0 Uhr
Von Donald Duck bis Nemo: Alle Comic-Helden, die Walt Disney und seine Nachfolger je gezeichnet haben, sind hier käuflich zu erwerben.

Dylan's Candy Bar
1011 Third Ave. & East 60th St., NY 10021 (Midtown)
www.dylanscandybar.com
Mo–Do 10–22, Fr/Sa 10–23, So 11–21 Uhr
Die erste Anlaufstelle für Naschkatzen. 5000 Süßigkeitensorten: importierte Ware, Spezialitäten, lustige und ausgefallene Sweets.

Evolution Store vgl. S. 189

FAO Schwarz
767 Fifth Ave., zwischen 58th & 59th Sts.
NY 10153 (Upper East Side)
www.fao.com, Mo–Do 10–19, Fr–So 10–20 Uhr
Aus Versehen in diesem Kaufhaus eingeschlossen zu werden, ist wohl der Traum jedes Kindes: Gesellschaftsspiele, ferngesteuerte Autos, Puppen, Scherzartikel und jede Menge elektronisches Spielzeug ... Frederick August Otto Schwarz war übrigens einer der Gründer und der Namenspate.

New York Costumes
104 Fourth Ave., zwischen 11th & 12th Sts.
NY 10003 (East Village)
www.newyorkcostumes.com
Mo–Sa 11–20, So 12–19 Uhr
Größter Halloweenladen der Stadt mit Kostümen, Perücken, Schminke, Dekoration für Groß und Klein.

Spielzeugparadies in Upper East Side: FAO Schwarz

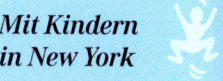
Nintendo World Store

10 Rockefeller Plaza, NY 10020 (Midtown)
www.nintendoworldstore.com
Mo–Do 9–20, Fr/Sa 9–21, So 11–18 Uhr
Ein Nirvana für alle Nintendo-Fans. Größte Auswahl
weltweit an Nintendo DS-, Game Boy Advance SP-,
GameCube- und Pokémon-Artikeln.

Tannen's Magic Studio

45 West 34th St., zwischen Fifth & Sixth Aves.
NY 10001 (Midtown)
www.tannens.com
Mo–Fr 11–18, Sa/So 10–16 Uhr
David Copperfield hat hier als Teenager seine ersten
gezinkten Spielkarten gekauft. Das größte Zauberfach-
geschäft der Welt hat über 7800 Tricks auf Lager, und
täglich gibt es gratis Zaubervorstellungen. Denn – Simsa-
labim! – alle Angestellten sind professionelle Magier.

Essen

Hard Rock Café

1501 Broadway, am Times Square, NY 10036 (Midtown)
www.hardrock.com/newyork
Mo–Do 11–0.30, Fr/Sa bis 1.30, So bis 1 Uhr
Dort, wo das Autoheck aus der Hauswand ragt, befindet
sich der Eingang zum Hard Rock Café. Natürlich gibt es
hier neben Cola und Hamburgern auch die begehrten
T-Shirts mit dem Zusatz »New York«.

Brooklyn Ice Cream Factory

1 Water St., NY 11201 (Brooklyn)
✆ 1 (718) 246-3963
www.brooklynicecreamfactory.com
Tägl. außer Mo 12–22 Uhr
Entweder fährt man mit der Subway A oder C zur High
Street oder man läuft über den Walkway der Brooklyn
Bridge zu diesem historischen Eisladen in einem ehemaligen Feuerwehr-Bootshaus. Alle Eiscremesorten sind
selbstgemacht.

Museen

American Museum of Natural History und Rose Center for Earth and Space

Central Park West & 79th St.
Eintrittspreise und Öffnungszeiten vgl. S. 115
Nicht erst seit »Jurassic Park« bleibt Kindern beim Anblick der Saurierskelette der Mund offen stehen. Auch
Schrumpfköpfe und riesige Meteoriten hinterlassen blei-
benden Eindruck. Ein einmaliges Erlebnis ist die Space
Show »Journey to the Stars« im 3. Stock des angeschlossenen Rose Center for Earth and Space. Dafür wurde der
modernste Sternenprojektor der Welt mit einem Super-
computer gekoppelt, der die Daten der wichtigsten Tele-
skope auf Erden und im Weltraum geladen hat, 40 Wissenschaftler und NASA-Spezialisten haben für diese
Show zusammengearbeitet. Akustischer Guide der Reise
hinter die Grenzen unserer Galaxie ist Whoopi Goldberg.
Wer heil aus dem All zurück ist, kann im 2. Stock den
simulierten Big Bang erleben und anschließend über den
spiralförmigen »Cosmic Pathway« vorbei an den Planeten unseres Sonnensystems die Geschichte des Alls
erforschen, Details: www.amnh.org/rose.

Children's Museum of the Arts (CMA)

103 CharltonSt., NY 10014 (West Village)
✆ 1 (212) 274-0986, www.cmany.org
Mi, Mi 12–17, Do/Fr 12–18, Sa/So 10–17 Uhr
Eintritt $ 10, Do 16–18 Uhr zahlt man, was man will
Das Kunstmuseum wurde 1988 gegründet und zeigt
2000 Werke junger Künstler aus 50 Ländern der Erde,
interaktiv und zum Angreifen, und bietet diverse Programme zum Mitmachen. In der Summer Art Colony
werden die Kinder den ganzen Tag von Künstlern
betreut. Details dazu auf der Webseite.

Drei Kindermuseen

Die drei Kindermuseen New Yorks bieten einen gekonn-
ten Mix aus Wissen und Unterhaltung und sind ideal für
Drei- bis Zehnjährige. Im fünfstöckigen **Children's
Museum of Manhattan** führt eine witzige *Body Odyssey*
geräuschvoll durch den menschlichen Körper, außer-
dem gibt es ein Kletter- und Krabbelparadies, Kostüm-
verleih und ein TV-Studio samt Aufnahmetechnik. Im
Brooklyn Children's Museum lernen die Kleinen unter
Anleitung Rap Songs und Steptanz, während im **Staten
Island Children's Museum** zum Beispiel die Welt des
Wassers erklärt wird. Dort gibt es auch ein eigenes Kin-
dertheater, einen Insektenzoo, eine Million Hölzer zum
Verbauen und einen riesigen alten Park zum Toben.
Children's Museum of Manhattan, 212 West 83rd St.,
zwischen Broadway & Amsterdam Ave., NY 10024
(Upper West Side), ✆ 1 (212) 721-1223, www.cmom.org,
So–Fr 10–17, Sa bis 19 Uhr, Eintritt $ 11,
Brooklyn Children's Museum, 145 Brooklyn Ave. &
St. Marks Ave., NY 11213 (Brooklyn), ✆ 1 (718) 735-4400,
www.brooklynkids.org, tägl. außer Mo 10–17 Uhr, Ein-
tritt $ 7.50, 3. Do im Monat 16–19 und am ersten
Wochenende im Monat 14–17 Uhr frei,

Staten Island Children's Museum, 1000 Richmond Terrace (Staten Island), NY 10301, Anfahrt gratis mit der Staten Island Ferry, 15 Min. mit Bus S40 zur Station Snug Harbor, ✆ 1 (718) 273-2060, www.statenisland kids.org, tägl. außer Mo 12–17 während der Schulzeit, 10–17 Uhr in den Schulferien, Eintritt $ 6

FDNY Fire Zone
50 Rockefeller Plaza, 34 West 51st St., zwischen Fifth & Sixth Aves., NY 10020 (Midtown)
✆ 1 (212) 698-4520
www.fdnyfirezone.com
Mo–Sa 9–19, So 11–17 Uhr
Eintritt frei, Fire Safety Show $ 6
Die Fire Zone ist ein Projekt der New Yorker Feuerwehr und eine geniale Mischung aus Feuerwache, Katastrophen-Museum und spannender Show. Die Kinder können ein echtes Feuerwehrauto besichtigen und damit interaktiv zum Einsatzort fahren. Hinter einer feuerfesten Wand entdeckt man im Schein der Taschenlampe verkohlte Trümmer, und erlebt bei einer Präsentation hautnah, auf welche Weise die meisten Brände entstehen. Alle Guides in diesem spannenden Feuer-Erlebnismuseum sind echte New Yorker Feuerwehrmänner und viele von ihnen waren am 11. September 2001 im Einsatz, so wie der beliebte Kevin Hannafin, der beim Einsturz des WTC-Nordturms seinen jüngeren Bruder verlor.

Long Island Children's Museum (LICM)
11 Davis Ave. & Charles Lindbergh Blvd.
Garden City, NY 11530 (Long Island)
Anfahrt: vgl. Homepage
✆ 1 (516) 224-5800, www.licm.org

Große Autos für die Kleinen im New York City Fire Museum

Juli/Aug. tägl. 10–17, Sept.–Juni Mo geschl., Eintritt $ 11
Das LICM bietet zwölf interaktive Dauerausstellungen. In der ToolBox lernen Kinder den Umgang mit Hammer, Bohrer und Säge. Im TotSpot toben die kleinsten Besucher und erproben sich an einem (Plastik-)Baukran, im Pattern Studio erfahren Kids etwas über Muster in Kunst, Mathematik und Natur. ClimbIt verspricht Kletterspaß ...

New York City Fire Museum
278 Spring St., zwischen Hudson & Varick Sts.
NY 10013 (SoHo)
✆ 1 (212) 691-1303, www.nycfiremuseum.org
Tägl. 10–17 Uhr, Eintritt $ 8/5
In einer ehemaligen Feuerwache in SoHo kann man historische Löschzüge, Maskottchen und Fotos von spektakulären Bränden anschauen. Wenn die Kleinen heiß sind auf mehr: Bei **The Original Firestore** (17 Greenwich Ave.) gibt es Spielzeugautos, Schutzhelme und die berühmten schwarzgelben Uniformen in Kindergrößen.

New York City Police Museum
100 Old Slip, nahe Staten Island Ferry, NY 10005 (Financial Dictrict)
✆ 1 (212) 480-3100, www.nycpolicemuseum.org
Mo–Sa 10–17, So 12–17 Uhr, Eintritt $ 8/5
In der Trainingshalle des New York Police Departments kommen Kinder mit den Menschen in Berührung, deren Uniformen sie aus jedem zweiten Kinofilm kennen. Im zweiten Stock finden sich unter einigen eher langweiligen Museumsstücken auch so spannende (bis makabre) Dinge wie Falschgeld, Al Capones Maschinenpistole und die Projektile, mit denen Berühmtheiten wie John Lennon oder Martin Luther King erschossen wurden. T-Shirts mit der originalen »NYPD«-Aufschrift verkauft der Accessories-Shop in der Second Avenue.

Freizeit & Sehenswürdigkeiten

Beast Speedboat Ride
Pier 16, South Street Seaport, NY 10038 (Lower Manhattan)
✆ 1 (212) 563-3200, www.circleline42.com, Abfahrt tägl.
10–18 Uhr zu jeder vollen Stunde, $ 27/21 (5–12)
Einen fetzigen Trip durch den New Yorker Hafen garantiert das Sightseeing-Schnellboot »The Beast«, das mit 45 Meilen pro Stunde (knapp 68 km/h) und dröhnender Rockmusik Lady Liberty umkurvt und der Skyline Manhattans die Parade abnimmt. Für Kinder, die kleiner sind als 102 Zentimeter, ist die wilde Fahrt tabu.

Bronx Zoo
Bronx River Pkwy. & Fordham Rd., NY 10460 (Bronx)
Anfahrt: vgl. S. 127
✆ 1 (718) 367-1010, www.bronxzoo.com
Sommer Mo–Fr 10–17, Sa/So/Fei bis 17.30 Uhr, Winter tägl. 10–16.30 Uhr, Eintritt $ 34/Kinder (3–12 Jahre) $ 24
Riesenschlangen, Gorillas, gruselige Fledermäuse – klar, was die Faszination dieses Ortes ausmacht. Mit über 4000 Tieren liegt der größte Zoo der USA in der Bronx (die Fahrt dorthin ist unbedenklich). Kleine Kinder kön

nen im **Children's Zoo** (zusätzlicher Eintritt) z. B. mit Riesenohren oder einem gigantischen Schildkrötenpanzer erleben, wie es ist, selbst ein Tier zu sein. Vgl. S. 127.

Central Park

Das viele Grün und die Massen von putzigen *squirrels* (Eichhörnchen) sind Grund genug, mit dem Nachwuchs durch New Yorks größten Park zu streifen. Und dann sind da noch die Kleinkünstler und das Karussell und die Luftballonverkäufer ... Ein Muss sind ein paar Runden auf der Wollman Rink (östlich vom Centre Drive). Wenn man sich – im Sommer auf Rollschuhen, im Winter auf Schlittschuhen – sanft in die Kurve legt und dabei den Kopf zur Seite wendet, braucht man keine wilden Pirouetten mehr zu drehen, damit einem schwindelig wird: Hinter den Bäumen sausen silbrig glitzernd die Wolkenkratzer vorbei. Vgl. S. 98 ff.

Central Park Wildlife Center/Central Park Zoo

830 Fifth Ave. & 64th St., NY 10021 (Upper East Side)
www.centralparkzoo.com
Winter tägl. 10–16.30, Sommer tägl. 10–17.30 Uhr
Eintritt $ 18/13, Kinder unter 3 Jahren frei
Im Tropenhaus kann man das versteckte Innenleben eines Ameisenstaates beobachten – Miniaturkameras machen's möglich. Vgl. S. 107.

Chelsea Piers

16th–23rd St., entlang Hudson River, NY 10011 (Chelsea)
✆ 1 (212) 336-6666, www.chelseapiers.com
Mit einem Ausflug an den Hudson River landet man bei Sportskanonen einen Volltreffer, wenn man die Chelsea Piers ansteuert. In dem riesigen Sport- und Vergnügungszentrum gibt es unter anderem eine Kletterwand und eine Rollschuhbahn, auf der Rampenprofis dem Inline-Skate-Nachwuchs die besten Tricks beibringen. Als Hit für die Jüngsten erweist sich das »Field House«, mit 8000 Quadratmetern New Yorks größte Gymnastikhalle, komplett mit haushohen Weichmatten und Trampolinen ausgepolstert und ideal zum Springen, Toben, Tanzen, Rennen und Hinfallen. Vgl. S. 74 f.

Empire State Building

350 Fifth Ave. & 34th St.
Von hier oben auf die Stadt zu schauen, macht Kindern Spaß, wenngleich das ein teurer Spaß ist. Von der Aussichtsplattform **Top of the Rock** im Rockefeller Center sieht man auch das Empire State Building. Vgl. S. 93 f.

IMAX-Theater

1998 Broadway & West 68th St., NY 10023 (Upper West Side), ✆ 1-888-262-4386, www.imax.com
Die Leinwand ist so hoch wie ein achtstöckiges Haus. Die 3D-Filme wirken so überwältigend plastisch, dass nicht nur kleine Zuschauer das Gefühl haben, Teil der Handlung zu sein. Zu bestimmten Zeiten werden auch deutsche Versionen gezeigt.

New York Aquarium

West 8th St. & Surf Ave., NY 11224 (Coney Island/Brooklyn), Anfahrt: Züge F oder Q zur West 8th St.
✆ 1 (718) 265-3474, www.nyaquarium.com

Nicht billig: eine Kutschfahrt durch den Central Park

April/Mai, Sept./Okt. Mo–Fr 10–17, Sa/So 10–17.30, Juni–Aug. Mo–Fr 10–18, Sa/So 10–19, Nov.–März tägl. 10–16.30 Uhr, Eintritt $ 15/11
Nach den Verwüstungen durch Hurrican Sandy wurde das Aquarium erst im Juni 2013 wieder geöffnet. Das riesige Aquarium ist nur eine der Attraktionen des über hundert Jahre alten Ozeanariums. Auf künstlichen Klippen aalen sich Seehunde und Walrosse, im Aquatheater führen Delphine ihre Kunststückchen vor, und in der Discovery Cove wird die Unterwasserwelt mit allen Sinnen erfahrbar.

New York Botanical Garden

2900 Southern Boulevard, NY 10458 (Bronx)
Anfahrt: Metro-North (blaue Harlem-Linie) bis Botanical Garden; Subways B, D (orange) oder 4 (grün) bis Bedford Park Blvd.
✆ 1 (718) 817-8700, www.nybg.org
Di–So 10–18 Uhr
Eintritt Gelände $ 10, Kinder (2–12 Jahre) $ 2, Mi ganztägig und Sa 10–11 Uhr Eintritt frei
Der Botanische Garten hat mehr zu bieten als Wohlgeruch: In einem Laboratorium, in Irrgärten und anderen interaktiven Stationen können Kinder auf viele Arten die Pflanzenwelt entdecken. Vgl. S. 127.

Spielplätze

Schön ist der Spielplatz im **Carl Schurz Park** (87th St., Ecke East End Ave.) oder der Spielplatz im **Central Park West** (81st St., nahe des Museum of Natural History).
Die **Riverside Park Playgrounds** (Riverside Park, zwischen 74th & 142nd Sts.) sind bei Eltern beliebt, weil sich entlang des Hudson River sieben Spielplätze verteilen, mit einem großen Sandkasten (83rd St.), mit Stein-Hippos, auf denen man klettern kann (91 st St.), und mit Dinosauriern (97th St.).

Sightseeing-Touren
Mit Kennern durch die Stadt

Geführte Touren bieten den Blick hinter die Kulissen. New Yorker zeigen ihre Stadt so, wie man sie auf Spaziergängen sonst kaum erleben könnte. Und auch vom Wasser aus oder mit dem Fahrrad zeigt sich Manhattan anders als gewohnt.

Zu Fuß

Big Apple Greeter
✆ 1 (212) 669-8159, www.bigapplegreeter.org
Der Knüller unter allen Sightseeing-Programmen: 450 geschulte New Yorker zeigen Besuchern kostenlos ihre Stadt. Die Rundgänge dauern zwei bis mehrere Stunden, Thema und Sprache richten sich nach den Wünschen der Gäste. Das Programm wendet sich ausschließlich an individuelle Besucher (1–6 gemeinsam Reisende), Trinkgeld ist tabu, aber wenn man z.B. gemeinsam Essen geht, versteht es sich von selbst, den Greeter einzuladen. Wünsche (Stadtviertel, Thema) sollte man möglichst früh (mindestens drei Wochen) anmelden und auf der »Visit Request Form« eintragen. Der Greeter holt die Gäste in ihrem New Yorker Hotel ab, das bei der Buchung mit angegeben werden muss. Spätestens zehn Tage bis eine Woche vor Ankunft erfährt man Name und Telefonnummer des Greeters, mit dem man nach der Ankunft in New York telefonisch Kontakt aufnimmt. Diese Möglichkeit, New York mit den Augen eines Einheimischen zu sehen, hat großen Charme und garantiert einen neuen Blick auf die Stadt. Der deutschsprachige Fred Alexander hat seit Jahren eine begeisterte Fangemeinde.

Manhattan Walking Tours
410 West 20th St., ✆ (732) 506-6248

Big Apple Greeter Fred Alexander

Mit dem Fahrrad über den East River (Williamsburg Bridge)

www.newyorkcitywalks.com, Preis $ 15
Zu Fuß geht es mit Anthony Grifa durch die Viertel Manhattans. Schwerpunkt sind Geschichte und Architektur. Themen und jeweiligen Treffpunkt online erfragen.

Mit dem Fahrrad

Bike the Big Apple
✆ 1-877-865-0078, www.bikethebigapple.com
Gemächlich, mit einigen Stopps, geht es auf Fahrradwegen durch verschiedene Stadtviertel. Die Touren dauern 4–5 Stunden, Fahrrad und Helm werden gestellt. Treffpunkt online nachlesen. Reservierung erforderlich.

Pedal Pusher Bike Shop
1306 Second Ave. & East 69th St., NY 10065
✆ 1 (212) 288-5592, www.pedalpusherbikeshop.com
Tägl. außer Di 10–18 Uhr
New York hat dank Bürgermeister Bloomberg inzwischen über 600 Kilometer ausgewiesene Radwege, 1200 weitere sollen dazukommen. So führt der East River Bikeway von der 14th Street zur Wall Street und schlängelt sich dabei durch den Park bis zum Financial District. Entlang des Hudson River Bike Path können Radfahrer über die Brooklyn Bridge bis zum Prospect Park fahren; inzwischen haben übrigens alle Brücken eigene Fahrradwege und sind leicht zugänglich. Der Pedal Pusher Bike Shop vermietet Räder (ab $ 28 pro Tag) und Helme ($ 4) in großer Auswahl.

Mit dem Bus

Gray Line New York Sightseeing
1560 Broadway, NY 10036, ✆ 1 (212) 445-0848 oder 1-800-669-0051, www.newyorksightseeing.com
Zwei- bis achtstündige Bustouren im roten Doppeldecker im Angebot. Darunter auch Hop-on-/Hop-off-Tour. Alle Touren können auch online gebucht werden.

Auf dem Wasser

NY Waterway
✆ 1-800-533-3779, www.nywaterway.com, $ 28/17
Ob »Skyline-Cruise«, »Twilight Cruise« zum Sonnenun-

Emblem der Radio City Music Hall

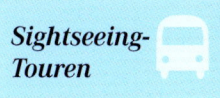

tergang (Mai–Okt.) oder die informative »New York History Cruise« – sie dauern jeweils 90 Minuten und bieten Traumblicke auf Manhattans Highlights. Im Herbst führt die vierstündige Hudson-Tour »Shades of Autumn« zur Laubfärbung hinauf ins Hudson Valley ($ 45/20) und zu Silvester kann man für $ 125 das Feuerwerk vom Wasser aus genießen.

Staten Island Ferry
Whitehall Terminal (South Ferry), www.siferry.com
Die Fähre zum Stadtteil Staten Island ist kostenlos, einen besseren Blick auf die Silhouette Manhattans hat man nirgends.

World Yacht
West 41st St., Pier 81, NY 10036, am Hudson River
✆ 1 (212) 630-8100, www.worldyacht.com
Dinner- und Brunch-Rundfahrten mit Livemusik, ab 50 $.

Spezielle Touren

Guided Tour of Lincoln Center
West 62nd bis 66th Sts.
✆ 1 (212) 875-5350, www.lincolncenter.org
Tägl. zwischen 10.30 und 16.30 Uhr, Preis $ 15/8
Die einstündige Tour führt durch die Metropolitan Opera,

das New York State Theater, die Avery Fisher Hall oder das Vivian Beaumont Theater; neben berühmten Bühnen (-geschichten) gibt es oft einen Blick auf laufende Proben.

Harlem One Stop
✆ 1 (212) 658-9160, www.harlemonestop.com
Hervorgegangen aus einer Nachbarschaftsinitiative organisiert die Non-Profit-Organisation Touren und Veranstaltungen zu jedem nur denkbaren Thema, das mit Harlems Geschichte und Gegenwart zu tun hat. Sehr zu empfehlen ist auch die informative Website.

Harlem Spirituals
✆ 1 (212) 391-0900, www.harlemspirituals.com
Gospel-, Soul- und Jazz-Touren durch Harlem (auch in deutscher Sprache). Online buchbar. Reservierung nötig.

On Location Tours
✆ 1 (212) 683-2027, www.screentours.com
Origineller und vergnüglicher kann man New York kaum erleben: Die Bustouren führen drei bis vier Stunden wahlweise zu den Schauplätzen berühmter Filme wie »Der Teufel trägt Prada« oder »Spiderman« ($ 38) und Serien wie »Sex and the City« ($ 42) oder die Mafiasaga der »Sopranos« ($ 44). Die Guides sind meist Comedians oder Schauspieler, die in kleinen Rollen mitgewirkt haben und Insiderstorys und witzige Begebenheiten vom Set erzählen. Den genauen Treffpunkt erfährt man bei der Buchung.

Radio City Music Stage Door Tour
✆ 1 (212) 307-7171, www.radiocity.com
Tägl. 11–15 Uhr, Preis $ 20/15
Die Behind-the-Scenes-Tours starten in der Lobby (50th St. & Ave. of the Americas). Tickets können vor Ort oder online gekauft werden. ❁

Einen besseren Blick auf die Skyline von Manhattan hat man nirgends als von der kostenlosen Staten Island Ferry

Shopping
Ein Paradies für Shopaholics

Für Shopaholics ist New York ein Paradies, vor allem dann, wenn der Euro einen guten Wechselkurs hergibt. Denn was gibt es Schöneres, als wie das Quartett aus »Sex and the City« durch die Straßen von New York zu ziehen, mit großen Einkaufstüten – mit noblen Aufschriften versteht sich. Ganz nach dem Motto der Schuhfetischistin Carrie Bradshaw: »Ich mag mein Geld genau da, wo ich es sehen kann ... hängend in meinem Kleiderschrank.« Wer sich nicht in den Bankrott shoppen will, sollte einige Regeln befolgen: Dollarkurs beachten und auf Angebote achten. Aber Vorsicht! Die Zeiten der Straßenräuber sind zwar auch in New York vorbei, aber beim Shopping wird man sein Geld mindestens genauso leicht los.

SALES! – In nahezu jedem Schaufenster prangt das Schild, und manchmal ist nicht leicht zu erkennen, ob das Schild älter ist oder die angepriesene Ware. Die großen Kaufhäuser nehmen jeden speziellen Kalendertag zum Anlass für herabgesetzte Preise. Da gibt es *Columbus Day Sales, Halloween Sales* und so weiter. Wer nur ein paar Tage in der Stadt ist, kann den Eindruck bekommen, ein Glückskind zu sein, da er just so einen Ausverkauf erwischte. Zweierlei gibt es also zu beachten: Wer zu regulären Preisen einkauft, hat das Spiel nicht begriffen. *Sales* bedeutet lediglich: Das Zeug muss raus, es war eh zu teuer. Und noch ein Tipp: Wenn sich im Hotelzimmer Tüten und Taschen auf Sofas und Sesseln stapeln, nicht vergessen: New York hat auch noch anderes zu bieten als Department Stores und Shops. Als absolutes Muss – auch wenn es nur beim *window shopping* bleibt – ist natürlich die **Fifth Avenue** von der 50th zur 59th Street. Hier gibt's viele bekannte Marken und Läden wie Tiffanys, FAO Schwarz und Niketown sowie einige Sehenswürdigkeiten wie das Rockefeller Center und die St. Patrick's Cathedral. Noch ein wenig exklusiveres Flair versprüht die **Madison Avenue** (59th bis 96th St.). Hier sind auch die besten und teuersten Antiquitätenläden zu finden. Wer auf Schnäppchen-Suche ist oder/und das Stöbern in kleineren, bunten Läden liebt, den zieht es eher in die **Lower East Side** (Canal, Delancy, Orchard, Essex Street), nach **SoHo** (um den Broadway, zwischen Canal & Prince Sts.) oder ins **East Village** (St. Mark's Place). Gemütlicheres Souvenir-Shopping mit der Familie lässt sich dagegen am besten am **South Street Seaport** absolvieren. Das renovierte Hafenviertel punktet mit einer autofreien Fußgängerzone, in der auch schon mal Straßenmusikanten auftreten. Spezielle Shopping-Adressen für Kinder sind im Kapitel »Mit Kindern in New York« aufgeführt (vgl. S. 182 f.). Nicht zu verachten sind zudem **Museumsshops** als Fundgrube für interessante Mitbringsel.

Achtung: Die Preisschilder weisen nur die Nettopreise aus. Außer bei Lebensmitteln, Zeitungen und Büchern wird auf alle Produkte eine staatliche Verbrauchssteuer von 8,25 Prozent aufgeschlagen (V.A.T.). Bevor Sie in einen Kaufrausch verfallen, sollten Sie sich über die Zollbestimmungen im Klaren sein (vgl. S. 203).

Antiquitäten und Flohmärkte

Vor allem am Wochenende gilt: stöbern statt shoppen. Entlang der 25th Street breiten sich Händler auf bald jedem Parkplatz aus.

Für jeden Geschmack etwas: Flohmarkt »The Garage«

Annex/Hell's Kitchen Flea Market
West 39th St., zwischen Ninth & Tenth Aves.
NY 10011 (Midtown), www.hellskitchenfleamarket.com
Sa/So 9–17 Uhr, nicht bei Regen
Silber und alte Blechlöffel, halbfunktionierende Radios
und Plastikschmuck, Münzen und Stühle – alles was des
Flohmärktlers Herz begehrt.

The Antiques Garage
112 West 25th St., zwischen Sixth & Seventh Aves.
NY 10001 (Chelsea)
www.hellskitchenfleamarket.com
Sa/So 9–17 Uhr
Zwölf Stockwerke voller Antiquitäten, Trödel, Sammler-
stücken und Kitsch. Gut sortiert. Gleich nebenan kann
man auf dem Flohmarkt noch ein Schnäppchen machen.
Der Hell's Kitchen Flea Market Shuttle ($ 1 pro Fahrt)
verbindet beide Märkte.

Manhattan Art & Antiques Center
1050 Second Ave. & 56 St., NY 10022 (Midtown)
✆ 1 (212) 355-4400, www.the-maac.com
Mo–Sa 10.30–18, So 12–18 Uhr
Auf drei Etagen versammeln sich über hundert Läden
und Galerien, eines der größten Antiquitäten-Center der
USA.

NoHo Market
Broadway & West 4th St., NY 10012 (NoHo)
Tägl. geöffnet
Der Market neben dem Tower-Records-Gebäude bietet
vor allem hippe Klamotten und Schmuck.

SoHo Antiques Fair
Grand St. & Broadway, NY 10013 (SoHo)
✆ 1 (212) 682-2000, Sa/So 9–17 Uhr
Antiquititäten, Kunst und Seltenes.

Märkte & Delikatessen

Dean & DeLuca
560 Broadway & Prince St., NY 10012 (SoHo)
www.deandeluca.com
Berühmter Deli, in dem einem leicht die Augen über-
gehen. Ein zweiter Laden befindet sich auf der Madison
Ave., mehrere Cafés in Manhattan.

Malcolm Shabazz Harlem Market
52 West 115th St., NY 10026 (Harlem)
Tägl. 10–18 Uhr
Walle-Kleider, Trommeln, Medizin und Spielzeug aus

Afrika, Billig-T-Shirts und Mützen aus Harlem und die
wunderbare Atmosphäre eines Bazars irgendwo jenseits
von Afrika.

Union Square Greenmarket
Broadway & 17th St., NY 10011 (Greenwich Village)
Mo, Mi, Fr/Sa 8–16 Uhr
Ein bäuerlicher Wochenmarkt mit Hochhauskulisse.
Frisches Obst und Gemüse, Blumen, Brot und Riesen-
Kürbisse. Samstags ist der geschäftigste Tag. Farmer der
Umgebung, d.h. aus der Neuengland-Region, bieten ihre
Waren an.

Zabar's vgl. S. 115

Curiosa & Geschenke

Billy Martin's Western Wear
1034 3rd Ave., Trump Plaza, NY 10065 (Midtown)
www.billymartin.com
Bevor der New Yorker sich aufmacht, ein paar Tage auf
einer Guest-Ranch in Wyoming zu verbringen, kleidet er
sich hier von Kopf bis Fuß ein: Boots, Gürtel, karierte
Hemden und Hüte. Go West!

Chisholm Larsson Gallery
145 Eighth Ave. & 17th St.
NY 10011 (Chelsea)
www.chisholm-poster.com
2300 Poster und alte Werbeplakate seit 1890. Von Pferde-
rennen in Frankreich über Olivenöl in Italien bis Coca
Cola. Nicht ganz billig. Umfangreicher Online-Katalog
auf o.a. Homepage.

Diamond Row
West 47th St., zwischen Fifth & Sixth Aves.
Ein Abstecher ins Zentrum des amerikanischen Dia-
mantenhandels lohnt nicht nur für diejenigen, die nach
Hochkarätigem Ausschau halten. Die 47. Straße umweht
mit ihren winzigen Geschäften zwar kein hochpoliertes
Flair, versetzt einen aber in eine andere Welt.

Evolution Store
120 Spring St. & Greene St., NY 10012 (SoHo)
www.theevolutionstore.com

Fakes
»Als-Ob-Ware« – gefälschte Uhren aller Schweizer Fabrikate, nachgemachte T-Shirts von Nike bis Hilfiger, Hand-
taschen mit jedem beliebigen Label von Prada bis Gucci – alles kein Problem, wenn man die Canal Street ent-
langschlendert. Die fliegenden Händler am Times Square wollen Touristen weißmachen, eine Fake-Rolex für $ 40
sei günstig. Aber Vorsicht: Erlaubt ist das alles nicht, jedenfalls nicht nach dem Deutschen Markenschutzgesetz.
Solche Artikel dürfen nicht eingeführt werden, genau so wenig wie die schwarz gebrannten CDs und DVDs, die es
an Straßenständen gibt.

Tägl. 11–19 Uhr
Von echten und falschen Knochen und Skeletten über Versteinerungen bis zu Schildkrötenpanzern. Der Zoll am Flughafen wird seine helle Freude haben, wenn Sie hier einkaufen …

Hammacher Schlemmer
147 East 57th St. & Lexington Ave.
NY 10022 (Midtown)
www.hammacher.com, Mo–Sa 10–18 Uhr
Vom heizbaren Handtuchhalter bis zum klimatisierten Safarihut findet man hier alles.

Kate's Paperie
435 Broome St., zwischen Broadway & Crosby St.
NY 10013 (SoHo)
www.katespaperie.com
Mo–Sa 10–19, So 11.30–18 Uhr
Wunderschöne Schreibblöcke für New-York-Notizen, Briefpapier als Neidmacher für die Daheimgebliebenen. Die erlesene Auswahl an Papieren befindet sich außerdem in einem beachtenswerten, gusseisernen Gebäude im Cast Iron District, dem Little Singer Building.

Mxyplyzyk
125 Greenwich Ave. & 13th St.
NY 10014 (West Village)
www.mxyplyzyk.com
Mo–Sa 11–19, So 12–17 Uhr
Wer Schnickschnack, Originelles und ausgefallene Geschenke sucht, ist hier genau richtig.

Pearl River Mart
477 Broadway, zwischen Grand & Broome Sts.
NY 10013 (SoHo)
www.pearlriver.com
Tägl. 10–19.20 Uhr
Asia-Liebhaber kommen hier voll auf ihre Kosten. Die

Fifth Avenue, die Einkaufsmeile New Yorks

es noch nicht sind, werden hier überzeugt. Geschirr, Kleidung, Accessoires von kitschig bis edel.

Shanghai Tang
600 Madison Ave., zwischen 57th & 58th Sts.
NY 10022 (Upper East Side), www.shanghaitang.com
Mo–Sa 10.30–19, Do bis 20, So 12–18 Uhr
Chinoiserien, aber auf die edle Art. Also nicht die Billig-Pantöffelchen aus Chinatown, sondern teurer Wandschmuck und Klamotten.

Kleidung

Die größte Ladendichte für Kleidung findet man in Midtown entlang Madison Avenue und Fifth Avenue sowie Downtown in SoHo. Für die großen Namen – Armani, Dior, Issey Miyake – bleibt man im Norden, doch auch in SoHo macht ein Flagship-Store nach dem anderen auf. »Coming soon« sieht man allenthalben in Downtown angeschrieben, viele große Firmen folgen dem Trend der Zeit und lassen entweder um oder eröffnen hier eine Filiale. Aber auch günstige Bekleidungshäuser wie H&M und Zara sind auf der Fifth Avenue vertreten.
In der Regel geöffnet: Mo–Sa 10–19/20, So 12–18/19 Uhr

Anthropologie
375 West Broadway, zwischen Spring & Broome Sts.
NY 10012 (SoHo)
www.anthropologie.com
Ein großer Laden, voll mit schönen Kleidern, bunten Tassen, Seifen, Schuhen und noch mehr Krimskrams – und wer länger in New York bleibt, kann hier ein Sofa aufpolstern lassen.

Bergdorf Goodman
Vgl. S. 191

Brooks Brothers
346 Madison Ave. & 44th St., NY 10017 (Midtown)
www.brooksbrothers.com
Klassisches für Männer.

Century 21
22 Cortlandt St., zwischen Church St. & Broadway
NY 10007 (Financial District)
www.c21stores.com
Der Preisknüller schlechthin. Armani oder Lagerfeld, René Lezard oder Dolce & Gabbana, die teuersten Markenteile kann man hier zu einem Bruchteil des ursprünglichen Preises finden. No fakes! Es ist eben die Ware aus der letzten oder auch vorvorletzten Saison, manchmal etwas ramponiert. Meist nur Einzelstücke, alles hängt dicht und liegt übereinandergestapelt; viel Zeit zum Stöbern nötig.

Denim Habit
1335 Third Ave., zwischen 76th & 77th Sts., NY 10075 (Upper East Side)
www.denimhabit.com
Spezialisiert auf Designerjeans. Auswahl: über 100 Marken für Frauen und Kinder.

Paracelso
414 West Broadway & Spring St., NY 10012 (SoHo)
Woher kommen all diese seltsam wunderschönen Kleider und Schals? »Vom Mond fliegen sie zu mir«, sagt Luxor Tavella, eine bunte Fee, die aus Mailand geflogen kam und diesen ungewöhnlichen Laden hat.

Große Namen

Boutique Georgio Armani
760 Madison Ave. & 65th St., NY 10022 (Upper East Side)
www.giorgioarmani.com

Georgio Armani
717 Fifth Ave., NY 10022 (Midtown)
www.giorgioarmani.com

Calvin Klein
654 Madison Ave. & 60th St., NY 10021 (Upper East Side)
www.calvinklein.com

Chanel
15 East 57th St., zwischen Fifth & Madison Aves.
NY 10022 (Midtown), www.chanel.com

Carolina Herrera
954 Madison Ave. & 75th St., NY 10021 (Upper East Side)
www.carolinaherrera.com

DKNY
– 420 West Broadway, zwischen Spring & Prince Sts.
NY 10012 (SoHo)
– 655 Madison Avenue, zwischen 59th & 60th Sts.
NY 10065 (Upper East Side)
www.dkny.com

Gucci
840 Madison Ave., zwischen 69th & 70th Sts.
NY 10021 (Upper East Side), www.gucci.com

Hermès
691 Madison Ave. & 62nd St., NY 10065
(Upper East Side), www.hermes.com

Prada
– 45 East 57th St. & Madison Ave., NY 10022 (Midtown)
– 841 Madison Ave. & 69th St., NY 10021 (Upper East Side)
– 575 Broadway & Prince St., NY 10012 (SoHo)
www.prada.com

Ralph Lauren
867 Madison Ave. & 71st St., NY 10021 (Upper East Side)
www.ralphlauren.com

Valentino
747 Madison Ave. & 65th St., NY 10065 (Upper East Side)
www.valentino.com

Versace
647 Fifth Ave., zwischen 51st & 52nd Sts.
NY 10022 (Midtown), www.versace.com

Kaufhäuser

Barneys
660 Madison Ave. & 60th St., NY 10065 (Midtown)
www.barneys.com
Edelmarken für den New-York-Look.

Bergdorf Goodman
754 Fifth Ave., NY 10019 (Midtown)
℘ 1-800-558-1855, www.bergdorfgoodman.com
Europäische und amerikanische Mode, geschmackvolle Geschenkartikel, sehr nobel, für die dickere Brieftasche.

Bloomingdale's
59th St. & Lexington Ave., NY 10022 (Midtown)
www.bloomingdales.com
Das Kaufhaus schlechthin, man muss es allerdings mögen. Hier gibt's alles, leidlich erträglich präsentiert. Auf Sonderangebote achten! Zum Angeben für zu Hause: Die Papiertüte mit der Aufschrift »medium brown bag« mit in den Koffer packen ...

Macy's
151 West 34th St. & Broadway, NY 10001 (Midtown)
www.macys.com
Das größte Kaufhaus New Yorks erstreckt sich über zehn Etagen. Macy's richtet die berühmte Thanksgiving Day Parade aus. Im Visitor Center erhalten Besucher eine Welcome International Savings Card, mit der es elf Prozent Rabatt auf Produkte in Macy's-Läden gibt.

Saks Fifth Avenue
611 Fifth Ave. & 49th St., NY 10022 (Midtown)
www.saksfifthavenue.com
Designer-Kollektionen auf neun Stockwerken, zentral gegenüber dem Rockefeller Center gelegen. Im Dezember stehen die New Yorker Schlange, um die vorweihnachtliche Schaufensterdekoration zu bewundern.

Shopping

Yaso
62 Grand St., zwischen West Broadway & Wooster St.
NY 10013 (SoHo), www.yasosoho.com
In riesigen Räumen sind Hüte und Damenkleider ausgestellt. Edler Schlabberlook und plissierte Teile für Stehempfang und Vernissagen, denn Sitzen ruiniert die teuren Falten.

Schuhe

Diverse Shops, die sich gegenseitig für Timberland, Caterpillar und ähnlichem unterbieten, finden sich am **Broadway**, zwischen Houston und 8th Street.

Abercrombie & Fitch
720 Fifth Ave. & 56th St., NY 10019 (Midtown)
www.abercrombie.com
Sneakers gibt es hier auch, und alles sonst, was man fürs Fitnessstudio braucht. Spektakulär sind die muskulösen Boys, die hier im Eingang oft vortanzen.

Manolo Blahnik
31 West 54th St., zwischen Fifth and Sixth Aves.
NY 10019 (Midtown), www.manoloblahnik.com
Die Serie »Sex and the City« machte die exklusiven Schuhe des auf den kanarischen Inseln geborenen Blahnik auch einer breiten Masse bekannt.

Niketown
6 East 57th St. & Fifth Ave., NY 10022 (Midtown)
www.nike.com
Hier werden Schuhe wie chinesische Vasen aus der Ming-Periode präsentiert. Einen Besuch wert.

Nine West
1518 Third Ave., NY 10028 (Upper East Side)
www.ninewest.com
Nine West hat schicke, tragbare, bezahlbare – und bequeme – Damenschuhe. Bei ausdauernden Stadtrundgängen getestet ...

Kosmetik

Aedes De Venustas
9 Christopher St. & Gay St., NY 10014 (West Village)
www.aedes.com
Beste Auswahl an Seltenem und Edlem.

Aveda Salon
456 West Broadway & Prince St., NY 10012 (SoHo)
www.aveda.com
Spezialisiert auf Aromatherapie, alle Produkte aus Blumen und anderen Pflanzen. Etwas esoterisch angehaucht, aber wunderbare Shampoos und Aromakerzen.

Kiehl's
109 Third Ave., zwischen 13th & 14th Sts.
NY 10003 (East Village), www.kiehls.com
Verschickt seine selbstgemixten Cremes in alle Welt.
Ein New-York-Muss und -Klassiker.

M.A.C. Cosmetics
113 Spring St., zwischen Greene & Mercer Sts.
NY 10012 (SoHo), www.maccosmetics.com
Auch bei Visagisten beliebte Kosmetikmarke.

Sephora
555 Broadway, zwischen Prince & Spring Sts.
NY 10012 (SoHo), www.sephora.com
Von außen fast zu übersehen, zieht sich das riesige Geschäft weit nach hinten. Wunderbar kühl eingerichtet, eine Augenweide, mit großer Auswahl internationaler Marken und schönfarbenen Bade-Accessoires.

Sustainable NYC
139 Ave. A & 9th St., NY 10009 (East Village)
www.sustainable-nyc.com
Schon das Ladenschild ist mit Sonnenenergie betrieben, ein ganzer Shop zum Thema Nachhaltigkeit. Es gibt abbaubares Shampoo, Mini-Sonnenkollektoren für Blackberry-Ladegeräte – und fair gehandelten Schmuck.

Elektronik

Computer, CD- und MP3-Player sowie Fotoapparate sind meist billiger als in Deutschland. Wenn man einen Computer kauft, hat man jedoch den Nachteil der englischen Tastatur. Absolut abzuraten: die Shops rund um Times Square. Touristenfallen! Immer wieder kommt es zu Skandalen, weil Shops alte Geräte neu eingepackt ins Regal stellen und diese dann als »neue« Ware verkaufen.

Apple Stores
– 72 Greene St., zwischen Greene & Mercer Sts.
NY 10012 (SoHo)
– 401 West 14th St. & Ninth Ave.
NY 10014 (Chelsea)
– 767 Fifth Ave., zwischen 58th & 59th Sts.
NY 10153 (Midtown)
– 1981 Broadway, NY 10023 (Upper West Side)
www.apple.com
Die Apple Stores in New York werden bei günstigem Euro-Kurs von Europäern geradezu gestürmt. iPods, iPhones, iMacs und das iPad kosten oft das, was sie bei uns in Euro kosten, in Dollar.

B&H Photo
420 Ninth Ave. & 34th St., NY 10001 (Midtown)
www.bhphotovideo.com
Seriöses Fotogeschäft mit großer Auswahl.

J&R Music and Computer World
23 Park Row & Broadway, NY 10038 (Financial District)
www.jr.com
Seriös, aber die Beratung ist nicht immer die beste. Große Auswahl an Elektronik aller Art.

Bücher

Barnes & Noble

33 East 17th St., Union Square, NY 10003 (Greenwich Village), www.barnesandnoble.com
Ein Bücherkaufhaus, große Auswahl an Aktuellem, viele Hardcover zu reduzierten Preisen. Unzählige Filialen in der ganzen Stadt.

Bauman Rare Books

535 Madison Ave. & West 54th St., NY 10022 (Midtown)
www.baumanrarebooks.com
Edle Antikbücher in Leinen gebunden und signiert; teure Mitbringsel.

International Center of Photography

1133 Ave. of the Americas (Sixth Ave.) & 43rd St.
NY 10036 (Midtown), www.icp.org
Das ICP Midtown beherbergt ein Fotoarchiv. Hier finden Ausstellungen und Kurse statt, und schöne Fotobände können erworben werden.

Shakespeare & Co.

716 Broadway, zwischen Washington & Waverly Pl.
NY 10003 (Greenwich Village), www.shakeandco.com
Literarische Buchhandlung mit kundigen Mitarbeitern, einige Bücher reduziert. Weitere Filialen in Brooklyn, Upper East Side und Gramercy.

Strand Bookstore

828 Broadway & 12th St., NY 10003 (East Village)
www.strandbooks.com
1927 gegründet, ein riesiges Antiquariat mit über zwei Millionen alten, seltenen und neuen Büchern, eben der »World's Largest Used Book Store«, acht Meilen Bücher, viele Sonderangebote.

Ursus Books

699 Madison Ave., 3. Stock, NY 10065 (Midtown)
www.ursusbooks.com
Im Zwischengeschoss des Carlyle Hotels ist diese Kunstbuchhandlung angesiedelt, die zugleich modernes Antiquariat ist. Sehr gut sortiert, es gibt auch sehr rare und teure Ausgaben.

Musik

Jazz Record Center

236 West 26th St. & 7th Ave., NY 10001 (Midtown)
www.jazzrecordcenter.com
Für Enthusiasten.

J&R Music and Computer World vgl. S. 192

Souvenirs

Fishs Eddy

889 Broadway & 19th St., NY 10003 (Flatiron District)
℘ 1 (212) 420-9020, www.fishseddy.com
Manhattans Skyline, Brooklyn Bridge und Empire State

Building für den gedeckten Tisch, hier gibt es Servietten und Tischdeko mit kitschfreien New-York-Motiven zu niedrigen Preisen.

Pearl River Mart

477 Broadway & Broome St., NY 10013 (SoHo)
Billiges, Buntes und Originelles aus Asien. Hier findet man auf drei Stockwerken hübsche, kleine, bezahlbare Mitbringsel, die noch in den Koffer passen.

Muji

16 West 19th St., NY 10011 (Flatiron District)
www.muji.us
Japanische Winzigkeiten in wunderschönem Design, optimal für volle Koffer. T-Shirts, Schals und Handtücher zur Größe einer Zigarettenschachtel geschrumpft; originell auch Empire State und Chrysler Building als Bauklötzchen für das New-York-begeisterte Krabbelkind.

Amerikanische Museen werden kaum oder gar nicht subventioniert und finanzieren sich hauptsächlich über ihre attraktiven Museumsläden. Derzeit gibt es in New York etwa 30 solcher Geschäfte. Sie alle verkaufen Reproduktionen, Bücher, Karten und oft auch Schmuck, Schreibgeräte u.a. originelle Geschenke.

»We sell guitars«

Service von A bis Z

*Die Flagge von New
York City seit 1977*

Zum Einstimmen: populäre New-York-Motive

An- und Einreise

Besucher aus Deutschland, Österreich und der Schweiz benötigen für die Einreise kein Visum, wenn sie nicht länger als 90 Tage in den USA bleiben wollen. Der Reisepass muss noch länger als sechs Monate gültig sein. Alle Reisenden, auch Kinder jeglichen Alters, benötigen einen eigenen Reisepass. Zur visumfreien Einreise in die USA im Rahmen des Visa Waiver Programms berechtigen alle **bordeauxroten deutschen Reisepässe** – sowohl die vor dem 26. Oktober 2005 ausgestellten maschinenlesbaren als auch die seit dem 26. Oktober 2006 ausgestellten Reisepässe, sogenannte e-Pässe, die einen Chip enthalten. Ausführliche Hinweise zu den US-Einreisebestimmungen und zum Visumverfahren gibt's auf der Webseite der US-Botschaft Berlin: www.us-botschaft.de.

Jeder USA-Reisende muss vorab eine Genehmigung über das **elektronische Reisegenehmigungssystem ESTA** (https://esta.cbp.dhs.gov) einholen. Der Antrag ist kostenlos (wenn Sie aufgefordert werden Ihre Kreditkartennummer zu nennen, sind Sie auf einer falschen Webseite) und kann auch von einer dritten Person, z. B. einem Reiseunternehmen, gestellt werden. Bei der Einreise werden dann **Fingerabdrücke** genommen und ein **digitales Porträtfoto** erstellt. Ihr **Reisegepäck** sollten Sie nicht verschließen, weil es sonst unter Umständen aufgebrochen wird.

Mit dem Flugzeug:

New York kann man praktisch mit jeder Fluglinie erreichen. Jede US-Airline sowie alle internationalen Gesellschaften fliegen regelmäßig und häufig einen oder mehrere der drei New Yorker Flughäfen (Info unter: www.panynj.gov/airports) an: La Guardia Airport, der mit Inlandsflügen erreicht wird, und John F. Kennedy International Airport (JFK) für internationale Flüge liegen in Queens; der Newark Liberty International Airport liegt in New Jersey.

JFK: Der Flughafen liegt 15 Meilen östlich von Manhattan. Die acht Meilen lange AirTrain-Strecke verbindet Terminals, Mietwagenfirmen, Hotels und Parkhäuser im Flughafenbereich und stellt den Anschluss zur Long Island Railroad (LIRR, Jamaica-Station), zu den Subway-Stationen Jamaica (Linien E, J/Z) und Howard Beach (Linie A) und zu verschiedenen Buslinien von NYC Transit und Green Bus her. Ab Howard Beach Subway Station gelangt man dann in 45 Minuten ins Zentrum, und das für ca. $ 7.25 (etwa $ 5 für AirTrain und $ 2.25 für U-Bahn).

Das – offizielle gelbe! – Taxi nach Manhattan fährt zum Einheitstarif von $ 52 (plus Gebühren für Brücken und Tunnel, komplett $ 62 plus Trink-

Parkplätze sind rar in New York City

geld), es braucht je nach Tageszeit und Verkehrsaufkommen eine halbe bis eine Stunde. Verlässlich sind die Kleinbusse des New York Airport Service (℗ 1-718-875-8200, www.nyairportservice.com), die alle drei Flughäfen bedienen. Sie halten am Port Authority Bus Terminal, an der Penn Station und vor dem Grand Central Terminal, Reservierung online, pro Strecke ab $ 15.

Newark Liberty: Der Flughafen liegt 18 Meilen westlich von Manhattan. Umbauten und die Eröffnung des AirTrain Newark machen ihn für viele Airlines zur Top-Adresse. Da er in New Jersey liegt, gelten für Taxis spezielle Preisregeln: Die Strecke kostet $ 50–70 plus Trinkgeld und Brückenzoll, plus $ 15 Aufschlag Richtung Manhattan. Man fährt etwa 20 Minuten bis eine Dreiviertelstunde. Ein *taxi dispatcher* stellt Passagiergruppen zusammen, die ein ähnliches Fahrziel haben und sich den Preis teilen. Die Busse des Newark Liberty Airport Express (www.coachusa.com) verlassen Newark etwa halbstündlich und fahren zum Port Authority Bus Terminal und zur Grand Central Station. Das Ticket für $ 16 ($ 28 hin und zurück) kauft man vorher am Schalter im Flughafen.

LaGuardia Airport: Der Flughafen wurde 1939 nach dem populären New Yorker Bürgermeister Fiorello LaGuardia benannt. Er liegt neun Meilen von Manhattan entfernt in Flushing/Queens, ist der kleinste der drei Flughäfen und das Drehkreuz für Inlandsflüge. Die Taxifahrt nach Manhattan kostet $ 25 bis 30 plus Trinkgeld und Brückenzoll und dauert 20 bis 45 Minuten. Das Busticket (www.nyairportservice.com) zum Grand Central Terminal, Penn Station oder Port Authority kostet $ 12 ($ 21 hin und zurück).

Für alle drei Airports gibt es zusätzlich den neuen Supershuttle (www.supershuttle.com).

Mit dem Auto:

Über die Interstate 495 (I-495) gelangt man durch den Lincoln Tunnel oder über die Interstate 95 (I-95) über die George Washington Bridge von New Jersey nach Manhattan. Für die Nutzung dieser Strecken ist eine **Gebühr** ($ 12) fällig – aber nur bei der Einfahrt nach Manhattan, die Ausfahrt ist kostenlos. Aus dem Bundesstaat New York führt die Hauptverkehrsader über den gebührenpflichtigen New York Thruway (I-87) durch die Bronx und über die Triborough Bridge nach Upper Manhattan. Aus New England kommt man über die Connecticut Turnpike (I-95), den New England Thruway (I-95) und den Bruckner Expressway (I-278) zum Cross Bronx Expressway, über diesen an der Westside nach Upper Manhattan.

Die Insel selbst wird von zwei **Schnellstraßen** in Nord-Süd-Richtung eingerahmt. Der Franklin D. Roosevelt Drive (FDR-Drive) führt am East River entlang vom Battery Park im Süden bis nach Harlem. Etwas westlich davon liegen die Auffahrten zum Queens Midtown Tunnel sowie zu Queensboro Bridge, Williamsburg Bridge, Manhattan Bridge und Brooklyn Bridge. Der Westside Highway führt vom Battery Park am Hudson River entlang nach Norden, so gelangt man auch zu den Zufahrten von Holland und Lincoln Tunnel.

Allerdings sei angemerkt, dass man nach New York, speziell nach Manhattan, **besser nicht mit dem Auto** kommt. Parkplätze sind rar und extrem teuer; innerhalb Manhattans bewegt man sich weitaus stressfreier mit der Subway oder mit Taxis.

Nostalgisch: die vierseitige Uhr in der Haupthalle der Grand Central Station

Zusätzlich soll in den nächsten Jahren eine **Mautgebühr** für Manhattan eingeführt werden. Achtung: Mo–Fr dürfen 6–10 Uhr nur Pkws mit mehr als einem Passagier nach Manhattan fahren, Kontrollstellen: Brooklyn Bridge, Brooklyn Battery Tunnel, Manhattan Bridge, Williamsburg Bridge, Queensboro Bridge, Midtown Tunnel, Lincoln Tunnel und Holland Tunnel.

Mit dem Zug:

Zentraler Bahnhof in Manhattan ist die **Pennsylvania Station** (31st bis 33rd St., zwischen 7th & 8th Aves.), genannt Penn Station. Über die Penn Station führen die Amtrak-Verbindungen (✆ 1-800-872-7245, www.amtrak.com) sowie die Züge der Long Island Railroad (✆ 1-718-217-5477, www.mta.info/lirr). Die Penn Station stellt den Knotenpunkt für alle Züge im sogenannten Northeast Corridor dar, also die Verbindungen nach Boston, Washington D.C. und Philadelphia.

Die nördlichen New Yorker Vororte sowie die Städte in Connecticut sind mit der Metro-North Commuter Railroad (www.mta.info/mnr) über **Grand Central Station** (East 42nd St. & Park Ave.) zu erreichen. Verbindungen nach New Jersey bieten die Path Trains (www.panynj.gov/path).

Mit dem Bus:

Das **Port Authority Terminal** (✆ 1-212-564-8484, www.panynj.gov) ist der zentrale Busbahnhof, ein riesiger Gebäudekomplex zwischen Eighth und Ninth Avenues (40th bis 42nd Sts.).

Von hier starten die Greyhound Busse (✆ 1-800-231-2222, www.greyhound.com) in die gesamten USA sowie etliche andere Busgesellschaften: **Adirondack Pine Hill Trailways** fährt in den Norden des Staates New York (✆ 1-800-776-7548, www.trailwaysny.com), **Martz Trailways** (✆ 1-800-233-8604, www.martztrailways.com) nach Pennsylvania und **Peter Pan Bus Lines** (✆ 1-800-343-9999, www.peterpanbus.com) nach New England.

Orientierung

Für die Größe der Stadt ist die Orientierung in New York denkbar einfach, das gilt vor allem für Manhattan. Waagerechte, also ost-westlich verlaufende Straßen heißen **Streets**, die mit den niedrigen Nummern sind im Süden, also die 3rd Street in Greenwich Village, die hohen im Norden, also die 125th Street in Harlem. Die senkrechten, breiteren Straßen sind die **Avenues**, sie sind von rechts nach links nummeriert, bis zur fünften Avenue liegen sie rechts (östlich) des Central Parks. Die 5th Avenue teilt die Insel in Ost und West: rechts davon heißen die Straßen etwa East 10th Street, links davon West 10th Street.

Komplizierter wird es nur am Südzipfel: Diese älteren Straßen folgen nicht dem Schachbrettmuster und sind nicht durchnummeriert, sondern tragen Namen. Gute Orientierungsdienste leisten die großen Querstraßen Houston (sprich: Hausten) und Canal Street (sprich: Cänál). Im Village, in SoHo und in Chinatown wird man nicht umhinkommen, ab und zu den Stadtplan rauszukramen.

Die große Ausnahme im Schnittmusterbogen Manhattans ist der **Broadway**: Wie eine Ader verläuft er schräg und quer, von rechts unten nach links oben (für Puristen: von Südosten nach Nordwesten).

Eine Adresse wird so angegeben:

Pampano, 209 East 49th St., zwischen 2nd & 3rd Aves. Das bedeutet: das Restaurant Pampano (der Mit-Besitzer ist Star-Tenor Plácido Domingo) hat die Hausnummer 209, es ist in der 49. Straße, also in Midtown, zwischen der 2. und 3. Avenue, also östlich und südlich des Central Parks. Aufpassen muss man, dass man die Hausnummer nicht mit der Straßennummer verwechselt. In unserem Beispiel würde man tief in der Bronx, in der 209. Straße, vergeblich nach dem Nobelrestaurant suchen ...

Oder: *Empire State Building, 350 Fifth Ave. & 34th St.* Das bedeutet: Die Sehenswürdigkeit steht an der Ecke 5. Avenue und 34. Straße, also mitten in Midtown.

Weiter nützlich für die Orientierung: Die Park Avenue ist die mit dem Grünstreifen dazwischen, (und somit die – fehlende! – 4th Avenue). Unter der Lexington Avenue fährt die grüne Subway-Linie hindurch.

Auskunft

Tourismusbüros:

NYC & Company
810 Seventh Ave., zwischen 52nd & 53rd Sts.
✆ 1 (212) 484-1200, www.nycgo.com
Mo–Fr 8.30–18, Sa/So 9–17 Uhr
Hier bekommt man alle Infos, gratis Stadtpläne, Veranstaltungskalender, die Metro Card, Gray Line- und Sightseeing-Tickets.

NYC Heritage Tourism Center
Broadway, südl. vom City Hall Park
Mo–Fr 9–18, Sa/So 10–18 Uhr

Official Visitor Information Kiosk for Chinatown
Ecke Canal, Walker und Baxter Sts.

So–Fr 10–18, Sa 10–19 Uhr
In den Info-Centers erhält man außer Stadtplänen, Fahrplänen für Bus und Subway, Tickets für Museen und andere Attraktionen auch den 160-seitigen »Official NY Guide« mit allen offiziellen Adressen und geldwerten Coupons, der Guide ist gratis.

New York Pässe:
Außerdem können Sie in den Informationszentren den **New York Pass** erwerben. Die Karte bietet kostenlosen Eintritt in über 55 Attraktionen, Sightseeing-Touren und verschiedene Dienstleistungen. Sie erhalten Restaurant- und Shopping-Rabatte. Preise: Erwachsene $ 85, Kinder bis 12 Jahre $ 60 (1 Tag), $ 130/110 (2 Tage), $ 180/140 (3 Tage), $ 230/165 (7 Tage); die Pässe für 3 und 7 Tage sind online 15 Prozent billiger, allerdings kostet der Versand nach Europa $ 10 extra. Besser online buchen (www.newyorkpass.com) und den Pass mit dem ausgedruckten Voucher persönlich abholen (am Times Square).

Mit dem **New York CityPass** bekommt man den Eintritt zu folgenden Sehenswürdigkeiten kostenlos: Empire State Building, American Museum of Natural History, Guggenheim Museum oder Top of the Rock, The Museum of Modern Art, The Metropolitan Museum of Art, Freiheitsstaue & Ellis Island oder Circle Line Cruises. Der Pass ist neun Tage gültig, ihn gibt es bei allen genannten Anbietern sowie online (www.citypass.com, $ 106/79).

Auch mit dem **ExplorerPass** kann man Sehenswürdigkeiten kostenlos besuchen, er kostet für drei Einrichtungen $ 79.99, für fünf $ 129.99, für sieben $ 164.99 und für zehn $ 209.99. Oft Preisermäßigungen im Internet (www.smartdestinations.com).

Zeitungen und Zeitschriften:
Hilfreiche Veranstaltungstipps bieten: *The New Yorker* (Mo), *New York Press* (Di, kostenlos), *Village Voice* (Mi, kostenlos), *TimeOut New York* (Mi), *New York Magazine* (Mo), *New York Times* (Fr).

Im Internet:
www.newyork.de
www.nycgo.com (auch auf Deutsch)
www.newyork.citysearch.com
www.timeout.com/newyork
www.nymag.com
www.nycparks.org

*Empire State Building und das Verlagshaus des Magazins
»The New Yorker« spiegeln sich im Javits Center*

Wichtige Rufnummern:
Notruf-Polizei-Feuerwehr ✆ 911
Notarzt ✆ 1-800-395-3400
Notfalltelefon für Verbrechensopfer
✆ 1 (212) 577-7777
Telefonauskunft ✆ 411
Flughäfen:
– JFK ✆ 1 (718) 244-4444
– LaGuardia ✆ 1 (718) 533-3400
– Newark ✆ 1 (973) 961-6000
NYC Subway und Bus Information:
www.mta.info
Taxi & Limousine Commission:
✆ 1 (212) 639-9675, www.nyc.gov/taxi
Bei abgeschlepptem Wagen *(towed car)* ✆ 311
NY Hotel Urgent Medical Services
✆ 1 (212) 737-1212
Doctors On Call (24 h) ✆ (718) 238-2100
Apotheken (24 h) u.a.:
400 West 58th., 253 First Ave., 1622 Third Ave.

Ärztliche Versorgung

Wenn man einen Arzt oder ein Krankenhaus aufsucht, müssen die Leistungen sofort in bar oder mit Kreditkarte bezahlt werden. Jeder ausländische Besucher wird grundsätzlich als Privatpatient behandelt, die Kosten können hoch sein. Der Abschluss einer **Reisekrankenversicherung** ist sehr zu empfehlen und günstig. Gesetzliche Krankenkassen kommen für die Kosten nicht auf. Genauere Auskunft bekommt man bei Privatkassen, in Reisebüros und online.

Bei der regelmäßigen Einnahme von Medika-

menten sollte man die Zeitverschiebung beachten! Viele Medikamente, die bei uns rezeptpflichtig sind, gibt es in den USA frei – und umgekehrt. Wer auf bestimmte Medikamente angewiesen ist, sollte sich einen ausreichenden Vorrat mitbringen sowie eine Rezeptkopie, damit ein Arzt zur Not ein neues Rezept ausstellen kann. Adressen deutschsprachiger Ärzte erhält man bei den Generalkonsulaten.

Diplomatische Vertretungen

Deutsches Generalkonsulat
871, United Nations Plaza, First Ave. & 49th St.
New York, NY 10017
✆ 1 (212) 610-9700
Fax 1 (212) 940-0402
www.new-york.diplo.de
Konsularischer Service: Mo–Fr 9–12 Uhr

Österreichisches Generalkonsulat
31 East 69th St., zwischen Madison & Park Aves.
New York, NY 10021
✆ 1 (212) 737 6400
Fax 1 (212) 772-8926
www.bmeia.gv.at, Mo–Fr 9–12 Uhr

Schweizer Generalkonsulat
633 Third Avenue, 30th floor
New York, NY 10017
✆ 1 (212) 599-5700, Fax 1 (212) 599-4266
www.eda.admin.ch/newyork, Mo–Fr 8.30–12 Uhr

Elektrizität

Die Netzspannung in den USA beträgt 110 Volt. Manche Geräte (z.B. Laptops) haben eingebaute Transformatoren, vorher nachsehen! Einen Zwischenstecker benötigt man immer, der notfalls auch vor Ort gekauft werden kann, aber das besser nicht in den Läden am Times Square, sondern bei J&R Electronic Shop (15 Park Row & Broadway). Viele Hotels haben auch Adapter an der Rezeption vorrätig.

Feiertage und Feste

An diesen Tagen *(public holidays)* sind Behörden, Postämter, Schulen, Büros und auch einige Geschäfte geschlossen:

New Year's Day (1. Januar)
Memorial Day (letzter Mo im Mai)
Independence Day (4. Juli)
Labor Day (1. Mo im Sept.)

Thanksgiving (4. Do im Nov.)
Christmas Day (25. Dez.)

Feiertage für Shopping-Freunde sind folgende Tage, an denen Büros zwar geschlossen, die meisten Läden aber geöffnet sind, und zudem besondere *sales* anbieten:

Martin Luther King Day, 3. Mo im Januar
President's Day, 3. Mo im Februar
Columbus Day, 2. Mo im Oktober
Veterans' Day, 11. November

Weitere ausgewählte Feste:

Chinesisches Neujahr (Ende Jan.–Mitte Feb., Chinatown) traditionelles Fest mit der Lion Dance Parade und der Main Street Parade
St. Patrick's Parade (Mitte März, Fifth Ave.) – Parade der Irisch-Amerikaner
Osterparade (Ostersonntag, Fifth Ave.) – beliebte Parade
Gay & Lesbian Pride March (Juni, Fifth Ave. bis Christopher St.)
Independence Day (4. Juli, am Battery Park) – Feuerwerk am East River
Harlem Week/Harlem Jazz & Music Festival (Aug., Harlem) – großes Sommerfestival
German-American Steuben Parade (Anfang Sept., Fifth Ave.) – Parade der Deutsch-Amerikaner
Feast of San Gennaro (Sept., Little Italy) – große italienische Festa
Halloween (Okt., entlang der Sixth Ave. von Greenwich Village bis Washington Sq.) – Umzug
New York Marathon (1. So im Nov., endet im Central Park)
Thanksgiving Day Parade (4. Do im Nov., Broadway) – größte Parade, vom Central Park West (77th St.) bis zum Kaufhaus Macy's
Rockefeller Center Tree Lightning (Ende Nov. oder Anfang Dez.) – Das »Anknipsen« der ca. 25.000 Lichter des Weihnachtsbaums ist Startschuss für die Weihnachtssaison.
Silvester/New Year's Eve (Times Square) – Verabschiedung des alten Jahres mit dem »Lowering of the Ball«.

Geld, Banken, Kreditkarten

Die US-amerikanische Währung ist der Dollar (umgangssprachlich *buck*), unterteilt in 100 Cents. Der Wechselkurs betrug im Mai 2013 $ 1 = 0,76 Euro. Folgende **Münzen** sind in Umlauf: Penny (1 cent), Nickel (5 cents), Dime (10 cents), Quarter (25 cents), Half Dollar (50 cents) sowie recht seltene Dollar-

New York City Marathon

münzen. **Banknoten** gibt es im Wert von 1, 2, 5, 10, 20, 50 und 100 Dollar. Alle Dollarnoten haben dieselbe Größe, sind grün und unterscheiden sich nur durch den Wertaufdruck und den abgebildeten Präsidenten (Ausnahme: pfirsichfarbene 20-Dollarnote).

Wer in New York größere Beträge in bar bezahlt, wird erstaunt angeblickt; auf größere Dollarscheine – ab 50 Dollar! – kann oft nicht herausgegeben werden. In Kaufhäusern und Restaurants bezahlt man am besten mit **Kreditkarte** (Eurocard/Mastercard und Visa; American Express ist weniger gebräuchlich). Das Trinkgeld lässt man in bar liegen. Deshalb ist es ratsam, sich die Dollarscheine zu Hause in möglichst kleiner Stückelung geben zu lassen. Auch Taxifahrer nehmen größere Scheine nur ungern an.

Reiseschecks, auf US-Dollar ausgestellt, werden fast überall akzeptiert, sofern das Wechselgeld nicht allzu hoch ausfällt. Mit kleinem Verlust können sie auch in Banken getauscht werden.

Eine praktische Art, an Bargeld zu kommen, ist die PIN-Nummer der Kreditkarte. Nicht vergessen, diese einige Wochen vor der Abreise zu beantragen! Mit dieser Geheimnummer kann man dann an Geldautomaten **Bargeld abheben**. Mittlerweile kann auch mit der Maestro-EC-Karte an ATM-Automaten Geld gezogen werden.

Hinweise für Menschen mit Behinderungen

Ein spezielles Gesetz (Americans with Disabilities Act of 1990/ADA) garantiert, dass Behinderte nirgendwo aus dem öffentlichen Leben ausgegrenzt werden. Alle öffentlichen Gebäude, die meisten

Supermärkte und Kirchen sind mit rollstuhlgerechten Rampen versehen; Bordsteine sind an den Fußgängerüberwegen abgeflacht; Kinos und Theater bieten rollstuhlgerechte Eingänge.

Informationen für Behinderte enthält das Buch **»Access for All: A Guide to NYC Cultural Institutions«** (per Express Mail zu bestellen über ✆001-212-575-7663). Außerdem erscheinen jährlich aktualisiert: »Access New York«, Mayor's Office for People with Disabilities, ✆ 1 (212) 788-2830, und »Accessible Travel«, MTA New York Transit, www.mta.info/accessibility. Alle Guides sind kostenlos.

Klima, Reisezeit

New Yorks Klima ist extrem: schwülheiß dampfende Sommerwochen mit Temperaturen über 35 Grad und bitterkalte Winter mit Blizzards und wochenlangem Frost. Doch auch unabhängig vom aktuellen Wetter herrscht immer Erkältungsgefahr durch die eisigen Fallwinde aus den Klimaanlagen. Sei es, dass man zu lange in einem Laden Klamotten anprobiert, oder schlicht in ein Restaurant geht; auch dort wird die Klimaanlage die Temperaturen auf Gänsehaut einstellen. Schnell nach Hause ins Hotel? Da heißt es aber erst noch, den fahrenden Kühlschrank zu überstehen, die Metro.

Am schönsten ist es in New York im Frühling, zu den schönsten Reisemonaten zählt die Zeit von Ende April bis Anfang Juni. Dann blüht der Central Park auf, und ganz New York mit ihm. Aber auch der Herbst kennt viele schöne Tage; oft ist es im Oktober weitaus wärmer als in Deutschland.

Maße und Gewichte

Vor 30 Jahren war die Umstellung der USA auf das metrische System schon einmal in Sicht, doch heute ist wieder alles beim Alten: *inch* und *mile, gallon* und *pound.* So muss man sich wohl oder übel umstellen. Die Tabellen, oben und rechts, helfen dabei.

Post

Das **General Post Office** (Eighth Ave. & 33rd St.) ist durchgehend geöffnet, die übrigen schließen

Längenmaße:

1 *inch (in.)*	=	2,54 cm
1 *foot (ft.)*	=	30,48 cm
1 *yard (yd.*	=	0,9 m
1 *mile*	=	1,6 km

Flächenmaße:

1 *square foot*	=	930 cm²
1 *acre*	=	0,4 ha
1 *square mile*	=	259 ha

Hohlmaße:

1 *pint*	=	0,57 l
1 *quart*	=	0,95 l
1 *gallon*	=	3,79 l

Gewichte:

1 *ounce (oz.)*	=	28,35 g
1 *pound (lb.)*	=	453,6 g
1 *ton*	=	907 kg

meist um 18 Uhr. Schneller funktioniert der E-Mail-Service, den inzwischen fast alle Hotels ihren Gästen über W-LAN anbieten.

Rauchen

Seit 2003 sind in New York Kneipen, Diskotheken und Restaurants rauchfrei, seit 2011 auch öffentliche Parks wie der Central Park und Plätze wie Herald und Times Square sowie alle öffentlichen Strände. Diese strikte Regelung war das Ergebnis monatelanger Debatten. Wer trotz des Verbotes qualmt, muss mit einer Strafe von $ 50 (etwa € 36) bis $ 250 (€ 180) rechnen.

Sicherheit

New Yorks Zeiten als Kapitale des Verbrechens gehören der Vergangenheit an. Tatsächlich ist mittlerweile die New Yorker Subway sicherer als die Frankfurter U-Bahn, und auch der Central Park ist wieder ein friedliches Terrain. So gelten für New York-Besucher keine anderen Vorsichtsmaßnahmen als die, die man überall auf der Welt beachten sollte: Einsame Gegenden meiden und weder teuren Schmuck noch eine dicke Brieftasche vorführen. Ein paar Dollars in der Hosentasche reichen fürs nächste Trinkgeld, größere Beträge begleicht man mit Kreditkarte.

NYPD – New York City Police Department

Telefonieren

Am besten kauft man sich an einem Zeitungskiosk eine **Telefonkarte** *(calling card)* für $ 10 oder $ 25. Man wählt die darauf abgedruckte, kostenlose 1-800 Nummer, gibt die Kartennummer ein, dann die Nummer, die man anrufen möchte. Das geht auch vom Hotel aus und ist Welten billiger als die Hoteltarife.

Die meisten deutschen Handys funktionieren mittlerweile auch in den USA, allerdings sind die

Temperaturen:

Fahrenheit (°F)	104	100	90	86	80	70	68	50	40	32
Celsius (°C)	40	37,8	32,2	30	26,7	21,1	20	10	4,4	0

Bekleidungsmaße:

Herrenkonfektion

Deutsch	46	48	50	52	54	56	58
Amerikanisch	36	38	40	42	44	46	48

Damenkonfektion

Deutsch	38	40	42	44	46	48
Amerikanisch	10	12	14	16	18	20

Kinderbekleidung

Deutsch	98	104	110	116	122
Amerikanisch	3	4	5	6	6x

Schuhe/shoes:

Deutsch	36	37	38	39	40	41	42	43	44	45	46	47
Amerikanisch	5	5 ³/₄	6 ¹/₂	7 ¹/₄	8	8 ³/₄	9 ¹/₂	10 ¹/₄	11	11 ³/₄	12 ¹/₂	13 ¹/₄

Roaming-Gebühren stattlich. Die Auskunft hat die Nummer 441; man kann kostenlos von Telefonzellen die Auskunft anrufen. Und: Man erhält nicht nur die gewünschte Nummer, sondern auch die Adresse. Praktisch, wenn man in der Stadt unterwegs ist und etwas nicht findet. Es gibt zwei Arten von Telefonbüchern: Die *yellow pages* entsprechen den Gelben Seiten, die *white pages* sind unterteilt in private und Geschäftsanschlüsse.

Vorwahl in die USA ℰ +1; New York hat folgende Vorwahlen: Manhattan, Harlem ℰ 212, 646 und 917; Bronx, Brooklyn, Staten Island und Queens ℰ 718 und 343. Auch innerhalb New Yorks wählt man vor der Vorwahl *(area code)* eine 1. Viele Hotels und Unternehmen bieten gebührenfreie 1-800er-Telefonnummern an.

Von New York nach Deutschland wählt man ℰ 011-49, danach die Ortsnetzkennzahl ohne 0 und die Nummer des Teilnehmers.

Für Heimatgespräche vom Münztelefon braucht man Unmengen von *quarters* (Vierteldollar-Münzen). Wesentlich entspannter telefoniert es sich mit oben beschriebener Telefonkarte, die von diversen Gesellschaften ausgegeben wird. Erhältlich sind diese Karten vor allem in Supermärkten, Tankstellen oder Telefonshops. Die meisten Telefonzellen haben eine eigene Telefonnummer, unter der man sich auch zurückrufen lassen kann. Bei Problemen: die 0 wählen, und die freundlichen Operator-Damen helfen weiter.

Trinkgeld

Das Geben von Trinkgeld, das sogenannte *tipping*, ist hier keine Höflichkeit, sondern Pflicht: Etliche Berufsgruppen, z.B. Kellner, leben davon. Üblich sind 15 bis 20 Prozent vom Rechnungsbetrag im Restaurant und im Taxi. Trinkgeldhilfe fürs Restaurant: *double the tax*. Auf der Rechnung findet sich immer der Posten *tax,* also Steuer. Verdoppeln Sie einfach diesen Betrag. So liegen Sie mit dem Trinkgeld immer richtig.

Der Hoteldiener erhält 50 Cent bis $ 1 pro Gepäckstück, ebenso der *doorman*, der das Taxi herbeipfeift, sowie die Garderobenfrau im Restaurant. Gepäckträger am Bahnhof und Flughafen bekommen je nach Größe und Gewicht zwischen 50 Cent und $ 1 pro Gepäckstück.

Übernachtung

Frühzeitige Reservierung ist ein Muss, besonders in der Weihnachtszeit. Obwohl gut 75 000 Betten zur Verfügung stehen, ist die Stadt fast immer ausgebucht. Das Tourismusgeschäft in New York boomt, und die Hoteliers investieren wie wild. Außerdem wurden viele der alten Grand Hotels renoviert. Neben der Qualitätsverbesserung hat das den unerfreulichen Nebeneffekt, dass die Preise weiter steigen.

Autovermietungen:

Avis (www.avis.com), Budget (www.budget.com), Dollar (www.dollar.com), Hertz (www.hertz.com), National (www.nationalcar.com), Thrifty (www.thrifty.com)

ADAC-Mitglieder sollten die Mitgliedskarte mitnehmen, denn beim US-amerikanischen Automobilclub-Vertragspartner, dem AAA, erhalten diejenigen kostenlos exzellente Straßenkarten sowie informative Tourbooks für die gesamten USA:

AAA

1881 Broadway & 62nd St.
New York, NY 10023
✆ 1 (212) 757-2000, www.aaany.com
Mo–Fr 8.45–17.30, Sa 9–14 Uhr

Bed Bugs: Souvenirs, die keiner braucht

Bettwanzen sind klein, platt und weltweit auf dem Vormarsch. Als selbst das Waldorf Astoria, Alarm schlug, wurde jedem klar, dass dieses Problem nichts mit mangelnder Hygiene zu tun hat, die nachtaktiven Blutsauger können überall auftreten und 40 Wochen ohne Nahrung überleben. Die gute Nachricht: Die Bisse sind ungefährlich und übertragen keine Krankheiten. Trotzdem schläft man lieber ohne. Am besten checkt man deshalb vor der Buchung die Hotels bei www.raveable.com oder http://bedbugregistry.com. Sehr hilfreich ist auch das Hotelbewertungsportal Tripadvisor (www.tripadvisor.de). Wer ganz sicher gehen will, inspiziert sein Zimmer an den neuralgischen Stellen. *Bed bugs* halten sich immer in der Nähe des potentiellen Wirts versteckt, also in Bettnähe. Meistens entdeckt man dunkle, kleine Kotpunkte an den Matratzennähten, manchmal auch auf den Bettrahmen, Bettpfosten oder am Kopfbrett, eventuell auch in Tapetenritzen und hinter Bildern. Merkt man den Befall erst im Nachhinein, sollte man das Gepäck zuhause vor dem Auspacken komplett in eine Plastiktüte stecken und ein paar Stunden in die Sonne stellen. Bettwanzen und ihre Eier sterben bei Temperaturen ab 40 Grad ab.

Günstiger, als ein Hotel vor Ort zu buchen, sind oft Pauschalangebote aus dem Reisebüro. In jedem Fall lohnt es sich, nach Wochenraten und *weekend specials* zu fragen, Viererzimmer senken die Übernachtungskosten erheblich. Eine Alternative zu den Hotels bieten Hostels und Bed & Breakfasts, letztere sind allerdings mit europäischen Standards meist nicht zu vergleichen.

Verkehrsregeln:

Die Höchstgeschwindigkeit ist ausgeschildert und beträgt auf Interstate Highways meistens 55 m.p.h. (Meilen pro Stunde, etwa 89 km/h), außerhalb der Stadtgrenzen auf freien Strecken 65 m.p.h. (105 km/h), in der Stadt und in Ortschaften 25 bis 30 m.p.h. (40 bis 48 km/h).

Fußgänger und Kinder haben immer Vorrang. Schulbusse mit blinkender Warnanlage dürfen aus keiner Richtung passiert werden. Rechtsabbiegen ist an roten Ampeln – nach kurzem Halt – meist erlaubt, wenn weder Fußgänger noch Querverkehr gefährdet werden. Wo das nicht gilt, steht das Schild *No Turn on Red*.

Üblich sind ampelfreie Kreuzungen, bei denen alle einmündenden Straßen mit einem Stoppschild versehen sind. Hier muss jedes anrollende Auto halten; wer zuerst gehalten hat, darf auch zuerst weiterfahren. Auf Straßen und Autobahnen mit mehreren Spuren in einer Richtung ist auch das Überholen auf der rechten Spur erlaubt.

Verkehrsmittel

Autofahren in New York ist sehr stressig, und die wenigen Parkplätze sind so teuer, dass Taxifahren billiger ist. Wer unbedingt einen Mietwagen benötigt: In Deutschland vorab gebucht, ist er wesentlich preiswerter als vor Ort. Der nationale Führerschein genügt, Kreditkarte ist ein Muss.

Taxi:

Alle lizenzierten Taxis sind gelb. Wenn die Nummer auf dem Dach eines *cabs* leuchtet, ist der Wagen frei und kann herangewinkt werden. Sind auch beide Seitenlampen angeschaltet, ist der Fahrer *off duty*, also außer Dienst. Nichtlizenzierte Taxis sind u.a. nicht versichert.

Tachostart ist bei $ 2.50 und erhöht sich alle 320 Meter um 40 Cents. Wartezeiten und Nachtfahrten zwischen 18 und 6 Uhr werden zusätzlich berechnet und erscheinen neben dem Hauptbetrag auf der Anzeige. Pro Fahrt zahlt man $ 0.50 Steuer. Der Fahrer hat Anspruch auf 15 Prozent Trinkgeld. Da Taxifahren traditionell der Einstiegsjob für Einwanderer mit schlechten bis fehlenden Sprachkenntnissen ist, kann es zu Missverständnissen kommen.

Bus:

Die blau-weißen Busse New Yorks verkehren täglich auf über 200 Routen durch alle New Yorker Stadtteile. Alle Busse haben Klimaanlage, sind modern, sauber, gelten als absolut sicher und sind eine attraktive, billige Alternative zu Subway und Taxi. Die Nummern der Busse erscheinen vorne und neben den Vordertüren. Bezahlt wird nur mit abgezähltem Kleingeld ($ 2.25, Express-Bus $ 5.50) oder mit der MetroCard, wie im Text unter »Subway« beschrieben. Wer umsteigen will, verlangt beim Fahrer ein Transfer-Ticket, das eine Stunde gilt und zur Weiterfahrt mit einer anderen Busnummer berechtigt. Wer mit der MetroCard bezahlt, kann am Automaten ein Transferticket auswählen. Die Fahrer rufen die gewünschte Station aus, wenn man sie darum bittet.

Einige der Buslinien Manhattans bieten sich für eine Sightseeing-Tour auf eigene Faust an. Ideal sind die Busrouten M 1 (vom Battery Park im Süden über die Fifth Avenue bis zum Central Park), M 5 (Washington Square über die Fifth Avenue bis Riverside Drive) und M 104 (United Nations über Times Square bis Columbia University und Harlem). Kostenlose Busfahrpläne gibt es in den Tourismusbüros (vgl. S. 197).

Subway:

Wer es eilig hat, kommt um die Subway nicht herum, sie ist mit Abstand das schnellste Verkehrsmittel und auch sehr sicher. Die Metro-Card kostet für 7 Tage $ 30, für 30 Tage $ 112 und ist wieder aufladbar für Einzelfahrten. Wer wenig fährt, ist mit der 10er-Karte vielleicht besser dran, man bezahlt für zehn Fahrten, zwei sind kostenlos. Eine Einzelfahrt kostet $ 2.75. Erhältlich sind die Fahrkarten an den Metro-Stationen.

Wichtig: Es gibt zwei verschiedene Zugtypen, *local trains* halten an jeder Station, *express trains* fahren schneller und machen weniger Stopps. Am bekanntesten ist der A-Train, der zwischen der 59th St. in Midtown und der 125th St. in Harlem keinen Stopp einlegt. Hat man eine falsche Bahn erwischt, steigt man eben an der nächsten Haltestelle aus und fährt wieder zurück. Solange man innerhalb des Metro-Systems bleibt, also die Schranken nicht verlässt, muss man ohnehin nicht neu bezahlen.

Die Routen sind nach Buchstaben (A, B, C etc.) und Zahlen benannt. Je weiter nördlich man will, desto höher die Straßenzahlen. Wer in der 14. Straße einsteigt und in die 50. Straße fahren will, fährt also uptown. Kostenlose Subway-Pläne gibt es im Official NYC Guide, der im Visitor Information Center gratis ausliegt. Routendetails auch im Internet: www.hopstop.com und www.mta.info.

Limousinen lassen sich für relativ wenig Geld eine Stunde lang mieten – zum Angeben

Zeitunterschied

Der Zeitunterschied zwischen New York *(Eastern Standard Time)* und Mitteleuropa beträgt sechs Stunden. Von Mai bis Oktober gilt ähnlich wie hierzulande Sommerzeit *(daylight saving time)*, und die Uhren gehen eine Stunde vor.

Die Uhrzeit wird angegeben mit dem Zusatz a.m. (ante meridiem, von Mitternacht bis 12 Uhr mittags) und p.m. (post meridiem, ab 12 Uhr mittags bis Mitternacht): 10 a.m. ist 10 Uhr vormittags, 10 p.m. ist 22 Uhr.

Das Datum schreibt man in der Reihenfolge Monat, Tag, Jahr: 11-27-16 ist z. B. der 27. November 2016.

Zoll

Die Einfuhr von landwirtschaftlichen Produkten (etwa Pflanzen, Obst, Keime, frisches und getrocknetes Fleisch) in die USA ist verboten. Am besten alles im Flieger lassen, auch die Butterstulle. Aktuelle Infos zu den US-amerikanischen Zollbestimmungen: http://german.germany.usembassy.gov.

Bei einem günstigen Dollarkurs dürfte so mancher schnell in einen Kaufrausch geraten. Aber Vorsicht: Die Übereifrigen zahlen ordentlich Zoll, und die Ersparnis ist dann dahin. Touristen dürfen bei der Rückreise pro Person nur Waren im Wert von € 430 zollfrei einführen. Wer höher liegt, dem schlägt der Zoll 13,5 Prozent Steuern drauf. Wenn man im Zweifelsfall keine Rechnungen vorweisen kann, wird geschätzt, meist zum Nachteil des Reisenden.

Wer sich unsicher ist, kontaktiert die Info-Hotline des deutschen Zolls ✆ (0351) 448 34-510, info.privat@zoll.de oder schaut online nach: www.zoll.de

Orts- und Sachregister

Reisenotizen

NORDAMERIKA bei VISTA POINT
Reisen Tag für Tag
Campmobil Guide West-Kanada
auch als ebook
Reisen Tag für Tag
Motorrad Guide USA – der Westen
auch als ebook
Road Atlas
Road Atlas
United States • Canada • Mexico
Go Vista City/Info Guides
Florida
Kalifornien & Südwesten USA
New York
VISTA POINT Reiseführer
ALASKA
Campmobil Guide West-Kanada
FLORIDA
Great Lakes
Hawai'i
Kalifornien Südwesten USA
Kanada
Motorrad Guide USA – der Westen
New York
Nordwesten USA
Ost-Kanada
Rocky Mountains
Route 66
Ski Guide Nordamerika
Südstaaten USA
SÜDWESTEN USA
Texas
USA – der Osten
USA – der Westen
West-Kanada
www.vistapoint.de
© Fotolia/gzfz

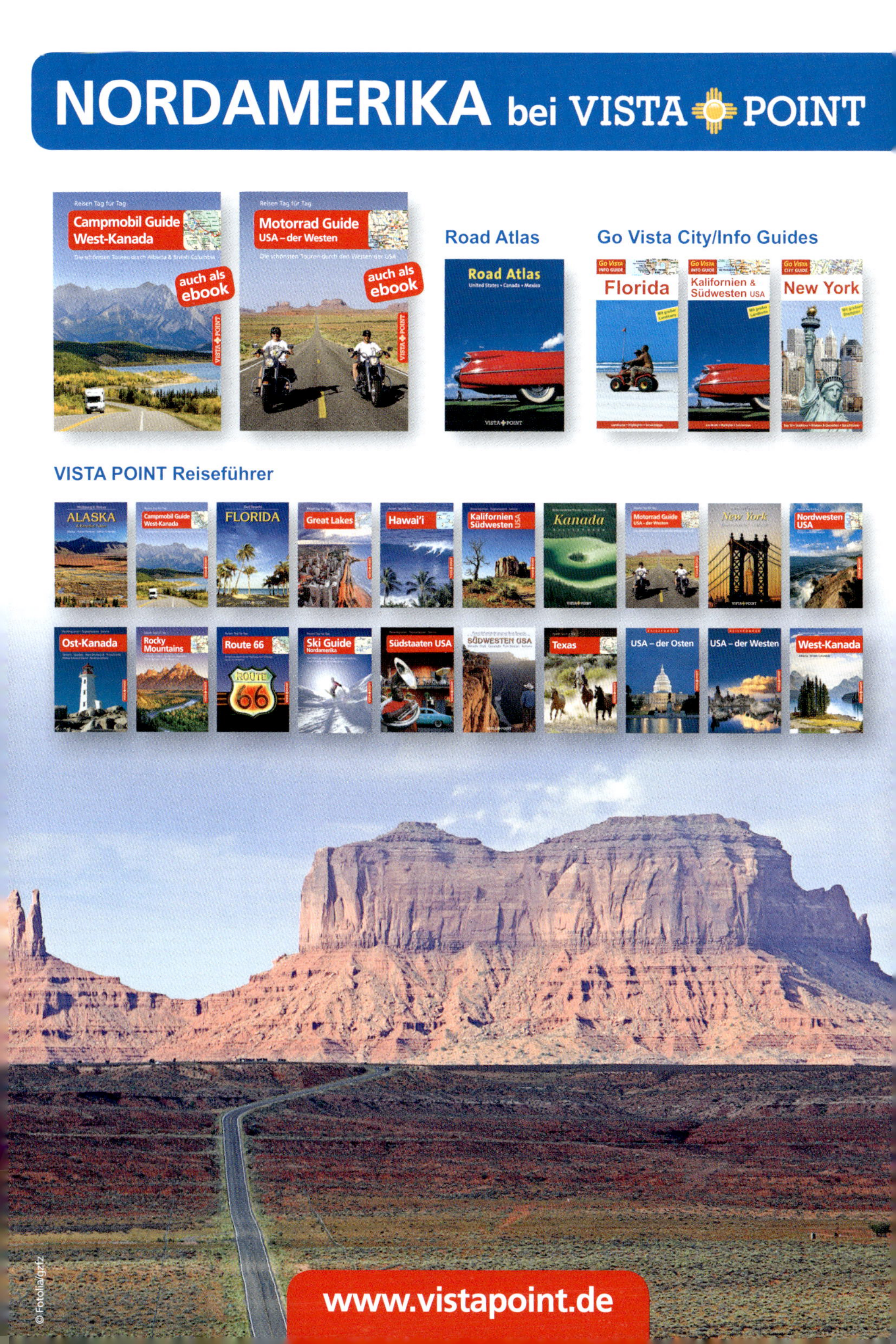

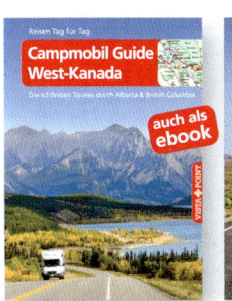

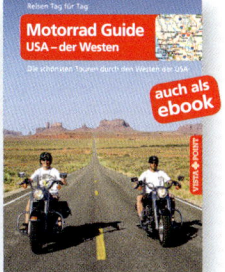

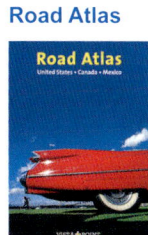

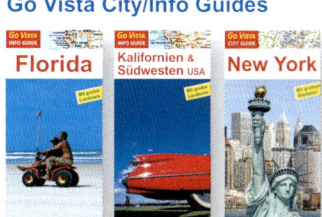

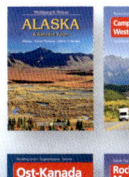

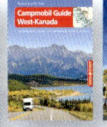

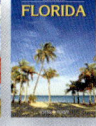

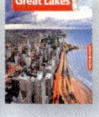

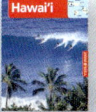

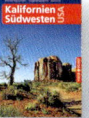

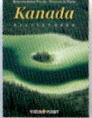

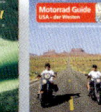

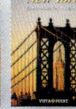

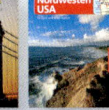

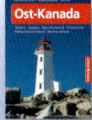

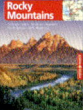

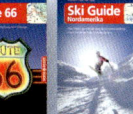

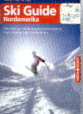

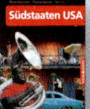

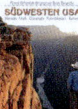

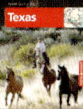

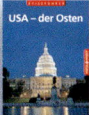

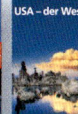

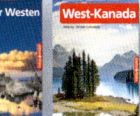

DIE WELT
ERFAHREN

Garden of the Gods Park, Colorado Springs, Colorado, USA

Zeichenerklärung

In diesem Buch werden die folgenden Symbole verwendet:

(i) Information   (Y) Bar, Nachtleben

(Museum) Museum   (♫) Livemusik, Konzert

(⊙) Sehenswürdigkeit   (🛍) Einkaufen, Markt, Shop

(🌳) Park   (🛏) Hotel

(Botanischer Garten)   (🏃) Aktivitäten, Sport, Touren

(🐴) Tierpark, Zoo   (🚌) Busverbindung

(🦋) Hits für Kids   (🚗) Autotour, Autofahrt

(🎭) Oper, Theater, Kultur   (🚢) Schiffsfahrt, Personenfähre

(✕) Restaurant, Bistro   (🚂) Zugfahrt

(☕) Café   (U) Subway/U-Bahn

(🍺) Pub

Unterkünfte: Im Kapitel »Enjoy & Relax« ab S. 158 werden bei den Restaurants $-Preiskategorien angegeben. Alle Preise beziehen sich auf *double rooms* mit *private bath* (Doppelzimmer mit Bad); *tax* (15 %) ist noch hinzuzurechnen.

$	–	günstig, unter 150 Dollar
$$	–	moderat, 150 bis 280 Dollar
$$$	–	gehoben, 280 bis 350 Dollar
$$$$	–	luxuriös, über 350 Dollar

Restaurants: Unter »Service & Tipps« und im Kapitel »Enjoy & Relax« ab S. 164 werden bei den Restaurants $-Preiskategorien angegeben. Sie gelten für ein Hauptgericht mit Getränk, ohne Trinkgeld.

$	–	unter 20 Dollar
$$	–	20 bis 40 Dollar
$$$	–	40 bis 80 Dollar
$$$$	–	über 80 Dollar

Bildnachweis Impressum

Bildnachweis

Bilderberg, Hamburg/Rainer Drexel, Frankfurt/M.: S. 7, 28, 44 o., 78, 82/83, 156 o., 170, 190
Fridmar Damm, Köln: S. 67
S. Falke/laif, Köln: S. 52 u.
Fotolia/Adagio: S. 152 o., Albo: S. 38 o.; John Anderson: S. 99 o., 100 o., 156 u.; Antony Fotolia.com: S. 121 o., 132; Aries: S. 109 o.; Ary: S. 4 o.; Stephen Baxter: S. 185; Brett Bouwer: S. 200; Natalia Bratslavsky: S. 86 o., 88 o.; Carlos: S. 88 u.; Simon Cataudo: S. 85 o.; Stephen Coburn: S. 25 o.; Odelia Cohen: S. 181; Jonathan Conklin: S. 196; Claire ¬Cordier: S. 95 u., 109 u.; Luisa Fer: S. 55 o.; Stephen Finn: S. 118 o.; Darren Green: S. 138; Jose Gil: S. 95 o.; Julius Glickstein: S. 99 u.; Jeff Gynane: S. 69 o., 93 o.; Benjamin Haas: S. 17 o.; Paul Hakimata: S. 141; Katherine Haluska: S. 47; Frank Herzog: S. 92 u.; Mark Howarth: S. 140 o.; Ints: S. 30 o.; Iofoto: S. 44 u.; Catherine Jones: S. 157; KerstinR: S. 104 u.; Aaron Kohr: S. 29 u.; Karin Lau: S. 48 o.; Liap: S. 116; Diana Lundin: S. 79 o.; Marcfotodesign: S. 37 u.; Misu: S. 36; Stuart Monk: S. 29 o.; Moonrun: S. 175 o.; Morenovel: S. 135; Heico Neumeyer: S. 104 o.; Nextrecord: S.195; Nutellabaerchen: S. 187 o.; Bill Perry: S. 87 u.; Piccaya: S. 34; Pirate!: S. 86 u.; Gregory van Raalte: S. 177 o.; Kseniya Ragozina: S. 48 u.; Ray: S. 194 u.; RbbrDckyBK: S. 127 o.; Rgbdigital.co.uk: S. 62 o.; Blythe Rhoads: S. 96 o.; Catherine Rogers: S. 120 u.; Gregory Rolland: S. 158; Warren Rosenberg: S. 57 o., 94 u.; Ryasick: S. 162; Marcel Sarközi: S. 26; Maura Satchell: S. 178 o.; Mario Savoia: S. 43, 65 o., 81 o.; Snezana Skundric: S. 23, 25 u.; Herbert Steiner: S. 81 u.; Svlumagraphica: S. 9, 203; Donald Swartz: S. 32/33; Matty Symons: S. 49, 91; Tachi: S. 30 u., 53, 202; Taf: S. 46 u., 51 o.; Tisato: S. 136; Touch: S. 199; Alain della Valle: S. 193; Vivalapenler: S. 27 o.; Witty: S. 16 u.; Jolanta Zastocki: S.27 u.
Franz Marc Frei, München: S. 6 o., 16 u., 31, 55 u., 57 u., 60, 62 u., 65 u., 69 u., 71 u., 89 o., 90 o., 90 u., 93 u., 97, 101 u. l., 103, 105, 106 o., 107 u., 110, 113 o., 114, 115 u., 120 o., 131 o., 139, 146, 161, 163, 165, 171, 175 u., 177 o., 179, 182, 188, 191, 198
Peter Ginter, Köln: S. 51 u., 70 o., 96 u., 102, 133, 173
Hannah Glaser, Frankfurt/M.: S. 6 u., 92 o., 134 u., 184, 186 u.
Jan Greune/Look, München: S. 37 o.
Christian Heeb/Look, München: S. 8, 66 o., 71 o., 79 u., 117, 118 u., 119, 121 u., 129, 130, 160
Ken Howard/Metropolitan Opera: S. 111 u.
iStockphoto/Andrearoad: S. 4/5; Thomas Arbour: S. 166; Eniko Balogh: S. 149 o.; Belterz: S. 75; Zadi Diaz: S. 186 o.; Jeremy Edwards: S.164; Rebecca Ellis: S. 167; Terry Healy: S. 153 o.; Bill Kennedy: S. 127 u.; Nancy Kennedy: S.154u.; Klaas van Lingbeek: S. 147; Diana Lundin: S. 79 o.; Nikada: S. 39; Maureen Plainfield: S. 155; Gina Plaitakis: S. 152 u.; Mark Rigby: S. 42; Doug Schneider: S. 153 u.; Christopher Steer: S. 137 o.; Terraexplorer: S. 73; Niko Vujevic: S.72; Amy Walters: S. 150 u.; Kenneth C. Zirkel: S. 151 u.
NYC & Company/C. Chesek/American Museum of Natural History: S. 113 u.
NYC & Company/Jeff Greenberg: S. 41, 52 o., 54, 87 o., 137 u., 187 u.
NYC & Company/Julie Larsen Maher/Wildlife Conservation Society: S. 124 u.
Pixelio/O. Fischer: S. 115 o.
Peter Rigaud/laif, Köln: S. 174
Sasse/laif, Köln: S. 176
Barbara Schaefer, Berlin: S. 77 o., 77 u., 80, 168, 178 u. l., 183
Andreas Schulz, Potsdam: S. 85 u., 100 u., 112 o., 112 u.
Vista Point Verlag (Archiv), Potsdam: S. 5 o., 5 u., 10 o., 10 Mitte, 10 u., 11 o., 11 u., 12 o., 12 u., 13 o., 13 Mitte, 13 u., 14 o., 14 u., 15, 18, 22 o., 22 u., 38 u., 45, 46 o., 58, 63, 66 u. l., 66 u. r., 68, 70 u., 89 u., 94 o., 101 o. r., 101 Mitte r., 101 u. r., 106 u. l., 106 u. r., 107 o., 111 o., 122, 124 o., 125, 131 u., 134 o., 142, 148 o., 148 u., 149 u., 150 o., 151 o., 154 o., 172, 178 u. r., 194 o.
Wikipedia/The Silent Wind of Doom: S. 123; Wikipedia (CC BY-SA 3.0)/OptimumPX: S. 145; Wikipadia (CC BY-SA 3.0)/Daniel Schwen: S. 140 u.
Konrad Wothe/Look, München: S. 159

Titelbild: Die amerikanische Freiheitsstatue auf Liberty Island, Foto: Fotolia/Amy Nichole Harris
Vordere Umschlagklappe (innen): Übersichtskarte von New York City mit den eingezeichneten Stadtvierteln
Schmutztitel (S. 1): Times Square bei Nacht, Foto: Fotolia/Mario Savoia
Haupttitel (S. 2/3): Das nächtliche Downtown Manhattan, Foto: iStockphoto/Mbbirdy
Hintere Umschlagklappe (innen): New York City Subway-Plan
Hintere Umschlagklappe (außen): Brooklyn Bridge und Downtown Manhattan, Foto: iStockphoto/Nikada
Umschlagrückseite: Jazzclub in der Brooklyn Fulton Street, Foto: Christian Heeb/Look, München (oben); Yellow Cabs in New York City, Foto: iStockphoto/Mura (unten)

Konzeption, Layout und Gestaltung dieser Publikation bilden eine Einheit, die eigens für die Buchreihe der **Vista Point Reiseführer** entwickelt wurde. Sie unterliegt dem Schutz geistigen Eigentums und darf weder kopiert noch nachgeahmt werden.

© 2014 Vista Point Verlag GmbH, Birkenstr. 10, D-14469 Potsdam
Alle Rechte vorbehalten
Verlegerische Leitung: Andreas Schulz
Reihenkonzeption: Horst Schmidt-Brümmer, Andreas Schulz
Bildredaktion: Andrea Herfurth-Schindler
Textredaktion: Kristina Linke
Lektorat: Eszter Kalmár, Franziska Zielke
Layout und Herstellung: Kerstin Hülsebusch-Pfau, Sandra Penno-Vesper
Coverentwurf: Martin Wellner, Fremdkörper® Designstudio, Potsdam
Reproduktionen: Henning Rohm, Köln
Kartographie: Kartographie Huber, München
Druckerei: Colorprint Offset, Unit 1808, 18/F., 8 Commercial Tower, 8 Sun Yip Street, Chai Wan, Hong Kong

ISBN 978-3-86871-142-4

www.facebook.de/vistapoint